汽车企业质量管理理论与实践

商 英 编著

中国商务出版社
·北京·

图书在版编目（CIP）数据

汽车企业质量管理理论与实践 / 商英编著 . -- 北京：
中国商务出版社，2023.11
　ISBN 978-7-5103-4890-7

　Ⅰ.①汽… Ⅱ.①商… Ⅲ.①汽车企业－工业企业管
理－质量管理－研究 Ⅳ.①F407.471

　中国国家版本馆 CIP 数据核字（2023）第 221227 号

汽车企业质量管理理论与实践
商　英　编著

出版发行：中国商务出版社有限公司
社　　　址：北京市东城区安定门外大街东后巷 28 号　　邮编：100710
网　　　址：http://www.cctpress.com
电　　　话：010-64515150（发行部）　　010-64212247（总编室）
　　　　　　010-64513818（事业部）　　010-64248236（印制部）
责任编辑：李自满
排　　　版：北京水京方图文设计中心
印　　　刷：凯德印刷（天津）有限公司
开　　　本：710 毫米×1000 毫米　　1/16
印　　　张：20.5　　　　　　　　字　　数：324 千字
版　　　次：2023 年 11 月第 1 版　　印　　次：2023 年 11 月第 1 次印刷
书　　　号：ISBN 978-7-5103-4890-7
定　　　价：108.00 元

前　言

近年来，我国汽车工业飞速发展，2019年我国汽车产销量分别为2572.1万辆和2576.9万辆。随着互联网、人工智能、电动化等新技术的兴起，汽车工业进入了快速变革时期，新一轮科技革命推动着传统汽车工业的转型升级，传统汽车制造的价值链面临格局重塑，智能网联汽车、新能源汽车正逐步成为未来汽车的全新定义。汽车工业的高速发展和快速变革，给汽车企业质量管理带来了新问题。汽车企业质量管理涉及汽车企业的方方面面，涉及冲压工艺、车身焊装工艺、涂装工艺的质量管理；涉及汽车企业集团、分公司、工厂、车间、工段、工位等多层级的质量管理；还涉及零部件及供应商质量管理、整车生产质量管理、生产过程质量管理、质量改进；等等，总之汽车企业质量管理种类繁多，过程复杂，从而带来质量管理的复杂性[1-3]。并且随着智能化、信息化等新技术在汽车生产中的应用，也带来了质量管理的新问题。质量管理要与智能化、信息化技术精密结合。汽车企业竞争激烈，各大汽车厂商千方百计提高企业竞争力，特别是汽车企业从质量管理体系入手，不断完善、修正、改进、优化质量体系。

本书立足于对读者的实用性，基于作者多年的汽车企业质量管理经验，充分理解、学习、运用相关汽车企业质量管理理论，并经过多年的汽车企业质量管理实践，内容上注重理论与实践经验，侧重于企业质量管理规范的表述。对现代汽车企业的质量管理方法进行分类介绍，重点介绍相关理论，并结合实例讲解汽车制造企业质量管理优化。着重汽车制造企业为例，通过运用先进的精益六西格玛理念和文化，分析其质量管理里存在的问题，提出优化方案。本书一共分为七章，其内容包括质量管理基本理论、汽车企业质量管理体系、汽车企业供应商及零部件质量管理、汽车企业生产过程质量管理及整车质量管理、汽车企业质量策划与质量改进、六西格玛管理、汽车企业质量生态文明体系等，每一部分都有实例介绍，具有实用性。

目　录

第一章

质量管理基础理论

第一节　质量管理基本概念和基本术语

一、基本概念

本节依据ISO 9001/IATF 16949标准将质量管理定义为"在质量方面指挥和控制组织的协调的活动"，这里的活动通常包括制定质量方针和质量目标以及进行质量策划、质量控制、质量保证和质量改进。

二、基本术语

ISO 9001/IATF 16949标准中关于质量管理的几个重要组成部分，包括质量方针、质量策划、质量控制、质量保证、质量改进和质量管理体系。

（一）质量方针

质量方针是组织总方针的一部分，由最高管理者批准颁布。它需要结合本组织的质量方向和质量管理原则，承诺满足顾客和其他相关方需求、持续改进等。

（二）质量策划

质量策划旨在制定质量目标并规定必要的运行过程和相关资源，以实现质量目标。质量策划是质量管理的一个重要组成部分，它的主要目标是确定质量目标、制定必要的运行过程以及规定相关资源，以实现客户的需求和期望。其核心目的是确保最终的产品或服务能够满足客户的需求。质量策划主要包括三个方面，即质量管理体系策划、产品实现策划以及过程运行的策划，以确保相关运营过程高效运转。在此过程中，质量计划通常是质量策划的一个重要组成部分，其目的是在特定的产品或项目上制定质量目标、确定质量规范以及制定实现方式，以确保存在的项目或产品能够达到质量策划中规定的要求。

（三）质量控制

质量控制是通过一系列作业技术和活动对质量形成的各个过程实施控制，以满足质量要求，减少经济损失，取得经济效益。质量控制是质量管理的重要组成部分，旨在保证产品、过程或体系满足质量要求。通过实施一系列作业技术和活动，控制质量形成的各个过程，排除可能损害质量的因素，以减少经济损失，实现经济效益。质量控制应贯穿于产品形成和体系运行的全过程，对每个过程实施有效控制，才能确保产品质量符合规定要求。质量控制程序包括制订计划和程序以控制各环节和因素对产品质量的影响，并建立质量控制计划和标准。在实施过程中，需要进行连续评价和验证，发现问题进行分析，对异常情况进行处理并采取纠正措施，以防止再次发生。为了使质量控制发挥作用，必须注重制订计划和程序，并保证实施和持续评价与验证，对不符合计划和程序的活动进行分析，对异常活动进行处理并采取纠正措施。

（四）质量保证

质量保证是组织向人们提供足够的信任，确信组织的产品、过程或体系达到规定的质量要求。质量保证是质量管理不可或缺的组成部分，旨在提供可信赖的活动，以确保产品、过程或体系达到质量要求。其核心在于让顾客和相关方相信组织的产品、过程或体系达到规定的质量要求。依据目的的不同，质量保证可分为内部质量保证和外部质量保证两类。内部质量保证的主要目的是向组织的最高管理者提供信任，使其确信组织的产品、过程或体系达到质量要求。为此，管理人员应专门从事监督、验证和质量审核活动，及时发现质量控制中的薄弱环节，提出改进措施，以便质量控制更有效地实施，使组织最高管理者得以放心。外部质量保证是指在合同或其他外部条件下，向顾客或第三方提供信任，使其相信本组织建立了完善的质量管理体系，对合同产品有一整套完善的质量控制方案和方法，并且能够保证所提供的产品达到合同规定的质量要求。一般而言，外部质量保证必须有证实文件证明。

（五）质量改进

ISO 9001/IATF 16949标准将质量改进定义为"质量管理的一部分，致力于增强满足质量要求的能力"。质量是组织在竞争中取胜的重要手段，为了增强组织的竞争力，必须进行持续的质量改进。组织应确保质量管理体系能够推动和促进持续的质量改进，使其质量管理工作的有效性和效率能够让顾客满意，并为组织带来持久的效益。质量改进的三个注意点：首先，质量改进是通过改进过程来实现的。其次，质量改进应该经常寻找改进机会，而不是等待问题暴露后再捕捉机会。最后，对质量损失的考虑依据顾客满意度、过程效率和社会损失三个方面的分析结果。这三个方面的质量损失问题不仅为质量改进制造了机会，也为质量改进效果的评价提供了分析比较的依据。

（六）质量管理体系

质量管理体系是指挥和控制组织在质量方面的体系，建立质量方针和目标，确定相关的组织机构、过程、活动和资源，以实现质量方针和目标。质量管理体系是用于在质量方面指挥和控制组织的一套体系。体系是由一组相互关联或相互作用的要素组成，其中的要素是指构成体系的基本单元或组成体系的基本过程。管理体系是指为实现建立的方针和目标而相互关联或相互作用的一组要素。当组织建立管理体系时，首先应确定相应的方针和目标，然后设计出为实现这些方针和目标所需的一组相互关联和相互作用的要素（基本单元），这些要素应由一定的组织结构来承担。一个组织可以拥有多个管理体系，如质量管理体系、环境管理体系和职业健康安全管理体系等。质量管理体系是组织多个管理体系中的一个组成部分，致力于建立质量方针和目标，并确定相关的组织机构、过程、活动和资源以实现这些方针与目标。质量管理体系由管理职责、资源管理、产品实现和测量、分析与改进四个要素（过程）组成。

第二节　质量管理的发展史

质量管理随着生产和科技的进步而不断演变，经历了三个发展阶段。在质量检验阶段，人们仅仅理解为产品质量检验，由工长等执行。然而这一阶段存在不足，如只在生产后进行产品检验、仅由检验部门负责等。在统计质量控制阶段，人们引入了"事先控制，预防废品"的概念，并应用概率论和数理统计理论，发明了可操作的质量控制图。但是，这一阶段仅重视工序管理，难以调动广大工人的参与积极性，缺乏与组织管理的结合，因此被忽视。在全面质量管理阶段，质量管理必须综合考虑质量、价格、交货期和服务，而不仅仅是产品质量，同时需要对质量形成全过程进行综合管理。因此，企业全体人员都应具有质量意识和承担质量责任。该阶段从20世纪60年代开始，促进了质量管理的发展，适应了现代工业的发展需要。

从统计质量控制阶段到全面质量管理阶段，实现了质量管理工作的新飞跃。该阶段的兴起，标志着质量管理得到高度完善，成了一种新的科学化管理技术。人们越来越认识到，全面质量管理是一种以质量为核心的经营管理，可以称为质量经营，而日本人早就把它同企业的经营联系在一起。与此同时，在全面质量管理的推动下，国际标准化组织在20世纪80年代发布了第一个质量管理的国际标准——ISO 9000标准，而在20世纪90年代，六西格玛管理在国际上掀起了一股追求卓越质量管理的高潮。ISO 9000标准使质量管理规范化，六西格玛管理则致力于实现卓越的质量管理。

第三节　质量管理基本理论

一、质量的概念

质量管理的对象就是质量本身，因此正确、全面理解质量概念对于质量管理工作至关重要。随着科学技术的进步和社会经济的不断变革，人们对质量的认识也在不同历史时期有所变化。国际标准化组织在1994年制定的ISO 8402—1994《质量—术语》标准对质量作出了如下定义："质量是反映实体满足明确或隐含需要能力的特征的总和。"其中，"实体"可以指某项活动、过程、某个产品、某个组织、体系、人或它们的任意组合。此外，"产品"也可以包括无形产品。而定义中的"需要"一般是指顾客的需求，但从经济法规以及环境保护、防止公害等法规的角度看，也包括社会需求。

二、质量责任制

质量责任制是管理的通用原则。其建立的目的在于明确定义质量形成过程中各个阶段、环节、部门、程序和个人的质量责任，包括任务、职责、权限和考核标准等内容，从而确保质量工作的有效管控，使每个部门和员工都有专门的质量职责，并按照标准进行考核检查，使企业形成完善的质量责任系统。建立质量责任制时，必须着重强调责、权、利的统一。这意味着质量责任制的责任和权限必须相互依存，并与员工的利益相关联，以同时起到激励和约束的作用。

三、质量控制计划

为了实现公司的质量目标，制定质量控制计划是至关重要的。这一计划应成为质量管理体系文件的一个组成部分，并以书面形式呈现。要确保产品质量，就必须加强对生产过程的质量管控。质量控制的目的在于监控生产过程，并消除可能导致质量问题的因素，从而确保产品质量的稳定达标。在整个生产过程中，质量控制都应得到充分的关注，以消除可能导致不满意品质的因素。

四、质量方针和质量目标

质量方针是由组织的最高管理者正式发布的总体质量宗旨和方向。质量目标则是组织在质量方面所追求的目标，是对质量方针的进一步展开，同时也是组织质量方针的具体体现。质量目标应该既先进，又可行，以便于实施和检查。

五、统计过程控制

生产制造过程是决定产品质量的关键环节。在保证设计质量的前提下，产品的质量很大程度上取决于生产过程的质量。过程质量是指影响产品质量的各种因素是否能够达到产品制造质量的要求。过程质量可以从两个方面进行衡量：一是过程质量是否稳定，二是过程的稳定能力是否满足技术要求。过程质量的稳定性可以通过控制图进行测定和监控，而过程能力是否满足技术要求，可以通过工序能力指数来测定。

1924年，美国的休哈特（W.A.Sheuhart）首先提出了应用控制图对生产过程的质量进行监控的概念和实施方法，以达到预防为主的目的。获取生产数据后，常规控制图可以通过两条控制界限和一条中心线在普通坐标纸上作图，以点的形式展示时间顺序下的质量特性值或样本统计量，以此来分析生产过程质量的动态变化和趋势。常规控制图也称为休哈特控制图，是控制图的一种常用形式。

六、抽样检验

抽样检验是用一个样本代表一批产品或生产过程的检验方法。它的目的是根据样本检测结果来判断该批产品或过程的合格性。相比于对批次中所有产品进行逐个检验，抽样检验依照规定的抽样方案和程序，随机抽取一定数量的产品作为样本进行检验。抽样检验适用于数量较大、全数检验工作量较大，或检验费用较高的产品质量检验。此外，抽样检验还可以用于破坏性检验和连续体的检验等方面进行有效的质量监测。抽样检验的特点在于检测单位产品数量较少，费用、时间和成本较低，但批次中可能存在不合格品且不接收批次中也可能包含健康品等情况。抽样检验可分为计量抽样检验和计数抽样检验，并可进一步细分为一次抽样检验、二次抽样检验、多次抽样检验和序贯抽样检验等。

七、质量经济性分析

企业经营管理的主要工作和重要目标是提高经济效益。产品质量和质量管理是产生经济效益的最重要因素之一。优良的产品质量是企业取得经济效益的基础。在经济效益方面，产品质量的经济性是关键。这种经济性是指在整个产品生命周期内，使生产者、消费者（用户）和社会整体的总损失最小化。因此，强调产品质量不仅需要满足适用性要求，还需要兼顾经济性。这意味着在保证产品质量的同时，要控制成本。因此，在产品质量和费用方面存在决策上的协调。这种协调体现了产品的质量经济性。选择质量与费用的最佳组合受到许多内部和外部因素的影响。一方面，要保证产品的质量，以满足用户的需求和期望。另一方面，要控制成本，以保证企业的经济效益。

因此，在计算和考虑成本时，不仅要考虑企业的制造成本，还要考虑产品的使用成本。从满足整个社会需求的角度出发，以最小的社会劳动成本实现最好的社会经济效益。

八、标准化管理

标准化工作的重要性不言而喻。在产品制造、工程建设、技术研发等方面，标准可以起到极其关键的作用。例如，在产业链条，各个环节的标准相对统一，可以实现资源优化配置，提高效率，减少成本，同时保持产品的稳定性和可靠性。在研发领域，标准可以促进技术交流、提高创新能力，减少重复劳动，避免走弯路。在工程建设，标准可以规范施工、确保质量安全，降低工程事故风险等。

在实践中，标准化工作需要秉持科学、严谨、公正的原则，尊重市场规律和技术发展趋势。标准不应仅仅是机构制订的"规矩"，而应该是广泛接受的技术和管理共同认知的集合。同时，标准化工作也需要与先进技术密切结合。在新技术领域中，标准需要及时跟进，确保技术的快速推广和应用，实现技术和标准的同步更新。

综上所述，标准化工作的重要性不容小觑。只有通过制定、实施和完善标准化体系，才能实现生产、经营、管理等各领域的优化和协调，不断推动科技进步和社会发展。

九、质量信息管理

质量信息的管理对于组织的决策和质量改进都具有重要的作用。通过有效管理质量信息，组织可以更好地了解产品的质量状况，及时掌握问题和风险，对质量进行改进，提高用户满意度。同时，质量信息还可以为组织提供市场情报、竞争情报等方面的支持，帮助组织明确市场需求和竞争态势，进一步推动组织的发展。

为了有效管理质量信息，组织需要建立完善的信息管理体系，包括信息的采集、存储、处理和利用等方面。具体来说，需要做好以下几个方面的工作。

识别信息需求：组织需要明确自身的信息需求，包括需要了解的信息类型、范围、内容等，以便有针对性地采集和管理质量信息。

收集信息来源：组织需要明确质量信息的来源，包括内部和外部的信息来源，如工艺流程、检验报告、用户反馈、市场调查数据等。通过建立信息采集和反馈机制，确保信息来源的充分和及时性。

转化为知识：质量信息需要在转化为有用的知识之前进行加工和分析，以便为组织的决策和行动提供支持。这需要组织具备相关的数据分析和信息处理能力。

应用于决策和改进：利用质量信息为组织的战略决策和质量改进提供支持，以提高产品质量、降低成本、增强市场竞争力。

保证安全性和保密性：对于一些关键的质量信息，组织需要建立相应的保护机制，包括保证信息安全和保密性、加密传输等。

评估信息的收益：对于已经采集和利用的质量信息，组织需要对其进行价值评估，以便更好地改进信息和知识的管理。

十、质量管理工具

排列图是一种简单的图标技术。它按照影响产品质量的"关键的少数和次要的多数"的原理，对有关产品质量的数据进行分类排列，用图形表明影响产品质量的关键所在，从而知道哪个因素对质量的影响最大。

因果图能有效地寻找影响质量、时间、成本等的潜在因素。它利用头脑风暴法的原理，以结果为特性，以原因为因素，在它们之间用箭头联系起来，表示因果关系的图形分析质量问题。

调查表和分层法是对质量数据进行适当归类与整理的常用方法。调查表是把产品可能出现的情况及其分类预先列成统计调查表，在检查产品时只需在相应分配中进行统计，并可从中进行粗略的整理和简单的原因分析。分层法是把不同材料、不同加工方法、不同加工时间、不同操作人员、不同设备等各种数据加以分类，从而找出主要的质量原因和采取相应的技术措施。

直方图适用于对大量计量值数据进行整理加工，找出其统计规律，分析数据分布的形态。直方图的基本图形为直角坐标系下若干依照顺序排列的矩形，各矩形底边相等，称为数据区间，矩形的高为数据落入各相应区间的频数。

散布图中万物相互关联，相互影响。产品特性与因素之间、不同特性之间，都存在相关关系，可用确定性关系和非确定性关系区分。确定性关系是指变量，可用数学公式描述，一个自变量可以计算出一个唯一因变量；而非确定性关系则较为复杂，存在各种影响因素，难以用函数表达出来。由于影响因素复杂且随机误差的存在，变量之间的关系通常具有不确定性。这种情况下，我们称变量之间存在相关关系。

在实际应用中，判断一对数据之间是否存在相关性是非常重要的。通常使用散布图，也称为相关图，来描述两个质量特性值之间的分布状态。散布图将一对数据看作直角坐标系中的一个点，许多点组成的图形描述了数据之间的关系。通过观察散布图中点的分布状态，我们能够判断自变量x和因变量y之间是否存在相关性。

| 第二章 |

汽车企业质量管理体系

第一节　汽车企业质量管理体系基本理论

一、质量管理体系概念与术语

（一）质量管理体系概述

ISO 9000系列标准包括质量管理的基本原则、质量管理体系要求和质量管理体系评价等内容，是一个全面、系统、规范的质量管理标准体系。ISO 9000标准不仅适用于制造业，而且适用于服务业、政府机构和非营利性组织等各类组织。

质量管理体系的实施和认证，可以帮助组织进行内部管理的规范化、制度化和标准化，形成科学决策和规范行为的习惯，避免资源浪费、重复工作和失误，提高工作效率和质量水平。同时，质量管理体系的认证，也可以增强顾客和市场对组织的信心与信任，提高组织的竞争力和形象。

然而，建立和实施质量管理体系并不是一件简单的事情。需要组织做好大量的前期准备工作，如明确自身的质量方针和目标、识别和评估各种风险与机会、制定适宜的管理程序和标准、培训和配备专业的管理人员等。此外，实施质量管理体系也需要组织的高层领导的支持和参与，需要的投资和资源也比较大。

总之，建立和实施一个完善的质量管理体系是组织提高产品质量和竞争力的重要手段之一，而ISO 9000标准则为组织提供了一个行之有效的标准体系。组织可以根据自身的情况，结合ISO 9000标准的要求和精神，建立和实施自己的质量管理体系，并通过认证获得内部管理的改进和外部信心的提升。

我国质量管理体系国家标准的制定与发展大体情况如下：

1987年ISO系列标准发布后，我国于1988年12月发布了5个等效采用的GB/T 10300—1988系列国家标准。1992年5月又发布了5个等同1987版ISO的GB/T 1900—1992系列国家标准。1994年12月等同采用1994版ISO系列国际标准。2000年12月等同采用2000版ISO系列3个国际核心标准。2003年5月等同采用了ISO 19011—2002标准。2008年10月29日发布了GB/T 19000—2008（idt ISO 9001/IATF 16949）。2008年12月30日发布了GB/T 19001—2008（idt ISO 9001—2008）。

国际标准化组织（ISO）于2009年11月1日正式发布了新版的ISO 9004标准，取代原ISO 9004—2000版标准。我国于2011年12月30日正式发布等同采用的GB/T 1900—2011标准，取代原GB/T 19004—2000标准，于2012年2月1日实施。

（二）基本术语

ISO 90000《质量管理体系　基础和术语》标准定义了10大类80条术语，这里只简要介绍几个基本术语。

1. 过程

所谓"过程"，是指一组相互关联或作用的活动，能够将输入转化为输出。在ISO 9000标准中，过程是建立在所有工作都是通过过程完成的基础上的。组成过程的活动是经过策划，并在受控条件下进行，以将输入要求经过加工转化为输出结果，以达到产生增值效益的目的。在任何组织中，过程都是最小的有效管理单元，不同组织的过程数量、复杂程度和大小因管理层次、管理范围和管理对象而不同。过程之间存在着相互衔接的顺序关系。例如，产品设计过程将市场开发过程的输出作为输入要求，经过策划、分析和开发等活动，转化为设计的输出结果，而设计过程的结果又成为采购过程和加工过程的输入要求。

2. 质量目标

质量目标是组织追求质量方面的目标。制定质量目标应与质量方针保持一致，依据调查分析和行业先进组织对比实现。质量目标应量化，特别是产品目标应结合质量特性指标化，以便于操作、比较、检查和改进。

3. 质量管理

质量管理是指挥和控制组织协调质量方面活动的活动，包括制定质量方针、目标、策划、控制、保证和改进。各级管理者都应该承担质量管理的职责，但最高管理者应领导和推动质量管理，并要求组织全体人员参与和承担义务。只有全员参与和承担义务，才能实现所期望的质量。在质量管理活动中，还应考虑经济性因素，以最大限度地利用人力、物力资源，满足顾客需求，提高经济效益。

二、汽车企业质量管理体系标准

（一）基本概念

GB/T 19000—2016/ISO 9000—2015标准中提出的基本概念包括：质量、质量管理体系、组织环境、相关方及支持。

1. 质量

关注质量的组织倡导通过满足相关方需求和期望来实现价值文化，反映在行为、态度、活动和过程中。组织的产品和服务质量依靠满足顾客需求和影响相关方能力而定。产品和服务质量不仅涉及预期功能和性能，还包含顾客对其价值和受益的感知。

2. 质量管理体系

质量管理体系包括确定组织目标和过程资源，以获得期望的结果。在提供产品和服务方面，质量管理体系提供了应对预期和非预期结果的方法。

3. 组织环境

理解组织环境是个过程，确定影响组织各种因素如宗旨、目标、可持续性。考虑内部因素如组织价值观、文化、知识和绩效，还需考虑外部因素如法律、技术、竞争、市场、文化、社会和经济环境。组织宗旨包括愿景、使命、方针和目标。

4. 相关方

相关方的概念已扩展为考虑除顾客外的所有相关方。识别相关方是理解组织环境的步骤，指若无法满足其需求和期望，则会对组织有重大风险的相关方。组织需依靠相关方支持来取得成功，以吸引、赢得和保持相关方支持。

5. 支持

最高管理者对质量管理体系和全员积极参与的支持至关重要。最高管理者能够提供充分的人力和其他资源；监视过程和结果；确定和评估风险和机遇并采取适当的措施。还应负责任地获取、分配、维护、提高和处置资源，以支持组织实现其目标。

（1）人员

人员是组织内不可缺少的资源。组织的绩效取决于体系内的人员的工作表现。

（2）能力

当所有人员理解并应用所需的技能、培训、教育和经验，履行其岗位职责时，质量管理体系是最有效的。

（3）意识

意识来源于人员认识到自身的职责，以及他们的行为如何有助于实现组织的目标。

（4）沟通

经过策划并有效开展的内部（如整个组织内）和外部（如与有关相关方）沟通，可提高人员的参与程度并更加深入地理解"组织环境""顾客和其他有关相关方的需求和期望""质量管理体系"。

（二）质量管理原则

GB/T 19000—2016/ISO 9000—2015标准中提出的质量管理原则，为质量管理休系标准奠定了基础。组织在质量管理休系的预期绩效。

质量管理七项原则具体内容如下：

1. 以顾客为关注焦点

质量管理的关注点是满足并超越顾客期望。赢得和保持顾客和其他相关方的信任才能达成持续成功。与顾客相互作用的每个方面，都提供了为顾客创造更多价值的机会。理解相关方的需求，有助于组织的持续成功。应用"以顾客为关注焦点"原则可提升顾客价值、满意度和忠诚度，增加重复业务、提高声誉、扩展顾客群、增加收入和市场份额。围绕此原则，可开展的活动如：识别直接和间接顾客，理解他们当前和未来的需求和期望，将组织目标与顾客需求联系，内部沟通顾客需求，策划、设计、生产、推出和支持产品和服务来满足顾客需求，监测顾客满意度并采取适当措施，针对相关方的需求和期望，采取适当措施，主动管理与顾客的关系以实现持续成功。

2. 领导作用

各级领导应确立统一的宗旨和方向，并创造全员积极参与实现组织质量目标的条件。这样能够使组织有效地协调战略、方针、过程和资源以实现目标。应用"领导作用"原则可提高实现组织质量目标的有效性和效率，协调组织过程，改善各层级和职能间沟通，开发和提高组织及其人员的能力，以获得期望的结果。

3. 全员积极参与

组织中各级经授权和积极参与的人员是提高创造和提供价值能力的必要条件。通过提高能力，表彰和授权，促进全员积极参与实现质量目标。应用"全员积极参与"原则能带来的益处：深入理解质量目标，提高参与程度，在改进活动中促进个人发展、创造力和满意度，增强协作和信任，关注共同价值观和文化。围绕此原则，可开展的活动如：与员工沟通，增强对个人贡献的认识；促进内部协作；公开讨论，分享知识和经验；识别制约因素并主动参与改进；表彰贡献、学识和进步；进行自我评价；评估人员满意度并采取措施。

4. 过程方法

将活动视为相互关联、功能连贯的过程构成的体系来理解和管理，可以更加有效和高效地达成一致、可预知的结果。质量管理体系由相互关联的过程组成。了解如何实现结果以完善和优化体系是关键所在。

5. 改进

成功的组织持续关注改进。保持当前绩效水平、应对内外部条件变化、创造新机遇，都需要改进。通过"改进"原则带来以下主要优点：①可以提高过程绩效、组织能力和顾客满意度；②可以增强关注调查和确定根本原因及后续预防和纠正措施；③提高对内外部风险和机遇的预测和反应能力；④考虑渐进性和突破性改进；⑤利用学习来改进；⑥增强创新动力。

围绕"改进"原则，可采取以下措施：①发现和评估机会和改进范围；②确定改进的优先级、资源约束和改进方法；③实现和验证改进；④标准化和持续改进。这些措施有助于实现过程绩效的改进和组织能力的提高，最终提高顾客满意度和创造新机遇。

6. 循证决策

基于数据和信息的分析与评价，可以更可能产生预期的结果。然而，决策是一个复杂的过程，并且包含不确定性。它需要理解多种输入类型和来源，并考虑到这些理解可能是主观的。理解因果关系和潜在的非预期后果非常重要。使用事实、证据和数据的分析可以使决策更加客观和可靠。

应用"循证决策"原则，可为组织带来以下主要益处：①改进决策过程；②增强评估过程绩效和实现目标的能力；③提高运行有效性和效率；④提高审查、挑战和改变观点与决策的能力；⑤提高证实以往决策有效性的能力。

7. 关系管理

为了持续成功，组织需要管理与相关方（如供应方）的关系。供应方及合作伙伴网络的关系管理尤为重要。

应用"关系管理"原则，可为组织带来以下主要益处：①通过对每一个与相关方有关的机会和限制的响应来提高组织及其相关方的绩效；②与相关方有共同的理解目标和价值观；③增强为相关方创造价值的能力，包括共享资源和人员能力，以及管理与质量有关的风险；④拥有管理良好、可稳定提供产品和服务的供应链。

三、汽车企业质量管理体系的建立

（一）质量管理体系的总体设计

质量管理体系的总体设计是按ISO 9000族标准在建立管理体系之初对组织所进行的统筹规划、系统分析和整体设计，并提出设计方案。

质量管理体系总体设计的内容为：领导决策，统一认识；组织落实，成立机构；教育培训，制定实施计划；质量管理体系策划。

1. 领导决策，统一认识

按照GB/T 19001—2016/ISO 9001—2015《质量管理体系　基础和要求》标准建立和实施质量管理体系是组织的战略性决策，所以说组织的最高管理者和各层领导的高度重视是问题的关键，建立统一的宗旨和方向，营造全员积极参与的环境和条件，将组织战略、方针、过程和资源协调一致，以实现其目标。

2. 组织落实，成立机构

首先，最高管理者要发挥领导作用，对组织的质量管理体系有效性负责。其次，根据组织的规模、产品及组织结构，建立不同形式、不同层次的贯标工作小组。

3. 教育培训，制定实施计划

对组织的领导层、贯标骨干人员（各职能部门领导和体系设计人员）及全体员工分层次进行教育培训，并制定贯标的实施计划。

4. 质量管理体系策划

策划必须符合GB/T 19001—2016/ISO 9001—2015标准对质量管理体系的总体要求。这些要求包括：①符合性——质量管理体系必须符合标准中提出的各项要求；②实施性——质量管理体系应当得到有效实施；③保持性——质量管理体系应当得到持续保持；④改进性——质量管理体系应当持续改进其有效性；⑤文件化——必要的细节和信息应当被保持和记录在文献中。

质量管理体系策划具体要求为：

①充分识别和分析组织环境，包括组织内、外部因素（正面或负面），并充分理解这些因素可能会影响组织实现质量管理体系预期结果的能力。

②识别并确定顾客以及与质量管理体系利益相关方的要求，并确定与产品有关的要求。

③基于上述识别和确定的基础，确定质量管理体系的边界和适用性，以明确其范围，形成成文信息。同时，评估GB/T 19001—2016/ISO 9001—2015标准对组织的适用性，考虑组织的规模、管理模式、活动范围、风险和机遇等因素。如果有标准中的某些要求不适用于组织的质量管理体系范围，应予以说明。

④确定质量管理体系所需的过程及其在整个组织中的应用，应当：确定这些过程所需的输入和期望的输出；确定这些过程的顺序和相互作用；确定和应用所需的准则和方法（包括监测、测量和相关绩效指标），以确保这些过程的有效操作和控制；确定这些过程所需的资源并确保可获得性；分配这些过程的职责和权限；按照标准识别并应对风险和机遇；评估这些过程，并实施必要的变更，以确保实现这些过程的期望结果；改进这些过程和质量管

理体系。

⑤质量管理体系文件化系统的策划。组织应按照GB/T 19001—2016/ISO 9001—2015标准要求，以及充分应对风险、确保过程受控、有效沟通信息、提供相关证据的需求，决定形成和保持的文件和记录。由于标准对成文信息的要求灵活，组织可结合自身的实际需求，从为质量管理体系增加价值的角度，在标准要求的基础上，确定质量管理体系的文件和记录。例如：组织结构图及职责描述；过程路线图、流程图及过程描述；质量手册；各种需要成文的程序文件；各种需要成文的制度、规范和作业手册；质量计划；获准的供应商清单；测试和检验计划；各种表达过程及活动的实施结果的记录表单。

（二）建立质量管理体系的方法

GB/T 19001—2016/ISO 9001—2015标准提倡在建立、实施和提高质量管理体系的有效性时采用过程方法，以满足客户的要求，从而增强客户满意度。根据GB/T 19000—2016/ISO 9001—2015《质量管理体系 基础和术语》标准的定义，"过程"是指"一组相互关联或相互作用，通过利用输入以实现预期结果的活动"。为了实现组织的预期结果，GB/T 19001—2016/ISO 9001—2015标准要求将组织内相互关联的过程作为一个体系进行理解和管理，以提高组织实现既定目标的有效性和效率，从而使组织有效地实现预期结果。

1. 过程方法的优势和益处

应用过程方法建立的质量管理体系具有以下优势：①理解并持续满足要求；②从增值的角度考虑过程；③获得有效的过程绩效；④在评价数据和信息的基础上改进过程。

根据《质量管理体系 基础和术语》（GB/T 19000—2016/ISO 9001—2015）标准表述，应用过程方法原则可能为组织带来的主要益处。应用过程方法建立质量管理体系获得的主要优势，可以进一步理解为以下诸多方面：①系统识别和策划流程，实现过程的优化；②提高组织专注于过程有效性和效率的能力；③增强客户和其他相关方对组织取得稳定绩效的信心；④提高组织内部运作的透明度；⑤通过有效使用资源，降低成本，缩短周期；⑥控制风险，实现持续改进、一致性和可预测性的结果；⑦提供改进重点和优先改进活动的机会；⑧激励员工积极参与并执行其职责；⑨消除职能部门之间的壁垒，关注点集中于组织目标；⑩改善处理过程接口的管理。

2. 过程方法的实施

根据GB/T 19001—2016/ISO 9001—2015标准，通用的质量管理体系过程包括领导作用、策划、支持、运行、绩效评价和改进等。组织应系统地识别和确定适合自身的质量管理体系所需的过程。在识别和确定过程时，应考虑组织的宗旨和方向，以及质量管理体系实现的预期结果、组织的环境和风险、顾客及相关方的需求和期望。一个过程的输入通常是其他过程的输出，而一个过程的输出通常是其他过程的输入。因此，两个或两个以上相互关联和相互作用的连续过程也可以视为一个过程。要确定过程之间输入和输出的流程关系，重点是梳理过程的顺序，确定过程之间的相互作用，着重厘清过程之间的接口关系和相互影响。识别过程的顺序和相互作用。

GB/T 19001—2016/ISO 9001—2015标准0.3.3条款指出：基于风险的思维是实现质量管理体系有效性的基础。

风险即不确定性（对目标）的影响。"风险"一词如在有负面影响的可能性时使用，即"威胁"，在有正面影响的可能性时使用，即"机遇"。在组织管理中，威胁和机遇无处不在，掌握风险分析和决策技能，识别威胁、把握机遇十分重要。

在组织实现其预期目标的能力方面，各过程在风险等级上表现并不相同且影响因素也不相同。

四、汽车企业质量管理体系运行机制及改进

（一）质量管理体系的实施

质量管理体系完成建立后，将进入试运行阶段以考验质量管理体系的有效性和协调性。对于暴露的问题，应采取纠正和改进措施以完善质量管理体系。

（二）质量管理体系评价

质量管理体系评价包括内部审核、管理评审和自我评价。

1. 内部审核

（1）内部审核的概念及要求

根据GB/T 19000—2016/ISO 9000—2015标准，内部审核是组织自己或以

组织名义进行的审核，有时称为第一方审核。该审核旨在用于管理审核和其他内部目的，并可作为组织自我合格声明的基础。

根据GB/T 19001—2016/ISO 9001—2015标准9.2条款的要求，组织应按照策划的时间间隔进行内部审核，并通过该审核提供组织质量管理体系两方面的信息。一方面，审核应确定是否符合组织自身的质量管理体系要求。另一方面，审核应确定标准要求是否得到有效的实施和保持。

（2）内部审核的策划与实施

为确保质量管理体系的有效性，组织需要策划、制定、实施和保持审核方案。该方案应包括审核频次、方法、职责、策划要求和报告等内容。在策划内部审核时，应当考虑过程的重要性、管理的优先级、过程的绩效、影响组织的变更、以往审核的结果、顾客投诉的趋势以及法律法规方面等因素。

一般的内部审核流程如下：审核准备与策划—审核实施—审核结果评价—制定和确认纠正措施—改进与评价效果。

2. 管理评审

（1）管理评审的概念

根据GB/T 19001—2016/ISO 9001—2015标准9.3条款规定，最高管理者应定期对组织的质量管理体系进行评审，以确保其持续的适宜性、充分性和有效性，并与组织的战略方向相一致。这里，适宜指该体系是否仍适用于其用途；充分指其是否依然足够；有效指其是否能够达成预期的结果。

在进行管理评审时，除质量方针和质量目标的评审外，还应考虑组织的战略方向。此外，管理评审也可以与组织的其他业务协调安排，以增加其价值，例如战略策划、商业策划、运营会议以及其他管理体系评审。

同时，组织应该储存管理评审的相关信息以证明其结果。

（2）管理评审的输入和输出

策划和实施管理评审时应考虑下列内容：

①过去管理评审所采取的措施；

②与质量管理体系相关的内外部因素变化；

③以下关于质量管理体系绩效和有效性的信息，包括其趋势：顾客满意和相关方反馈、质量目标实现的程度、过程绩效以及产品和服务的合格情况、不合格及纠正措施、监视和测量结果、审核结果、外部供应方的绩效；

④资源的充足程度；

⑤应对风险和机遇所采取的措施的有效性；

⑥改进的机会。

管理评审的输出应该决定和采取与以下事项相关的措施：改进的机会、质量管理体所需的变更、资源需求。坚持实行管理评审制度可以使组织的质量管理体系不断改进，并建立自我改进和自我完善的机制。

3. 自我评价

GB/T 19004—2011/ISO 9004—2009标准明确指出，组织应该利用自我评价来确定改进和创新机会的优先次序，并制定以持续成功为目标的行动计划。

该标准为组织提供了自我评价的工具，用于确定其成熟度等级并识别改进和创新的机会。此外，还提供了"关键要素"和"具体要素"的自我评价方法及工具，以便组织自我评价其优势和劣势。

（三）质量管理体系的持续改进

持续改进是组织永恒的目标。组织全面贯彻标准建立质量管理体系，在运行的过程中，"应利用战略方向、质量方针、质量目标、审核结果以及管理评审，持续改进质量管理体系的有效性"。

质量管理体系持续改进的基本途径。

1. 突破性改进项目

突破性改进项目主要是针对现有过程进行改进，或者实施全新的过程。这种项目通常由跨职能小组在常规业务外来实施，包括对现有过程进行重大的再设计。

2. 渐进性持续改进项目

渐进性持续改进项目是由组织内部员工进行小幅度、持续的改进活动来改进现有过程的。持续改进项目通常由组织的员工通过参与工作小组来实施。为了有效展开渐进性持续改进项目的活动，GB/T 19004—2011/ISO 9004—2009标准附录B中提出了以下要求：

员工应参加改进工作组，并提供改进信息；组织应对改进进行控制，以便了解改进效果；参与改进的人员应该被授予相应的权利，并得到有关的技术支持和必需的资源。

持续改进的步骤包括以下内容：

① 识别改进原因。识别过程中存在的问题，选择改进的区域，并记录改进原因。

② 评估现有状况。评价现有过程的有效性和效率，通过收集数据并进行分析，识别最常发生的问题类型，选择特定问题并确定改进目标。

③ 分析。识别并验证问题的根本原因。

④ 制定解决办法。寻求解决问题的可替代办法，选择并执行能够消除产生问题的根本原因，并制定防止问题再次发生的最佳解决方案。

⑤ 评估效果。确定是否消除问题及其起因，以及解决方案是否导致了改进目标并产生了影响。

⑥ 实施并规范。用改进的过程代替旧过程，防止问题及其根本原因再次出现。

⑦ 对已完成的改进措施进行有效性和效率评估。对改进项目的有效性和效率做出评价，并考虑在组织的其他地方使用这种解决方案。

五、汽车企业质量管理体系质量认证

（一）质量认证制度的产生

随着市场经济的发展，质量认证制度逐步建立起来。在现代质量认证诞生之前，组织为推销产品往往采取"合格声明"的方式，以获得顾客对产品质量的信任。随着科技的进步，产品结构和性能变得越来越复杂，导致顾客对组织的质量保证能力提出了评估要求，这被称作"第二方合格评定"。

考虑到质量认证开始跨越国界，1970年，国际标准化组织（ISO）成立了"认证委员会"（ERTICO）；1985年，ISO将其更名为"合格评定委员会"（CASCO），开始从技术角度协调各国的认证制度，促进各国认证机构和检验结果的相互认可，以消除不同国家标准、检验和认证流程之间的差异带来的贸易难题，进一步制定了国际质量认证制度。我国通过多年的建设，已经形成较为完善的认证认可体系。

（二）质量认可和质量认证的概念

质量认可和质量认证是合格评定的主要活动。因此，要了解质量认可和认证，应先明确什么是合格评定。所谓合格评定，是指"与直接或间接确定相关要求被满足的任何有关的活动"。

1. 质量认可的概念

质量认可指一个权威团体依据程序对某一团体或个人具有从事特定任务的能力给予正式确认。

2. 质量认证的概念

质量认证指第三方依据程序对产品、过程或服务符合规定的要求给予书面保证（合格证书）。质量认证包括两部分：产品质量认证和质量管理体系认证。

质量认证，必须明确以下几点：

①质量认证的对象是产品和质量管理体系。

②质量认证的依据是标准和有关的法律法规。

③质量认证是独立的、系统的，并由具有权威的第三方从事的活动。

④质量认证的证明方式为认证证书和认证标志。

世界各国实行的质量认证制度主要有八种类型，这些类型的质量认证制度所认证的对象和实施认证的方式存在差异，所能提供的信任程度也存在差异，具体内容如表2-1所示。

表2-1　质量认证制度的类型

认证类型	认证对象	认证方式					特点
		资格条件		认证后监督			
		试验类型	质量管理体系评定	市场抽样	工厂抽样	质量管理体系复审	
1.型式试验	产品	□					只要用于证实产品设计符合规范要求，不证明以后生产的同样产品符合标准。仅颁发合格证书，不使用认证标志，提供的产品质量信任程度较低

认证类型	认证对象	认证方式					特点
		资格条件		认证后监督			
		试验类型	质量管理体系评定	市场抽样	工厂抽样	质量管理体系复审	
2.型式试验加认证后监督——市场抽样验收	产品	☐		☐			证实生产的产品持续符合标准，使用产品认证标志，提供可靠的产品质量信任程度
3.型式试验加认证后监督——工厂抽样检验	产品	☐			☐		
4.型式试验加认证后监督——市场和工厂抽样检验	产品	☐		☐	☐		
5.型式试验加工厂质量管理体系评定加认证后监督——质量管理体系复审加工厂和市场抽样检验	产品	☐	☐	☐	☐	☐	证实生产的产品持续符合标准，使用产品认证标志，提供的产品质量信任程度高
6.工厂质量管理体系评定	质量管理体系		☐			☐	
7.批检	产品	☐					仅证实某特定一批产品符合标准，提供的产品质量信任程度高
8.百分之百检验	产品	☐			☐		证实每一件产品均符合标准，认证费用高，提供的产品质量信任度高

由表2-1可知，第5种类型的认证制度是一种最完善的产品质量认证制度，第6种类型的认证制度是质量管理体系认证制度。第5种和第6种类型的认证制度也是ISO向各国推荐的认证制度。ISO和IEC联合发布的所有有关认证工作的指南，都是以这两种认证制度为基础的。

（三）我国实行质量认证的基本原则

依照国家有关的质量认证法律法规以及相应的国际标准和技术法规，我国制定了指导质量认证工作的基本原则。

其中，第一个原则是以国际指南为基础，以便我们与国际接轨；第二个原则是统一管理认证工作，采取组建中国合格评定国家认可委员会的做法，并下设五个分委员会，统一管理认证机构、检验机构以及认证人员，以确保认证结果的可靠性；第三个原则是坚持公正性，以保证认证工作的公正性，符合ISO和IEC推荐的典型的第三方产品认证制度和质量管理体系认证制度；第四个原则是将自愿性认证与强制性管理相结合，鼓励企业自愿申请认证，对涉及人类健康和安全、动植物生命和健康以及环境保护和公共安全的产品实行强制性认证制度；第五个原则是明确质量认证的目的，一方面是为企业取得市场准入证明，另一方面则是促进企业加强技术基础工作，建立健全的质量管理体系，提高企业管理水平。

（四）产品质量认证

1. 产品质量认证的概念

产品质量认证是指基于产品标准和技术要求，由认证机构确认并颁发认证证书和认证标志，证明产品符合相应标准和要求的过程。

根据《中华人民共和国产品质量认证管理条例》，产品认证分为安全认证和合格认证。实施安全认证的产品必须符合强制性标准的要求，实施合格认证的产品则必须符合国家标准或行业标准的要求。

2. 我国强制性产品认证制度的有关内容

我国建立了强制性产品认证制度。主要规定包括《强制性产品认证管理规定》《强制性产品认证标志管理办法》《第一批实施强制性产品认证的产品目录》《实施强制性产品认证有关问题的通知》。这些规定统一了强制性产品认证的法律依据、适用范围和标志使用，以及监督管理等，旨在确保国家公布的目录、标准、技术规则和实施程序得到统一执行，并规定相关收费标准。

3. 我国产品质量认证的主要标志

我国现行产品质量认证标志包括但不限于以下几种：

①强制性产品认证标志。

②无公害农产品认证标志。

③中国有机产品认证标志。

④中国饲料产品认证标志。

⑤中国能源效率标志。

第二节 国内外汽车企业质量管理体系

一、长安

长安汽车董事长徐留平曾说过，中国汽车业发展的战略中，就是要质量先导。只有质量先导，质量先行，才能够成就完美的产品。长安汽车一直以来以"质量全面持续提升"为目标，充分利用各种先进质量管理工具，构建全方位的大质量管理体系，全面提升质量，为消费者打造出完美品质的产品。

（一）质量理念的创新

随着竞争的加剧，质量的内涵已由符合性质量标准演进为让顾客惊喜，进而注重差异化竞争性的质量，要从新的视角认识质量，不断创新质量理念，才能走在质量的前端，不落伍。与国内外其他汽车制造企业相比，长安汽车质量理念完整地体现了八项质量管理原则中的"以顾客为关注焦点""过程方法""持续改进"等。它以提高顾客满意度为主导，以精细化管理为指导思想，以PDCA循环为主要技术手段，以"质量全面持续提升"为目标，全面综合地将全面质量管理的方法运用于实践中，因地制宜，不断地取得进步，最后创造出适用于自己企业的一系列技术方法。同时为了让持续提升的质量理念得到企业每位员工的认可，构筑起一个牢固的质量文化体系，长安汽车通过各种形式安排了各种培训教育。长安汽车质量一直处于持续改进提升中并非偶然，而是每一个长安人不懈努力的结果。

（二）组织机构的创新

组织机构是有效执行质量管理活动的首要要素，企业组织的变革随着外在经营环境的动荡和新技术革命的突飞猛进而日益显示出其重要性，在企业内部最直接的反映就是组织结构设计的调整和优化。长安汽车实施顾客驱动、精细管控的质量持续提升工程中，创建了健全的质量管理组织保障机构，并针对组织机构人力资源专门制订了有效的质量管理制度文件。其中针对自身情况创建的PVT（持续提升的跨部门组织结构）、VRT（变差减少小组）小组非常具有特色。基于跨职能团队的组织结构为质量改进提供了一个无边界合作的平台，不仅消除了各部门、各层级乃至供应商之间的沟通壁垒，更及时准确地关注顾客的期望，对顾客的问题快速响应并永久解决，不断减少过程变差，持续改善，逐步提高顾客的满意度，持续提升产品质量和质量管理水平。同时，制定的质量持续提升工作绩效目标及其考核办法，保证了质量持续提升工作的贯彻与落实，推进了质量持续提升工作绩效目标考核体系。

（三）技术方法的创新

国内外许多汽车制造企业的管理者认为管理主要靠经验和实践，忽视了先进管理工具和方法的指导作用，不注重学习新知，导致管理粗放和经营短视，经常凭主观决策和意气用事，效率不高，绩效不佳。虽然企业能意识到质量对竞争的重要性，但不能解决所遇到的质量问题。质量控制技术方法虽为企业提升质量作出了很大推动的作用，但需适合企业情况才有效。长安汽车创新了质量管理技术手段，以顾客为导向，讲求实效，充分运用统计质量控制方法，改善质量管理体系和质量技术整合，增强市场竞争力。

（四）管理手段的创新

随着社会的进步与技术的发展，传统的质量管理技术与手段已越来越难以满足现代制造企业质量管理的需要。长安汽车与时俱进，在该领域进行了大量的研究、探索与实践，成功地构建了符合企业内情的质量管理信息化支持系统平台并开展了工程化应用，通过质量信息的有效采集、分析、处理与追溯，实现质量信息的集成化、规范化处理，实现产品质量形成过程和生命周期的全程监控，为产品质量的持续性改进提供技术和手段，优化了企业在信息化模式下的质量管理体系，为企业质量管理体系的良好运行提供了支持，从而达到了提高产品质量和质量管理水平的目的，积累了丰富的知识和经验。

（五）实施质量持续提升工程取得的效果

实施效果是质量持续提升工程取得成果的重要体现，通过实施"质量持续提升工程"，长安汽车改变了以前的粗放型管理方式，其产品质量和质量管理水平得到了显著提升，取得以下效果：提升了产品质量和质量管理水平，增强了企业核心竞争力，实施顾客驱动、精细管控的质量持续提升工程在长安汽车发挥了巨大作用，企业的产品实物质量和质量管理水平都得到很大的改善，促进了企业汽车销售量的增长和管理水平的提高，增强了企业的核心竞争力。首先，全员全过程全面的质量管理思想得到了员工的普遍认可和理解，增强了全员质量意识，营造了积极向上的公司质量氛围，人力资源各项指标逐年提升：员工的工作质量得到了明显改善，四年来员工敬业度提升了26%，员工离职率小于4%，培训学时人均70学时；其次，加强了过程控制，细化了质量管理，改进和完善了公司质量体系，使得过程实物质量大幅改善。整车产品一次交验合格率与2010年比长安微车提升了19%、长安自主轿车提升了30%；公司2010年所有微车产品通过工信部的整车免检审查，2011年在产微车共197个车型全部通过了国家免检审核，2010—2013年连续4年所产车型均一次性通过中国质量认证中心的3C认证审查；最后，售后产品实物质量得到大幅提升，千台车维修频次与2010年比，总体降幅达74%，其中微车降低69%、轿车降低82%。提高了企业的经济效益，促进了企业发展。

质量是效益的基础，高质量就意味着高利润和高的经济效益，在持续改进质量方面所下的功夫有助于发现和克服现存的对产品与生产的各种限制，有助于提高生产率，降低成本，从而进一步增加销售额，此外，追求优秀质量也有助于形成一个良好的企业内部氛围，提高员工的士气，能够发挥主动性和创造性，有利于提高企业的效益。实施顾客驱动、精细管控的质量持续提升工程有效地促进了长安汽车经济效益的增长、经营质量不断提升。

提高了客户满意度，取得了显著的社会效益。2010—2013年，长安汽车在质量管理方面荣获了"中央企业先进集体""中国质量诚信企业""全国推进全面质量管理30周年优秀企业""中国最佳雇主""重庆市首届市长质量管理奖""重庆市名牌产品""重庆市售后服务先进单位""2012年工信部质量标杆"等国家、重庆市颁发的多项殊荣。

（六）长安汽车的质量理念创新

长安汽车的质量理念清晰明了地将"顾客驱动""精细管控"和"质量持续提升"融合在一起形成完整的四级质量理念。该理念的要害就是，以顾客的需求作为质量工作的切入点，通过精细化管理实现产品质量的持续改进，最终实现提高顾客满意度的目标。长安汽车以顾客为关注焦点，以顾客满意驱动质量管理，调查、识别并理解顾客现在与未来的需求和期望，并争取超越顾客的需求与期望，建立起对市场的快速响应机制，增强顾客的满意度和信任；将产品、过程和体系质量持续改进的目标精细化到企业每个阶段、每个部门、每位员工的质量目标，运用PDCA循环法对每一轮改进活动的质量目标来指导和评估持续改进的结果，最终达到改进企业质量管理体系的效益，改进过程的能力，最终提高产品质量和质量管理水平的目的，已经为企业带来巨大的效益。

长安汽车质量理念创新的另一个特点就是通过培训教育把理念落实到每个人、产品制造的每个阶段和每个环节，在理念建立方面实现了精细化。

长安汽车采用全面质量管理策略，实施精细化质量管理，覆盖产品生命周期全过程，加强内部外部通力合作，持续提升质量。建立了精细化质量管理体系，将员工和部门的质量管理有机结合，并灵活运用现代化管理的方法和手段，控制影响因素，实现统筹管理。在提升产品质量和企业质量管理水平的基础上，满足用户需求，获得最大经济效益，增强企业竞争力。

全面质量管理是国外于20世纪60年代提出来的概念，国内于70年代引进后只是"昙花一现"，没有真正落到实处。长安汽车对全面质量管理进行了再创新，从精细化和常态化入手，真正实现了全员、全过程、全因素、全价值链的精细化管理，值得国内其他企业充分借鉴。

（七）长安汽车在质量持续提升方面的创新

质量改进是个老概念，大家都知道质量提升必然是小的、持续的改进过程，必须与执行的精细化相结合。但长期以来对持续改进只是停留在概念上，缺乏行之有效的方法予以支持。长安汽车独创的VRT变差减少小组为质量的持续改进提供了一种新方法，该方法的实施在长安汽车已经初见成效，值得别的制造企业借鉴学习。

（八）长安汽车在质量管理信息化方面的创新

长安汽车在实施顾客驱动、精细管控的质量持续提升工程中，还构造了科学全面的质量管理体系以及与其相辅相成的、灵活的信息管理平台。质量管理体系是管理工具，信息化是管理实现工具，质量管理体系与信息化平台相结合非常必要。由于标准的推行缺乏有效的固化手段，时间一长相关措施的执行便流于形式，制定的质量管理制度也被束之高阁，因此，标准要在企业长期有效地运行，就需要更为有效的固化手段——信息技术。长安汽车搭建的质量管理信息化支持系统，包含了新产品质量管理、PPM管理、QLS

（质量领先系统）、市场数据分析、持续改进管理等子系统，通过对企业质量信息的有效采集、分析、处理与追溯，实现了质量信息的集成化、规范化处理；实现了产品形成过程和生命周期的全程监控；为产品质量的持续性改进提供技术和手段；优化了企业在信息化模式下的质量管理体系；进一步完善有利于质量提升的技术支撑体系。长安汽车的信息化技术贯穿其整个质量管理过程，可以说长安汽车的质量信息化平台就是其质量管理运作平台，对质量信息的管理就是对质量活动的管理。

目前，国内高水平的制造企业都非常重视信息技术在质量管理中的作用，但一般都局限在狭义的质量信息管理，即对质量信息的收集和分析，如何将各种质量标准、质量管理制度、质量管理流程固化在信息系统中，成为质量管理的日常运作平台和工具，特别是精细化管理更离不开信息系统的支持，在这方面，长安汽车已经探索出一条成功的路子。

（九）长安汽车在质量管理方法方面的创新

长安汽车通过运用初期流动管理、QCM、VRT、碎石法等典型方法，实现质量管理水平和产品质量的全面提升，最终达到增强企业核心竞争力，全面提升企业经济效益的目的。长安汽车在质量持续提升工程实施中因地制宜，创新了质量管理技术手段，精益"快速"的市场反应机制可以进行市场快速应对、信息畅通，三包旧件进行条码管理，严格双向索赔，实施备件入厂检查和每周抽查，三包旧件管理系统建设，倒逼维修站的管理等，讲求实效，根据不同的特点有所侧重；充分灵活运用统计质量控制方法。将PDCA循环法、8D、6σ（六西格玛管理）、碎石法等质量工具等分别运用到适当的位置；同时实施了对质量体系和质量技术的整合，改善质量管理体系，向着产品质量和质量管理水平持续改进的方向前进。

成功的质量管理离不开方法和工具的支撑，我们不能指望仅靠理念来提升产品质量，必须结合企业的实际创新管理方法和工具。长安汽车在实践创新的质量墙特管、质量问题的层层围堵、动态评价机制、质量倒逼机制、碎石法、质量提升流程（CQIP）推进手册等都很有创意且实际效果显著。

二、吉利

（一）吉利汽车公司简介

浙江吉利控股集团始建于1986年，1997年进入汽车行业，多年来专注实业，专注技术创新和人才培养，取得了快速发展。现资产总值超过1000亿元，连续十年进入中国企业500强，连续八年进入中国汽车行业10强，是国家"创新型企业"和"国家汽车整车出口基地企业"。2012年7月，吉利控股集团以总营业收入233.557亿美元（约1500亿元人民币）进入世界500强，成为唯一入围的中国民营汽车企业。

浙江吉利控股集团在浙江杭州、临海建有吉利汽车技术中心和吉利汽车研究院，形成较强的整车、发动机、变速器和汽车电子电器的开发能力；投资数千万元建成浙江省唯一的汽车安全技术重点实验室，具备中国及欧盟体系下所有整车NCAP法规中碰撞试验的能力；自主开发的吉利熊猫、帝豪EC7、帝豪EC8先后获得C-NCAP五星安全评价；帝豪EC7获得E-NCAP四星安全认定，成为中国首款获得欧洲权威安全评定机构高星级认定的车型，被誉为"中国汽车行业安全技术的里程碑"；自主开发的4G18CVVT发动机，升功率达到57.2kW，处"世界先进，中国领先"水平；自主研发并产业化的Z系列自动变速器，填补了国内汽车领域的空白，获得中国汽车行业科技进步一等奖。目前，吉利拥有各种专利8000余项，其中发明专利1000多项，国际专利40多项，被列为"中国企业知识产权自主创新十大品牌"，是国家级"企业技术中心""博士后工作站""高新技术企业"。"吉利战略转型的技术体系创新工程建设"荣获2009年度国家科技进步奖二等奖（一等奖空缺）；"吉利轿车安全技术的研发与产业化"荣获中国汽车工业科学技术一等奖。

浙江吉利控股集团现有员工18000余人，其中工程技术人员2300余人。拥有院士3名、外国专家数百名、在册博士30余名、硕士500余名、高级工程师及研究员级高级工程师数百名；有5人入选国家"千人计划"，成为拥有"千人计划"高端人才最多的民营企业。

在"时刻对品牌负责，永远让顾客满意"的质量方针指导下，浙江吉利控股集团已通过了ISO 9000质量体系、TS 16949—2009质量管理体系、ISO

14001环境管理体系、ISO/IEC 27001—2005信息安全管理体系、OHSAS18001
职业健康安全管理体系等体系认证以及环境标志产品认证。为适应国际市场
需要，开展了海湾GCC、欧盟EEC&ECE、澳洲ADR等国际认证工作。

（二）吉利汽车3824质量改进体系的产生及内容

1. 质量管理小组

质量管理小组也称为QC小组，产生于20世纪60年代的日本，作为全球最
有影响力的改进活动，有其独特的发展背景和深刻内涵：

① QC小组活动的对象一般都是以生产经营一线的劳动者为主，包括生产
线工人、一线管理人员和普通工程技术人员，一般是指在生产或经营工作岗
位上从事各种劳动的员工。

②开展QC小组的目的主要是围绕企业的经营目标和战略方针来实现：现
场管理存在的一些不合理、不正常的现象和问题，尤其不是特别复杂的也不
是特别难的问题，以改进产品质量、降低各项生产消耗等，提升员工的劳动
技能和综合素养，提高经济效益和劳动生产效率。这些都是QC小组的目的
所在。

③QC小组是运用质量管理基本理论和方法中成熟的质量改进活动之一，
主要体现在QC小组开展的活动遵循一定的流程和步骤，通常我们所说的"四
个阶段、七大步骤"是QC小组的核心流程。

2. 8D

8D作为汽车行业最为经典、最为有效的质量改进法之一，最早起源于美
国汽车制造巨头福特公司。8D的步骤如下：

D1：成立8D改善小组。这是一个跨部门、跨职能的小组，包含不同专
业、不同层级和不同知识经验背景的人，大家为了一个共同的目标被组织在
一起。

D2：明确需要解决的问题。充分利用统计技术等科学的方法和工具，将
问题的现象、要素等表明清晰。

D3：实施临时措施，目的是治标，也就是第一时间快速解决问题的危
害，并通过验证临时措施是否有效来防止问题的扩大。

D4：通过分析、挖掘和判断，最终确定问题产生的根本原因，找到根本
原因才是问题的关键，根本原因是需要通过严格验证，反复确认的。

D5：永久纠正措施是问题最终解决的关键所在，包含选择和验证两个环节。

D6：纠正措施的实施，纠正措施是治本的。

D7：举一反三，预防再发生。

D8：总结经验，并推而广之，做到知识积累和分享。

3. 质量归零管理

质量归零管理其实是一个闭环管理活动，它要求发生的质量问题在内部得到解决。它是航天人在实践中不断总结、完善、创新出来的具有中国特色的质量管理方法。质量问题的归零过程，是实现质量管理从事后的问题管理转化为事前的预防管理的过程。质量问题双归零管理方法对产品本身，是"救火"措施；对其他产品和没有发生的问题，起"防火"作用。质量归零管理包含技术归零和管理归零两个方面：

技术归零五条要求："定位准确、机理清楚、问题复现、措施有效、举一反三。"

管理归零五条要求："过程清楚、责任明确、措施落实、严肃处理、完善规章。"

4. 六西格玛管理

六西格玛管理是摩托罗拉公司（Motorola）提出的，体现了严密的科学性和逻辑性，包含DMAIC等五大关键步骤，每一个步骤又可以细化为不同的子步骤：

定义（Define）：界定核心流程和关键顾客，站在顾客立场找出对他们来说最重要的事项，找出问题所在。

测量（Measure）：找出关键的测评指标，为流程中的瑕疵建立衡量的基本步骤。

分析（Analyze）：探究误差与变异发生的根本原因。运用统计分析工具，检测出影响结果的潜在变量，找出瑕疵产生的最重要的根源。

改善（Improve）：找出如何提升关键指标和质量特性的最好解决方案，然后制订行动计划、确实执行。

控制（Control）：确保改善能够持续下去。

以上几类质量改进活动在我国企业中从不同程度、不同方式导入、开展过，面对这林林总总的质量改进活动，公司从东西方文化的差异性分析的基础上，博采众长，开始了3824质量改进的探索之路。

3824质量改进活动的经济文化背景，质量改进从最早的戴明环PDCA开始，各国企业都进行了多种形式的实践和探索。从形式上看，呈现出纷繁多样的格局。但从东西方文化差异的视角出发，我们也会发现文化上的差异是如何影响质量改进的。如果笼统地划分，东方更多地属于农耕文化，而西方大多属于狩猎或游牧文化。数千年人们的基本生活状态，必然会影响到当今管理企业的行为。从管理风格或理念的角度出发可以发现，两种文化影响下的企业，在管理行为方面也会折射出不同的管理风格和价值取向。从管理发展的历史看，企业的管理随着国家经济发展阶段的不同，也会呈现出不同的特质。

从发达国家的发展历程看，早期由于生产力发展水平不高，在20世纪初，"经济人"的假设还在盛行，直到梅奥参加了霍桑试验，1933年《工业文明的人类问题》正式出版后，"社会人"的说法才被提出。随着社会经济的发展，到了五六十年代"二战"后美国经济的进一步发展，X、Y理论和超Y理论，以及一系列的激励理论才先后陆续推出。接着六七十年代，随着人们生活水平的不断提高，"工作内容丰富化"被人们所关注。直至八九十年代，企业的社会责任才开始被发达国家的企业重视。可见，管理理论的提出及其应用，也是随着经济社会的发展而不断进化。换言之，不同经济发达程度的国家，其管理工具和方法也会在某种程度上受到国家经济社会发展的影响而呈现不同的特点。

如何根据本国的实际，开展适合本国社会经济发展水平的管理，是管理学者们关注的问题，也是我国国民经济发展和企业发展的要求。

具体到3824质量改进体系的运行机制问题，日本QC小组活动的推进主要靠精神激励，发奖状、奖章，和企业高层合影，甚至一起开展活动，员工就会从中得到了满足。而作为发展中国家的代表之一，从马斯洛需求层次的理论出发，我国广大产业工人的需求层次尚不及发达国家。有关科研机构和大学的研究成果表明，我国企业一线的产业工人的需求层次大都处在底层，即生理需求，上班挣工资养家糊口是他们到企业来工作的最基本也是最主要的出发点。而发达国家在20世纪60年代，产业工人主要需求的层次就已经到了第三乃至第四层次，即："归属""尊重"。

同时，考虑到我国是个农业大国，产业工人大军大都直接来自农村，大多数员工都是第一代产业工人，在他们身上多少还带有小农经济生活方式中的随意性，尚未被大工业、大机器培养出严明的产业纪律。同时，由于经济的高速发展，带来了大量的机会，也导致了社会风气浮躁，带来了诚信和责任感缺失的副作用。

对此，在设计3824质量改进体系的过程中，我们采用了揭榜、风险抵押金的方式，成果达成后，加倍偿还。该机制的设立，一方面强化了3824质量改进小组的责任心；另一方面，也为他们提供了较好的利益预期。同时，配套强大的经济激励措施，曾经在集团优秀3824小组成果表彰时，由当时的集团董事长李书福先生亲自将一辆车的钥匙交给了小组组长以资鼓励。

实事求是，基于事实的决策，一直是企业管理的一项基本原则，也是质量管理的基本理念之一。如何基于中国国情和我国企业的现实情况，探索一条适合企业实际且行之有效的质量改进之路，是产生3824质量改进体系的基本动因，也是该项活动能够取得成效的主要原因之一。

在多年3824质量改进活动的推行过程中，我们对3824质量改进体系本身也在不断地进行着改进。本着从实际出发，既关注改进过程设计，也关注改进过程结果。对系列培训教材的改进，对培训方式、方法的完善，对激励机制的修改，对组织方式的转变，无一不体现持续改进的基本原则。尤其是在集团范围开发了3824质量改进活动的信息系统，一方面利用信息化手段助推该项活动；另一方面，也为3824质量改进活动的知识管理奠定了坚实的基础。

（三）吉利汽车3824质量改进体系运行机制

2008年导入3824质量改进活动后，为加快质量改进队伍人才的建设，吉利集团对3824质量改进活动进行分层次的管理和推进。对3824质量改进活动专业人才的培养进行系统性的策划。根据业务的需求及改进的需要，吉利制订了"五个一"工程确保3824得到有效的推广和实施。

3824讲师团队：3824讲师队伍的建设是基础，基于集团的制造基地颇多，由集团统组织大规模的培训，在时间和成本上不允许。为使3824质量改进活动更好地推广和应用，培养一支自己内部的讲师团队，使3824的改善文化推广落实到每个和质量有关的人，吉利特别开展了内部3824讲师团队的人才培养。通过培养和建设内部讲师团队，将其作为种子，让他们将所学的3824质量改进活动推广到各自公司中去。截至2013年4月，吉利已经培养了三批共52名优秀的讲师。目前集团各制造公司的讲师已经将3824质量改进活动推广到班组长及一线员工，使之成为吉利集团的质量文化中必需之课。

3824中级骨干团队：3824质量改进活动的精髓在于丰富的理论知识和骨干实际解决问题的能力。为使更多的内部质量改进团队能力加快提升，深刻领会3824质量改进活动的核心和精髓，吉利特别开展中级培训班，使参与的骨干人员能够通过培训从知其然到知其所以然，同时围绕技术和管理两条主线，运用新7种工具快速地解决产品的老大难问题，并以理论为基础对各自的项目进行论文叙述，并切实可行地将3824质量改进活动的改善运用到实际的工作中去。目前经过集训，已经培养53名优秀的中级骨干团队。

3824项目管理团队：好的项目管理是项目成功的关键，为提升各项目经理的管理能力，结合3824质量改进活动在项目管理中的应用，使项目管理融入3824质量改进活动的改善中去，由对结果的监控转变为对过程的管理，使之运用科学的方法找出存在的风险点及项目改善的整体策划，确保改善项目在规定的时间内用最少的成本达到报定的改善目标。通过集调共培养了25名专业的项目组长团队。

3824供应商管理团队：吉利与供应商是命运共同体，为形成统一的共同沟通语言，加快供应商改善的力度，使之学会科学的质量改进方法，吉利在推行内部人才培养的同时，将此方法同步推广到供应商的管理中，通过供应商的培训让其了解吉利发展的要求及吉利新时期质量管理的思路，并跟着吉利发展的步伐前进，快速地提高零部件的产品质量。目前3824质量改进活动已经推广到二级供应商，共培养了200家供应商改善队伍。吉利要求所有参训的供应商在培训结束后作为种子选手将所学的内容转到各自公司中，并按时提交转训的记录。

3824标杆项目：理论是基础，实践是根本。3824质量改进活动的科学性在于实践证明它是科学有效的质量改进方法。为了使项目的标准统一模板化，使更多的人能够了解实际改善过程中3824质量改进活动所带来的改善成果，吉利特别制定了标杆项目小组全程辅导，在辅导的过程中发挥其真正的作用，也使标杆快速复制推广到其他的项目团队中去。目前标杆已经在集团的奥林匹克发布会上发布，优秀的案例已纳入3824质量改进活动改善的教材中。

（四）吉利汽车3824人才培养的过程实施

为使3824质量改进活动有效地运行和推广，在整个过程中公司采用项目管理的思路，从培训前的系统策划、培训中的全程监控到培训后的效果实施，目前已经建立集团关于3824质量改进活动培养的系统模式化管理。

培训前的系统策划：根据各单位的质量改进问题及质量管理业务分析，找出存在的问题点，并对质量管理人员进行系统化的调研，发现培训需求，根据需求制定年度的培训目标，将培训目标分解落实到每个月。

培训中的过程监控：为使每位学员能够了解新时期吉利质量管理的要求和思路，建立质量改进的文化、团队文化，吉利人所具有的吉利精神（团队、拼搏、学习、创新、实事求是、精益求精）让学员能够切实掌握3824质量改进法，同时能够融入公司质量文化的大氛围中来，公司在培训过程中对每个学员的表现进行日清评价、对每个小组团队进行量化评分，使用案例教学、问题教学的模式，使每一位参与的人员都能在培训中展示自我，建立大家相互比拼的团队荣辱感及挑战自我的学习氛围，并把这些培训中的感悟和收获带到日后的工作中去。

培训后的总结：作为团队，每个团队都需要模拟演练3824质量改进法运用后的成果；作为个人，每位参与培训的学员都需进行"理论考试+实战项目"双重考核才能获得培训结业证书，并且需要作为种子选手将所学的知识传递下去，要让更多的人能够了解3824质量改进活动、认知3824质量改进活动并有效地运用3824法。

组织绩效评估：对所有的3824参训学员进行培训后续跟踪辅导，通过多维度的培训有效性评价，从工作态度和意识的改变到工作行为的改变，从带领团队能力提升的改变到最终对组织产生的绩效影响，从领导的评价、同事的反馈到最终实战改善项目的效果进行全程跟踪辅导，确保每个参训学员能够学以致用且能够提高工作效率，从而提升吉利的组织绩效。

（五）吉利汽车3824质量改进体系效果

1. 经实践证明具有吉利特色的3824质量改进活动是科学的质量改进方

法，对吉利的产品质量的提升起到重大的作用，公司将此方法作为吉利企业质量文化的一部分进行推广和培训，让所有的吉利人都认知3824质量改进法，会用3824法，最终最大限度地发挥3824质量改进法的科学性提升产品质量。伴随实物质量的提升，公司员工的能力也在不断提升，公司质量第一、顾客至上、科学高效、追求卓越的质量价值观得到了彰显，质量文化的营造取得了良好的效果。

2. 3824质量改进活动在流程上形成了三个阶段、八个步骤、二十四个节点；体系上形成了有组织、有策划、有团队、有方法、有日清、有激励的管理制度；建立了项目团队、签订协议、改进效果用数据和用户满意度说话的质量改进文化。结合现状，后续将继续组织内训师班、初级班、中级班、高级班、领导层班、项目样板小组班分层级培训，由表及里、由浅入深地学习，结合体系的运行更加发挥3824质量改进法在质量改进中的作用。逐步形成了一套行之有效的运行机制和运行模式，为了吉利汽车公司，也影响和帮助了配套和协作厂商提升质量改进的能力。

总之，在"以我为主、博采众长、融合提炼、自成一家"的方针指引下，吉利公司在质量改进领域做了一些探索，取得了较好的成效，也为我国企业今后在探索一条符合中国国情的质量管理道路方面做出了一些努力。

（六）专家点评

质量改进活动从我国企业学习日本的TQC，开展QC小组开始，经过了汽车行业学习福特的8D，近年来流行的六西格玛管理活动，以及航天提出的归零管理，企业面临可选择的方案可谓是丰富多彩，甚至出现了选择性焦虑。其实，这也是发展中国家的企业在学习和导入管理方法过程中共同存在的困惑。放眼至整个企业的经营管理，这类问题同样存在着。

吉利3824质量改进活动的产生和展开，体现了一个企业对上述问题的独立思考，也凸显了企业务实的态度、精细的运作和积极的探索精神。本着袁宝华同志提出的"以我为主、博采众长、融合提炼、自成一家"的指导方针，将丰田质量改进中的"三现主义（现场、现实、现物）"、海尔的"日清日高"、航天的"归零管理"等原理和方法，都逐次吸收到3824质量改进体系中来。

通过这些年的实践，公司不仅坚持不懈地在吉利内部持续开展，还拓展到供应商，继而开发了专用信息系统作为管理平台，同时，还赋予了知识管理的职能。从结果来看，这几年公司产品的实物质量和市场表现也在稳步提升。这离不开3824质量改进体系的作用，也离不开广大参与该项活动的员工的努力和汗水。

该项活动取得的成果，有以下几方面内容值得我们总结和思考：

1. 高层领导的重视和支持

首先，从项目的策划伊始，高层领导就对该项目一直给予高度关注和重视。从第一期3824集训营开班仪式开始，集团几位高管同时出席，并做了热情洋溢的讲话，分管总经理亲自授课，为该项活动的顺利开展奠定了基础。经过一轮活动，经过辅导和点评，在颁奖会上，李书福先生亲自将一把车钥匙交给项目负责人，一方面体现出公司对该项工作的重视；另一方面，也激发起广大员工的热情，保证和促进了该项活动的蓬勃发展。

其次，如何常年坚持对该项活动的关注和支持，成了该项活动成功的重要因素。国内不少企业早年间开展QC小组活动时，导入期、领导讲话、发表会到场、奖励到位，企业内第一批小组活动开展得风生水起，但由于企业又似乎有了更重要的事情去开展，对该项工作的支持力度和热情快速下降，没有建立起相应的管理机制，更谈不上如何在推进机制上改进和创新，再加上中层管理人员缺少推进的使命感和责任感，导致企业的QC小组活动偃旗息鼓，走上了日落西山的没落之路。

2. 群众路线和科学精神的结合

基于对国内很多企业的质量改进的成功经验和教训的吸取，3824质量改进活动强调广大员工参与，强调群众路线，避免在活动中出现过于依赖少数精英的问题。毛泽东同志多次强调走群众路线，打人民战争。在技术革新和科学发明方面，毛泽东同志也提出了"卑贱者最聪明，高贵者最愚蠢"的论断，后来的"鞍钢宪法"和"大庆精神"也无一不体现出重视并依靠基层员工在现场开展改进和攻关的基本思路。

在依靠基层员工开展质量改进的同时，广泛采用科学的理论和方法，编制了好几个版本的培训教材。在质量改进工具和方法的选用方面，体现了"博采众长"的原则，无论是QC小组活动中使用的质量改进工具，还是六西格玛管理的流程，不仅吸收了"三现主义"的现场管理思想，还将"归零管理""三资"评定等团队建设，乃至海尔的日清日高、日事日毕的工作方式，都引入3824质量改进活动中来。最终，取得了综合的效果。并在一开始，就策划了人才培养的模式——3824集训营，为各工厂乃至供应商培养了大量掌握3824质量改进流程和工具的员工，奠定了有效开展质量改进的人才基础。

3. 坚持不懈的努力和持续改进与创新

不管哪种质量改进活动，只要选择正确，方法得当，都会取得一定的成果。但很多企业由于没有坚持不懈的努力，细致、严谨的管理，使得质量改进活动昙花一现，有的仅限于极少数小组作秀式的点缀，无法取得明显的效果。其中，企业高层领导是否坚信和坚持，积极参与其中，并提供相应的资源支撑；其次，是否开展了系统、细致而有效的管理。吉利汽车公司多年来坚持不懈地努力，通过日积月累，反过来又为企业领导的坚持提供了正反馈，增添了正能量。

同时，在3824质量改进体系的建设方面，也坚持不断地改进和创新，一方面，教材和培训方式的改进换版，甚至都考虑过建立"讲习所""讲武堂"；另一方面，借助信息化手段，开发了集团范围的3824质量改进管理信息平台。既有利于管理层对各项质量改进活动的了解和管理，也为后续的3824质量改进团队提供了信息共享的平台，在知识管理的高度为3824质量改进活动提供了有力的信息化支撑。

综上所述，吉利汽车公司在质量改进体系的建立和不断完善方面，为我国企业如何结合中国国情、企业特点，广泛吸收各种质量改进、可靠性管理的方法，创新性地提出3824质量改进体系，坚持不懈地将其运用到汽车行业的质量改进中去，并取得了非常好的效果。不仅为中国汽车行业企业的质量改进提供了很好的参考和借鉴，也本着"基于事实的管理"原则，在探索"中国制造"乃至"中国创造"方面，在管理上寻求新的突破方面进行了积极而有效的探索。

当年，美国同行就丰田汽车公司的辉煌业绩询问丰田章一郎，他简单地回答了一句话是"坚持TQC 30年不变"。这同样也值得我国企业的领导者们进行反思，任何管理都不是一蹴而就的，认准方向，坚持不懈，是取得成功的唯一"捷径"。为此，丰田汽车公司还专门创造了一个词汇叫作"拙速"，意思是不要投机取巧，看似笨拙，坚持不懈，最终却先获得良好的效果。与此对应的词汇叫作"巧迟"。

三、大众

（一）大众汽车公司简介

上海大众汽车有限公司（以下简称上海大众）成立于1985年，是中国最早的轿车合资企业之一，中德双方投资比例各为50%。上海大众是中国现代汽车产业的开拓者，20多年来一直引领中国汽车产业的发展，在行业内创下了诸多第一，并在发展中孕育形成了"追求卓越，永争第一"的核心价值观，以及"质量是上海大众的生命"的质量方针。

上海大众致力于提供适应中国顾客需求并符合国际标准的汽车，发展成为国内领先并具有国际竞争力的多品牌、全系列汽车企业。公司目前主要产品是乘用轿车，产品包括两大系列：大众（VW）品牌，包括桑塔纳B2、桑塔纳志俊、帕萨特、波罗、途安、朗逸、途观、全新帕萨特；斯柯达（SKODA）品牌，包括明锐、晶锐、昊锐；以及多种型号的发动机。1985年至2012年3月底，上海大众累计整车总销量超过750万辆，是全国轿车保有量最大的企业。上海大众目前有三大生产基地：上海生产基地，位于上海西北郊安亭国际汽车城，拥有汽车一厂、汽车二厂、汽车三厂、发动机厂生产部分，以及具有国际水平的试车场和试制试验基地在内的技术中心；南京生产基地，位于江苏南京江宁开发区；第三生产基地正在建设，位于江苏仪征。这三个生产基地的总共占地面积548万平方米，建筑面积143万平方米。另外，上海大众还在筹建宁波和乌鲁木齐两个生产基地。

上海大众技术中心，包括试制试验基地和试车场两大部分，技术中心CAD/CAE/CAM/CAT为主要开发部门，将设计、工程分析、试制，试验等各个环节构成一个完整系统，总规划面积为1437平方米的试车场是中国第一个达到国际标准的轿车试车场地。公司目前有五大生产工艺，即：发动机机加工和装配、冲压工艺，焊接工艺，油漆工艺和整车总装工艺，并以此配备完整的流水生产线，共有生产设备各6000多台。公司期有大量的试验和测量设备，特别是用于生产的测量室，随线检测设备1257台，测量设备17台、试验设备639台、三坐标测量机49台，其中公司质保实验室已成为国内检测手段最齐全，设备最先进的汽车材料测试中心。

（二）大众汽车公司实施全面质量管理的背景

全面质量管理，即TQM（Total Quality Management），是指一个组织以质量为中心，以全员参与为基础，目的在于通过顾客满意和本组织所有成员及社会受益面达到长期成功的管理途径。全面质量管理最早由美国通用电气质量部部长菲根堡姆博士于1961年提出。自1950年戴明博士将质量管理思想和方法引入日本，对日本的经济发展起到了极大的推动作用，并逐步形成全面质量管理的体系，包括了系统管理、知识管理、发挥人的作用、变异管理等；在具体方法上：包括统计过程控制、PDCA方法论、QC小组活动形式等。

1995年，上海大众在中国汽车行业中率先通过了ISO 9001质量体系认证。凭借质量、经济效益等方面的显著绩效，上海大众于2001年成为中国汽车行业首家也是唯一一家获得全国质量管理奖的企业，并在2007年顺利通过该奖项的再次确认。随着市场竞争的新特点以及技术进步，上海大众针对市场竞争新特点和汽车产品的特点，结合网络信息时代的技术发展，基于市场评价实施全面质量管理，有效地提高了公司整体质量水平。在这过程中，上海大众基于市场评价，以顾客为中心实施全面质量管理，其目的在于针对顾客需求和质量问题，建立快速识别机制，快速反应机制，以及完善的预防机制和监控体系。产品质量的市场评价是企业与用户进行沟通的桥梁，是现代汽车企业全面质量管理的一个极其重要的组成部分，也是企业提升品牌形象的重要的工具和手段。对整车企业实施全面质量管理而言，市场评价有利于集中精力于重要的产品质量问题、提供技术改进的信息输入源；有利于促进不同职能部门，如市场、产品设计开发、生产制造的衔接和配合；有利于对市场进行前瞻性的规划，并制定灵活的应对措施和行动计划等。

上海大众开展基于市场评价的全面质量管理是基于如下三个方面的需求。首先，快速变化的市场竞争要求企业及时掌握质量问题并快速反应。随着我国汽车工业的迅猛发展，产品竞争也越来越激烈。企业在处理危机和应对市场质量问题方面需要提高其快速反应能力。对于规模较大的企业，销量越大，质量工作的要求也越高。一旦出现质量问题没有得到及时处理，其影响面和经济损失都非常大。以丰田汽车公司为例，2009年11月之后的短短三个月，在全球累计召回853万辆车，丰田汽车召回事件使丰田品牌形象严重受损，全球销量明显下滑。在"以顾客为中心"的经营原则指导下，上海大众自2007年后不断在市场中推出新车型。上海大众的整车产销速度提升得非常快。在产销量激增的情况下，如何保证高产量下的高品质就成为上海大众各项工作的重中之重。其次，汽车产品特点决定了企业必须高度重视市场评价。汽车具有价格高、重复使用、技术复杂、可靠性和安全性要求高等特点。这意味着相比其他商品，用户对汽车的产品质量、性能、技术、服务等都会提出更高的要求。最后，质量是企业核心竞争力的重要组成部分，也是公司可持续发展的重要保障。相对于降低成本和快速交付等其他竞争力而言，提高质量是基础条件。对于正处在规模快速提升、创新加快的上海大众来说，进一步做好质量工作、提升产品质量就更具特别的意义。

（三）大众汽车公司全面质量管理的实施过程

产品质量是企业一切质量问题的最终体现，是用户对产品设计质量、制造质量、服务质量的最终感知。在信息社会中，产品质量问题（特别是涉及顾客人身安全的产品）会通过互联网络和新闻媒体得到快速传播，从而对企业产生严重影响。上海大众在实施全面质量管理过程中同样面临着新的挑战。例如，中国质量万里行投诉中心网站收到关于上海大众的投诉涉及设计缺陷、质量问题、服务不到位等问题。在"以顾客为中心"的市场环境下，这一问题给上海大众带来了很大的负面影响。

上海大众从市场产品质量评价着手，通过对各类抱怨信息进行收集、整理、分析、挖掘的处理，可以深入剖析数字背后的规律，快速找到问题发生的根源，并通过实施快速整改措施和建立预防措施等质量管理方法，达到推进产品质量全面提升的目的。在具体推进过程中参考戴明博士关于全面质量管理的知识体系，具体包括系统理论、变异理论、知识理论，以及心理学理论等。在构成上也由相应的四个部分组成，例如快速行动、主动预防、全员参与。

1. 基于系统理论，识别顾客抱怨并作出快速响应

由于汽车产品构成复杂性、顾客使用条件以及体验的差异，所以关于顾客抱怨的描述会千差万别。2010年上海大众在全国的4S店就超过700家，每天各个4S店都会遇到各种各样和产品质量相关的问题，如何从海量而且描述不

规范的顾客抱怨记录中快速识别出汽车产品的质量问题，这是整车制造商处理顾客抱怨的基础。另外，汽车产品的构成注定产品质量问题往往要求多个部门协同解决。如何协调供应链中各个企业以及企业内部各个部门来快速处理质量问题，这是提高质量的关键。

2. 基于变异理论，构建质量问题的预防体系

预防体系的建立是针对系统稳定后仍然会出现的变异情况。识别问题及快速反应问题只是在问题发生后的补偿机制，如何在问题发生前监控并提前预防，这是提高质量的根本。

3. 基于知识理论，构建质量管理中的知识管理体系

质量管理不能仅凭经验，经验只是在描述而不能被检验或确认。如何在质量管理过程中积累并储备知识，同时不断学习和应用新知识，这是开展质量管理的支撑条件。

4. 基于心理学理论，构建人员激励体系并倡导卓越质量文化

基于人的心理，设计合理的激励体系并开展倡导卓越的质量文化是开展全面质量管理并保持长期效果的保证。

上海大众通过构建多层次完整的市场信息分析系统来收集和识别顾客的抱怨，针对质量问题构建了全过程协同快速响应及预警机制。

顾客抱怨有源于质量问题的和源于服务问题的。在程度上，从严重投诉、一般投诉、一般抱怨，到满意度调查；在内容上，包括客户主观认识产生的抱怨、对产品的客观认识产生的抱怨，以及与客户通过与其他产品的对比产生的抱怨。例如，顾客投诉严重的问题包括产品或服务有重大质量问题，甚至牵涉到法律问题，引起人身伤害或者重大经济损失等。不同原因、不同程度、不同类型客户抱怨的处理方式和优先程度是不一样的。针对各种顾客抱怨，上海大众分别构建不同的信息体系来收集和识别，包括以下三个方面：

①针对主观质量，构建基于"用户之声"的信息反馈网络。

②针对客观质量，构建基于"索赔故障"的信息反馈网络。

③针对行业信息，构建基于"行业标杆"的信息反馈网络。

（四）大众汽车公司全过程协同快速响应及预警机制

在基于市场评价的全过程业务协同方面，上海大众基于全过程管理的思

想，集成利用各个相关部门构建了一系列快速响应机制和流程。以确保产品质量问题能够及早发现并迅速加以解决。具体包括如下几个方面：

①建立新车上市初期的质量监控机制。

②建立市场质量预警及快速反应机制。

③建立基于市场信息的全面质量预防机制。

基于市场信息的全面质量管理，设计/生产制造等核心部门的质量管理是产品质量得以持续改善的关键。为全面提升产品质量，上海大众将卓越产品质量的理念融入质量保证体系的各项核心业务流程之中，全面构建了一系列具有创新意义的基于产品质量市场评价的全过程的产品形成闭环预防体系。该体系包括如下几个方面：

在设计开发阶段，导入市场评价质量阀体系。

在研发过程中真正实现预防是企业研发质量提升的瓶颈。从事后解决问题到事前预防是一个巨大转变和挑战。上海大众经过多年的探索，发现产品设计仅依靠DFMEA进行预防是远远不够的，因为往往市场所表现出来的质量问题，单纯依靠DFMEA并不能发现。有效的问题解决办法要求工程师探究市场所有发生问题的根本原因，并在设计阶段就予以解决，以防止产品投入市场后发生同样的失效和顾客抱怨。完整的质量阀体系则是在这一解决问题的理念下构建而成的。

产品设计质量阀体系是上海大众在车辆升级改造或新产品开发活动中，在所有质量关口建立起来的一整套设计更改、跟踪评价体系。其设计输入是质量分析团队根据已有的市场质量分析经验，对那些满足图纸要求但不满足客户要求的、故障率长期居高不下的设计问题所提出来的质量要求和设计约束。设计目标是通过将设计输入与总体KPI和新车型故障率预测目标挂钩，使得投产后市场故障率下降到给定的目标水平。该体系在流程上保证了有一些目标被提前到早期的质量关口去实现，以确保及时开始质量预防工作。对评审过程中暴露出来的问题及时制定解决措施。在组织结构上，由于有执管会领导的直接参与，保证了许多重大问题可以得到严格把关并及时做出决策。质量阀体系的构建，使基于市场评价的质量知识和经验用于设计环节的改进在体系上有了真正的保障。

为了保证产品质量的市场评价能够反馈到生产制造过程的各个环节，上海大众通过深入分析和诊断引起产品市场质量问题的根源，确立了全面优化问题的举措。具体通过以下步骤来展开：

步骤一：深入诊断市场质量问题的根源，诊断上海大众产品质量问题被分为2个层面进行。在表层上，就事论事，发现问题、解决问题；在深层上，探索问题产生的根源，找到导致问题发生的系统性原因，并制定相应的预防措施。具体诊断内容包括问题出在哪里，为什么有问题，核心问题在哪里等问题。具体举措包括深入分析存在问题的原因，深入细致地分析每个车型最重要的50个质量问题，分析所有车型中的20个共性问题，解决这些问题所需的成本，在过程链上探索这些问题的根源，分析未能提早发现问题的原因，等等。通过该项诊断对企业的质量现状进行了有效分析，确立企业的目标，明确企业的改进方向。

步骤二：确立全面问题优化举措，通过对问题根源的深入诊断，提出了全面问题优化的举措。这些举措主要包括：

①强化生产过程中关键设备联合运行检查机制，一旦发现隐患便及时整改，并实施有效跟踪，从而避免批量缺陷产品流入用户手中；

②所有B类缺陷分解至各生产工段，采用目视化管理，报交点加强控制，对低级、人为可控的B类缺陷，与报交员的绩效直接挂钩；

③加强系统性/频次高的B/CI类缺陷整改，由现场工程师负责协调，在TOP-Q上分析，并跟踪改进效果；

④根据Audit抱怨，建立重点零件控制清单，完善三个规范（形式检验规范/产品审核规范/交付检验规范）检验内容；

⑤在每个厂区建立外购件质量角，通过Schadenstisch、批量抽车质量检查、供应商会议的三个支撑，快速有效解决Audit抱怨；

⑥利用样板车间对所有上岗员工进行反复的技能训练，使每个生产环节员工都具有过硬的生产技术和质保意识；

⑦通过对质量整改措施和工艺执行进行月度检查，提高各车间生产工艺控制、现场执行以及持续优化等运行效率。

在核心部门建立全面质量预防机制，为了全面保证产品质量，上海大众通过在设计、生产制造、配套厂的管理、销售部门等核心部门全面推行质量保障体系，建立了全方位的产品形成过程质量预防机制。

先进知识的利用显然已成为决定产品质量管理水平最重要的标志。知识的批量化生产、承载和有序化使用也无法离开计算机系统的支持。为了将质量知识融入质量管理，上海大众基于市场评价的质量信息坚持系统开发，坚持以自主知识创新与质量管理具体实践相结合，以质量工具方法为先导，以知识引导质量管理。当然这些知识也成了行业最重要的机密，需要企业长时间对本行业持续的专注、投入才能获得。

上海大众质量知识管理系统以业务流程为基础，包括信息处理、知识管理、数据挖掘和流程支持等功能，涉及生产、销售和索赔数据三个基础数据源，由数据服务（Data Services）、应用服务（Application Services）、Web服务（Web Services）三个部分共同构成。作为企业内/外部质量信息分析/加工、指挥/协调中心，该平台在内容上实施了6大模块、21小模块，包括新车上市先期、车辆上市后期、市场质量信息导航、综合风险等级排名、问题预分析和预定义、问题跟踪与管理等。该平台聚合了历史知识库专家知识、自动文本分析和文本挖掘、相关性分析、多因素分析等各种质量分析工具和方法。在系统中实现的自主开发的算法和功能概括如下：

①预警预测算法：提前发现和识别市场质量问题；

②质量优先等级综合排名：基于专家知识快速聚焦值得关注的问题；

③报表导航：集成数据聚合和钻取功能，为快速定位问题相关因素提供高效手段；

④PI报告：规范的问题初步分析报告生成器工具；

⑤市场质量问题知识库：新产品设计开发必不可少的参考源之一；

⑥文本挖掘技术：识别市场质量问题风险和正确归类的利器；

⑦全流程信息集成技术：集成从故障发生、修理、索赔审核，故障件入库、出库、再索赔整个流程全部相关信息。

下面举例介绍其中的几个环节。建立专家知识库。产品质量的市场评价，没有强大的专家知识支撑是不可能实现的。举例来说，产品质量市场评价中需要区分重要问题和不重要问题的方法，以便让质量分析工程师和上级主管集中到处理真正需要和值得关注的问题上，使有限的资源得到最充分的利用。然而，关于市场质量问题的重要度，各专业工程师和上级主管的观点往往是不一致的，有的认为最近突然出现的问题才是重要的，有的认为问题频次居高不下的是重要的，有的认为索赔费用高的是重要的。由于各人所处角色不同，评判标准肯定不会相同。如何使用统一的方法表达这些隐性知识呢？上海大众质量促进部门为此专门设计了评分表，准备了100多个车型零件案例，邀请了30多位资深质量工程师和质量主管对这些案例进行了评分。通过分析，发现案例的特征和评分有最直接的关系，为此对各案例进行了模态化表达，通过统计学理论找到了模态、各因素权重和评分的相关性，显性地采用统一的方法表达了市场质量问题的重要程度。通过建立和利用质量风险等级，可以基于问题的严重程度来开展质量管理。

开发预警预测算法，基于产品质量的市场评价需要能建立一套质量预警机制，而要建立预警机制的关键是要能提前发现和识别市场质量新问题，要能准确及时标识市场质量的系统性变化（异常）。通常在汽车行业使用每千台车故障数作为衡量零部件质量好坏的标准，但因为统计方面的原因（如样本没有代表性、季节因素等），每千台车故障数高并不总是代表异常。可靠的预警算法（既不漏报又不误报）是关键所在。此外还要预估新问题将要发展到多大的范围和程度，则需要进行预测。预测鲁棒性的高低是衡量算法好坏的一个重要标准。如果没有一套先进的预测预警算法把质量数据后面内在的知识挖掘出来，仅仅简单地呈现一些故障信息是没有意义的。这种有目的的知识利用和实现就成了基于市场评价的质量预警机制能够得以建立的根本前提。

上海大众已在行业内首次成功自主开发了基于每千台车故障数综合控制图的预警算法和基于估算偏差概率密度理论的预测算法。从算法投入使用至今，预警算法的可靠性和预测算法的鲁棒性已得到了广泛的验证，前后有效识别和预警了300多个异常市场质量问题，为市场质量问题的解决赢得了宝贵的时间，很多质量问题在用户感知和发展成严重批量问题前就得到了解决。《中国机械工程》杂志2010年刊登的实际应用案例显示该预警系统使专业部门发现市场出现可靠性问题的时间比以前足足早了4个月。

企业在实施质量危机管理和决策管理时，需要对每一类外部质量风险进行分级和评定，以决定如何管理和应对各类风险。要想对每一类风险、威胁和危险的大小及发生概率进行评估，没有先进的知识和信息处理水平是很难做到的。质量知识的有效挖掘和运用则使这一管理方法变为现实。为了准确地预测企业所面临的各种质量风险，实时地监控各个车型关键业务指标的运行状况，上海大众在其自主开发的基于故障模式的中文文本挖掘算法、故障率预测预警算法以及风险等级综合排名等算法的基础上，实施了故障率曲线导航、各车型零件故障率/故障模式变化自动钻取与追溯等功能模块，这些功能模块的实施，使得企业能够集中所有的精力和有限的资源于一点上，分析处理那些对企业质量目标有重大或潜在重大影响的外部质量问题。

该技术主要针对顾客关于故障内容个性化的描述信息，可以进行故障信息的规范化整理和分析。对上海大众而言，它的客户遍布全国，各种输入千差万别。汽车的客户在使用过程中，对于故障有自己独特的体会和描述。例如，关于风扇停止运转的描述可以是"停止工作""不转了""失效""损坏"等。为了有效地统计各种故障发生的频度以有效地识别系统故障和偶然故障，上海大众采用了数据挖掘技术。数据挖掘（Data Mining），又称为数据库中的知识发现（Knowledge Discovery in Database，KDD），就是从大量数据中获取有效的、新颖的、潜在有用的、最终可理解的模式。数据挖掘融合了数据库、人工智能、机器学习、统计学等多个领域的理论和技术。有效地运营数据挖掘可以在庞大的客户数据库中将看似无联系的数据进行筛选和净化，提取出有价值的信息，并且能对未来的发展趋势和行为进行预测，从而帮助决策者做出正确的决策。

上海大众在应用数据挖掘的过程中，具体做法包括建立顾客故障描述的关键词列表以及基于关键词列表，对于定期收集到的顾客信息进行统计分析。

信息的标准化，为了快速定位故障发生的位置和分析故障内容，建立了维修用物料清单（Bill of Material，BOM），并编制了损伤代号。该代号的编制是基于维修的目的，要求明确出故障的内容和位置。

充分发挥人的作用，上海大众在建立基于市场评价的高效质量管理过程中，高度重视员工参与企业质量管理的积极性，通过培养全员参与产品质量改进的意识和激励约束机制的建立和完善，鼓励员工全面投入产品质量管理中去。主要包括如下几个方面。

（五）大众汽车公司培养全员用户意识，发挥思想观念的激励作用

高效的质量保证体系建立在全员的卓越质量意识基础上。企业质量方针

目标也就是所谓的"企业质量精神",当一个企业确立了这样一个精神的时候,才能使员工有明确的目标,才能改变员工的思想意识,才能够使企业领导与全体员工上下一心、目标一致。

调查和宣传是提高员工用户意识的有效手段。2011年,上海大众大力开展了以提升内外部用户满意度为目标的一系列活动。一方面,研发、生产、质保等部门200多名干部实地走访全国市场,通过与分销中心、经销商,甚至是用户进行面对面交流,加深了对市场形势的理解,从思想上提升了重视用户、让用户满意的意识;另一方面,党政联合开展了"一切源于用户需求、一切为了用户满意"的全员宣传推进活动。上海大众共计202个部门、超过4300人次参与了内部用户满意度调查,收集改进建议3580条。各部门对自己所处业务链的上下游用户关系进行了梳理,明确了每个部门既是内部服务的提供者,又是内部服务的接受者的角色定位,强化了员工在日常工作中的用户意识,并针对来自用户部门的具体改进建议,有重点地开展提升行动。

1. 建立基于市场评价的质量Q-KPI激励考核机制

质量保证体系运行的有效性需要由考核机制来保证。针对上海大众市场质量问题有时还难以落实到相关职能部门的现状,公司内部建立了以金字塔结构的质量考核系统Q-KPI(质量-关键表现指标)。

该系统建立了内外部KPI关联,用内部的KPI来保证外部KPI的实现,以重要的外部KPI为依据来降低KPI制定的复杂程度,对于所有外部KPI建立相应的内部的KPI并使用评判标准,每一个外部的目标都由一个内部的KPI予以保证。建立Q-KPI的方法是:围绕质量愿景,将质量责任分解到各部门及每位员工。它分为以下几个层次:

第一层:上海大众质量愿景(Q-Vision),即质量领先。

第二层:用户满意度指标,这些目标将分别由具体部门负责。

第三层:各部门内部KPI目标,如Audit扣分、MOP/MIS(市场抱怨率)等。

第四层:具体业务指标,例如车身/外购件Audit指标、顾客等待时间(维修)等。

2. 开展"质量先锋"行动,践行卓越质量文化

在经历了25年发展之后,上海大众已形成了全新的"卓越文化"。有企

业文化的框架下，公司始终秉承德国大众精良造车的作风，"质量是上海大众的生命"已经成为每位员工坚守的信条。上海大众追求"质量领先"的卓越质量文化，不仅体现在业界最为苛刻的零件认可之中，也体现在企业的各项具体实践行动之中。

3. 实施效果

上海大众基于市场评价的全面质量管理自2008年全面推行实施以来，上海大众的产品质量获得了全面提升，整车故障率逐年大幅下降，市场快速反应的能力持续得到加强，为2009—2011年上海大众连创产销量新高，成为国内首批年产销量双破百万辆的汽车企业奠定了坚实的基础。具体效果表现在以下四个方面：

（1）产品质量大幅提升

在各项机制流程的共同作用下，企业的产品质量水平得到了大幅提升。

（2）工作效率大幅提高

基于产品质量市场评价的预测预警算法，上海大众已将目前世界上汽车行业发现市场质量问题的时间记录由平均90天缩短到了平均60天，相比上海大众以往需要180天的时间，实现了世界级的质的飞跃。仅此一项，每年可为上海大众节约1800万元以上的索赔费用。根据相关原理形成的论文《车辆担保期内产品市场质量问题早期预警研究》已被《中国机械工程》学报录用，拟以发表。因成绩突出，上海市财政局2009年对该成果给予了22.7万元的专项资助。相关理论和做法，已总结成论文《建立市场质量信息分析支持系统，促进企业高效质量管理》，并于2009年上海国际质量研讨会暨国际质量科学院院士论坛上宣讲及发表。《上海大众市场质量信息预警系统》和《上海大众市场质量信息支持系统》也先后获得2008—2009年度上海市重点产品质量攻关奖。

（3）用户满意度持续领先

用户满意是质量的最高要求。中国质量协会发布的2007—2011年度"中国汽车用户满意度指数"评测报告中，上海大众表现有显著的进步，从2007年的三款车型名列分组第一，到2011年的五款车型名列分组第一。在2011年，新POLO位列8万～12万元紧凑型车满意度第一，Octavia明锐位列15万～20万元中型车满意度第一，Lavida朗逸位列10万～15万元中型车满意度第一，Tiguan途观位列SUV车型满意度第一，新Passat位列2011年度新车满意度第一。

（4）企业经营业绩大幅提升

产品市场质量的大幅提升、市场地位的巩固，带来了经营业绩的大幅提升。2011年，上海大众累计生产车辆115万辆，比2010年同比增长11.4%；累计销售车辆118万辆，比2010年同比增长18.2%；累计销售（营业）收入为1349.4亿元，比2010年同比提高24.6%。

（六）专家点评

上海大众始终把质量作为企业生命来对待，吸收了德国大众的质量管理理念及方法，导入了包括全面质量管理在内的多种先进质量管理体系，在20世纪90年代早期就通过了ISO 9001质量认证。在过去的几十年间，上海大众积极吸收技术创新的成果，结合中国实际情况，创造性地贯彻和发展了信息时代下全面质量管理。通过对上海大众汽车质量管理体系的调查和研究，课题组发现上海大众通过实践全面质量管理显著地提高了产品的质量水平，提升了企业的管理水平，同时创造性地发展了全面质量管理的内涵。课题组将其特点归纳为如下几点：

1. 充分体现了全面质量管理的基本特征

全面质量管理以提供产品或服务的全过程为管理对象，在过程上依赖于参与全过程的所有人员。在形式和内容上，全面质量管理呈现多种多样、包罗万象的特点。在标志性事件上，全面质量管理的实施包括ISO 9001质量认证、卓越绩效模式的实施等。然而，仅仅从全面质量管理的概念和标志性事件上很难说明上海大众实施全面质量管理的特点。在本案例中，可以借助戴明关于其质量管理理论总结的四个理论来分析，即系统理论、变异理论、知识理论和心理理论。这四个理论及相关方法在上海大众实施全面质量管理过程中都得到了充分体现。

系统理论强调质量管理不是孤立地可以由几个职能部门完成的工作，而是需要所有人员的共同努力。上海大众在最高领导的领导下，全体员工都能理解和践行"质量是企业生命"的信条。变异理论阐述了变异存在的必然性，以及过度变异会形成系统导致产品发生故障或不能正常发挥其功能，也会导致服务不一致。上海大众一直提倡首先要理解变异，然后通过在技术、过程设计和培训方面的改进来努力减少变异。减少变异会使得生产商和消费者都从中受益,如生产商可以进行更少的检验、更少的报废和返修、一致性更高的人员绩效;消费者可以相信所有产品和服务都具有相似的质量特性,即高可靠性。知识理论强调知识、理论的重要性,而经验只是描述而不能被检验或确认;只靠经验无助于管理。任何理性的计划,必须预测其相关条件、行为和绩效;这种预测应当建立在理论的基础上。上海大众建立专家知识库,要求项目经理在项目完成以后进行任务报告和事后分析。这些报告及分析为知识管理提供了基础,为下一步的改进提供具体的信息、客观的数据和问题解决的思路。心理学理论强调人的重要性,人可以受到外在和内在的激励,但最有利的激励因素是内在的,每个人都与他人有所不同。上海大众的领导者就认识到了这种差异。努力发挥每个人的才干和特点,且通过有效的内在激励方法提高员工的满意度。

2. 持续和执着的技术创新精神

"顾客是上帝"的认识已经被企业所普遍接受。上海大众的市场评价指标全面,包括主观和客观、自评和标杆对比等多个维度。这可以说是上海大众的一个特点,但是强调以市场评价为出发点来构建企业管理系统,包括质量管理,基本上是现代企业的共同特征。在体系的设计上,针对市场评价构建包含设计、制造和采购等相关环节的闭环反馈系统也是现代企业的通用做法。上海大众的不同之处在于在构建其全面质量管理体系过程中依据市场评价,不断地进行技术创新,包括信息技术、网络技术、基于小样本的预警技术、知识管理技术。这种对于工程技术和管理方法创新的执着和持续投入才是形成上海大众与同行业差距的关键。通过技术创新,上海大众在全面质量管理的四个理论的相关方法上都有所突破,从而成为在信息时代实施全面质量管理的典型案例。

3. 结合信息技术发展全面质量管理的系统理论

全面质量管理中关于系统理论的论述强调集成企业各个部门和职能协同推进质量工作。随着市场的扩大,上海大众面临着生产过程和服务过程的分散,以及信息海量化等复杂变化。信息技术、网络技术以及现代通信技术的发展为系统集成提供了方便有效的方式。上海大众利用网络技术集成了遍布全国的销售网点。利用信息技术构建了完善的质量管理信息,利用通信技术实时更新以掌握最新市场信息。上海大众的质量信息管理系统包括了遍布全国的每一个销售网点，所有销售和维修信息能够当天汇总和分析。企业内部构建了强大的质量信息管理系统。

4. 结合统计技术发展全面质量管理的变异理论

不论采用多么先进的信息处理技术，变异是无法避免的，这也是质量管理存在的原因。关于变异处理的技术创新始终贯穿质量管理的发展历程。上海大众结合汽车行业的实际情况研究开发了基于每千台车故障数综合控制图的预警算法和基于估算偏差概率密度理论的预测算法。这些技术的有效使用为上海大众尽早发现质量问题，构建质量预警及快速反馈机制提供了基础。

5. 结合知识管理发展全面质量管理的知识理论

传统上的知识理论强调对于经验的总结和规律的研究。上海大众在实施全面质量管理过程中有效地将其与新兴发展的知识管理系统和理论相结合，从而更好地实现了经验和规律的总结和共享。具体的做法包括了多个方面，例如，利用信息技术对知识进行标准化以便于管理，其中包括故障位置和内容的标准化、风险的等级化等；为了共享经验，依靠专家的力量创建了案例分析的模块等；通过构建质量阀体系使知识和经验用于设计环节等。

6. 利用KPI体系明确改善目标，同时凝聚全员力量于共同目标

全面质量管理在实施变革的过程中始终存在两种途径的差别：一种是自上而下的命令式改革，另一种是自下而上的渐进式改善。基层员工的持续改善活动非常有利于员工接受变革，但是也容易错过重要的变革机遇。高层领导主导的自上而下变革会更好地把握变革的时机，但是也容易引起员工的抵触。为了有效地利用自下而上和自上而下的两种变革方式的优势，通过质量目标的分解有效地建立每个改善目标与企业总体目标的紧密关系。这种KPI体系的建立可以凝聚全体员工的力量集中于共同的目标上。

第三章

汽车企业供应商及零部件质量管理

第一节　汽车企业供应商质量管理

一、供应商选择与质量管理

随着生产社会化的不断发展，企业的生产活动分工越来越细，专业化程度越来越高，促使生产技术水平不断改进，产品质量得到大幅度改善。通常，某一产品很少由一个企业从最初的原材料开始加工直至形成顾客最终使用的产品，往往是通过多个企业分工协作来完成的。

（一）供应商的产品质量对企业的影响

供应商所提供的零部件质量在很大程度上直接决定着企业产品的质量和成本，影响着顾客对企业的满意程度。

（二）制造商与供应商关系的典型形式

在制造商与供应商的关系中，存在两种典型的关系模式：一种是传统的竞争关系，另一种是合作伙伴关系，或者叫互利共赢（Win-Win）关系。

1. 竞争关系模式

竞争关系模式表现为价格驱动，具有以下特征：

①制造商同时向多家供应商购货，通过供应商之间的竞争获得价格好处，同时也有利于保证供应的连续性。

②制造商通过在供应商之间分配采购数量对其加以控制。

③制造商与供应商之间是一种短期合同关系，稳定性较差。

④制造商与供应商之间的信息交流少。

⑤供应商的选择范围大多限于投标评估。

2. 合作伙伴关系模式

合作伙伴关系模式是一种互利共赢的关系，强调在合作的供应商和制造商之间共同分享信息，通过合作和协商协调相互的行为，达到互利共赢的目的。这种关系模式具有以下特征：

①制造商对供应商给予技术支持，帮助供应商降低成本、改进质量，缩短产品开发的周期。

②供应商参与制造商的新产品的早期开发。

③通过建立相互信任的关系提高效率，降低交易成本。

④制造商与供应商之间是长期稳定的紧密合作关系。

⑤制造商与供应商之间有较多的信息交流，且信息共享。

⑥制造商主动寻求优秀的供应商。

企业通过建立与供应商之间的互利共赢关系，可以给企业、供应商以及双方带来许多利益点，如表3-1所示。

表3-1　互利共赢关系可以给企业、供应商以及双方带来许多利益点

项目	企业	供应商	双方
利益点	1.提高产品质量	1.提高市场需求的稳定性	1.增强质量优势
	2.降低采购成本	2.贷款回笼及时可靠	2.增进沟通，减少纠纷
	3.实现数量折扣	3.准确把握顾客需求	3.实现优势互补
	4.获得及时可靠的交付	4.获得合作伙伴的技术和管理支持	4.共同降低运营成本，实现成本优势
	5.降低库存费用	5.提高零部件的质量	5.提高资产收益率
	6.缩短产品开发周期	6.降低生产成本	6.降低双方的交易成本
	7.降低进货检验费用	7.增强盈利能力	7.增强抵御市场风险的能力

（三）供应商的选择

供应商战略的确定，企业在新产品的设计与开发阶段以及业务流程策划与再造等过程中，都必须考虑产品的哪些零部件需要自产，哪些需要由供应商提供，以及企业应该与供应商建立一种什么样的关系等问题。这些问题的解决过程就是企业的供应商战略确定的过程。

1. 企业自产与外购的选择

企业在生产经营过程中，所需要的原材料和零部件不可能都由自己生产提供。因而对零部件的自产和外购的选择，必须综合考虑企业的经营环境、市场供应情况以及企业自身情况。

①经营环境。企业在决定零部件自产还是外购前，需要对经营环境进行准确的分析和把握。企业所处行业的整体状况、国家宏观经济形势、产品社会需求现状和未来预测等因素都会影响产品的产销量。

②市场供应情况。零部件的市场供应情况是企业决定自产还是外购重要的依据之一。企业与供应商建立相互依存的关系，因此，某种零部件的市场供应能力、价格、质量和服务水平在很大程度上会影响其自产或外购的决策。

③企业自身情况企业决定其所需零部件是自产还是外购，必须综合分析企业的实力、核心业务及发展战略。

2. 供应商的重要性分类

由于产品组成中各种原材料或零部件的重要性不同，决定了企业与不同供应面的关系密切程度和对不同供应商质量控制的宽严程度也不同。因此，企业需要对供应商进行分类管理。可按照供应商提供零部件对产品影响的重要程度，将供应商分为Ⅰ、Ⅱ、Ⅲ三类。

3. 供应商的关系选择

如前所述，企业与供应商的关系存在两种典型的形式，即传统的竞争关系和互利共赢的合作伙伴关系。

与供应商的关系选择可以与供应商的类别结合起来。对于第Ⅲ类供应商，通常可采用最简单的合作方式，即直接采购。而对于第Ⅰ类供应商，企业应倾向于与之建立互利共赢的合作伙伴关系。对于第Ⅱ类供应商，企业可以综合考虑供应商所供应零部件的价值、数量以及供应商的规模等因素，从而进行适当的关系定位。

另外，企业与供应商的关系定位，往往不是企业一厢情愿的事。如果企业自身规模很小，所购原材料或零部件占供应商业务量的比例很小，就不存在紧密协作或整合双方业务流程的可能性。此时，不管该供应商提供的零部件对企业的产品质量多么重要，简单的买卖关系可能是一种最佳的选择。

当企业明确了哪些零部件需要外购后，需要根据外购件的重要程度对未来的供应商进行分类，并确定与各类供应商的关系原则。然后在此原则指导下，进一步确定选择供应商的评价程序和内容。

供应商的基本情况调查，质量是产品的一项重要特性，既具有主观性的一面，又具有客观性的一面。在设计和开发的策划阶段，需要定位产品的质量水平，以确定采购原材料和零部件的质量要求，从而决定供应商的选择和控制基本准则。

4. 选择供应商的准备

选择供应商的准备是整个采购工作的起点，是在与供应商接触之前必须做好的工作，这也是经验丰富的采购人员通常采用的工作方法。仅就供应商的质量控制而言，策划阶段的主要工作有：熟悉采购要求、研究拟采购产品的质量标准以及制定供应商评价准则（初稿）。随着设计和开发的进展，对供应商的要求也会发生变化。所以，这里制定的准则只能是初步的。

供应商评价准则最好由设计人员、采购人员和管理人员共同制定，以便同时满足技术和采购的要求。这些技术文件已经考虑了顾客的需求和期望。但是就采购本身来说，法律法规可能有其他的要求。这时采购人员应进行识别，并且在制定供应商评价准则时满足有关法律法规的要求。负责对供应商评价的人员在与供应商接触之前就应该首先熟悉采购产品的性能，比较全面地掌握采购产品的专业知识，这些专业知识有时可能是很广泛的，如机械、电子、化学、信息等。对不同的产品，其质量要求也是不同的，要注意区分外购原材料和零部件的质量特性，特别是关键质量特性。

5. 确定供应商群体范围

一般来讲，每一个企业都有自己相对稳定的供应商群体，这是企业的重要资源之一。有时企业开发的是全新产品，或者由于市场需求的增加和新产品的投产，原有的供应商群体可能无法满足企业的需要，这时采购人员就要到社会供应商群体中重新寻找新的供应商，有时甚至需要到国际市场寻求合格的供应商。

如果被调查对象是原有供应商，现在要扩展新供货品种，则可查询企业对该供应商的评定资料和以往供货的业绩记录。具体评定内容应包括该供应商的供应能力、供货及时性、财务状况、相对于竞争对手的优势、对质量问题处理的及时性，以及其他质量管理体系的相关关系。

如果被调查对象是准备合作的新供应商，企业没有关于该供应商的详细资料，可以对其进行直接调查。企业可根据产品和供应商的具体情况设计调查表。当然，通过调查其他企业或企业内其他分公司对该供应商的评审资料也是一种常用的方法。这些资料会提供该供应商在同种或类似产品方面的各类信息，甚至可能包括其技术开发实力或在哪些方面具有合作优势。

企业可在此基础上确定供应商群体范围，并形成文件。这种文件一般以初选供应商名单的形式提出，由采购部门拟订，经设计、质量、生产、销售、工艺等部门的人员评审后上报企业的有关领导审批。

随着我国企业逐渐融入国际经济大循环，企业在确定供应商群体范围时应该关注运用全球采购的杠杆，以实现采购成本的降低和采购产品质量的提高。

6. 供应商的基础信息

企业对供应商的管理，很大一部分是对供应商基础数据的管理，而供应商的基础数据可以分为两个方面：一是供应商的基础信息，二是供应商的供货信息。供应商的供货能力是企业采购时需要考虑的一个十分重要的因素。对供应商供应情况等数据进行长期积累并进行分析，利用分析的结果可以对供应商进行评价。同时，也可以为企业组织生产提供基础数据，不会发生由于供应商的能力不足而对企业的生产造成影响。由于信息技术的广泛应用，供应商信息的变动可以通过网络及时地反馈给企业的相应部门，企业可以方便、及时地了解供应商的最新情况，以调整供应商供货的内容信息，使得所有供应商的质量管理变得在线、可控，从而避免了因不能及时获得供应商信息的改变而对采购造成影响的情况出现。

7. 生产设备与检测设备

供应商生产设备的整体水平、关键设备的先进程度和已使用年限，是确保其产品质量的硬条件。因此，了解供应商的设备状况，有助于企业掌握供应商的质量保证能力和质量改进潜力。一般来说，设备陈旧落后的供应商无论其如何控制产品质量，要达到企业规定的质量要求都是非常困难的。

供应商的检测设备是供应商赖以测量、分析和改进的基础条件。所以，在初选供应商时，了解供应商检测设备的配备情况和先进程度同样是十分必要的。

8. 过程能力指数和过程性能指数

供应商是否进行过程能力指数和过程性能指数的计算分析，可以在一定程度上反映其是否在生产过程中进行了预防控制。因此，调查供应商的过程能力指数和过程性能指数是选择供应商的重要依据。

9. 主要原材料的来源

在某些行业中，原材料的质量对产品的影响很大，如钢铁、石化行业。如果企业采购的产品其质量在很大程度上依赖于原材料的质量，那么企业在选择供应商时往往比较关心供应商的主要原材料来源，因此需要对供应商使用的主要原材料进行调查。

10. 主要客户及其反馈信息

企业不能仅仅根据供应商的自我评价来评判其产品质量、服务质量、交货情况以及信誉等方面。为了更准确地了解供应商的能力和情况，企业应该采取一系列措施。首先，企业可以了解供应商的主要客户，并通过这些客户在行业中的地位和实力来初步评估供应商的能力。其次，企业可以选择供应商的重点客户进行调查，并从侧面得知供应商的情况。这些措施有助于企业更全面地了解供应商的情况，避免盲目依赖单一来源的信息。

11. 遵纪守法情况

一个值得信赖的供应商首先应该是遵纪守法的模范，良好的守法记录对于优秀的供应商来说是最基本的要求。因此，企业在选择供应商时，应把供应商的守法情况作为筛选的前提条件。

（四）供应商审核

分析供应商的基本情况是企业选择供应商的重要基础，特别是对于I类和II类供应商。如果企业认为需要进一步了解这些供应商，供应商审查是一个关键的决策依据。通过供应商审查，企业可以识别出供应商的优点和缺点，并将审查结果用于选择供应商或在预先筛选的合格供应商名单中进行排名。这有助于企业确定哪些供应商应该成为其首选的供应商和战略伙伴。

审核时，企业应选派有经验的审核员或委托有资格的第三方审核机构到供应商处进行现场审核和调查。企业应有自己的审核标准，把握关键要素和过程。但是，这并不意味着它的质量管理体系不健全，更不意味着它没有管理体系。只要企业对关键要素和过程控制良好，产品质量能够达到企业要求，就具备了合作的基本条件。

审核过程中还应对被审核方的财务状况、顾客满意度、过程能力、员工素质、服务水平等进行调查。审核和调查应形成明确详细的审核报告与调查报告。

1. 供应商审核的时机

在对供应商进行评价和选择或者是对已有的供应商进行业绩考核时，往往需要进行供应商审核。审核不是针对所有的初选供应商进行的，也不是对所有列入"合格供应商名单"中的全部供应商都进行绩效考核。这是因为供应商审核会耗费企业的人力和物力，必须有针对性地进行。

一般来说，应在批量供货之前对待选供应商进行审核，将审核合格的供应商正式列入"合格供应商名单"。对提供重要产品的I类供应商，企业可能会将供应商审核提前到产品试制阶段；有些产品特别重要或者投资额特别巨大，企业为了减少风险，甚至在产品设计和开发的初期就开始对供应商进行审核。

对原有供应商的审核一般分为例行审核和特殊情况下的审核两种。

定期对供应商进行的审核称为例行审核，其周期是供应商和企业事先协定的。如果供应商的产品质量存在显著波动，经常出现不合格情况；客户对企业提供的产品投诉或抱怨，经过分析，发现这些问题与供应商的产品或服务相关；企业的经营状况或市场环境发生重大变化，需要供应商进行较大的改进等情况，就需要进行特殊审核。

2. 供应商审核的分类及其相互关系

供应商审核一般包括产品审核、过程审核和质量管理体系审核三个方面。

产品审核旨在确认供应商提供的产品质量并发现必要的改进措施以满足企业的需求。主要包括功能审核、外观审核和包装审核等方面的检查和评估。

过程审核视企业产品的实际情况而定，不是对每一种采购产品都要进行过程审核。一般来说，只有当供应商提供的产品对生产工艺有很强的依赖性的时候，才有必要进行过程审核。有时供应商会邀请企业对供应商的过程能力进行"会诊"，这也可以看作一种过程审核。

一般来说，对供应商审核的顺序应该是：首先进行产品审核，只有在产品审核合格的基础上才能继续进行其他审核，而当产品不符合要求时，就没有必要进行质量管理体系审核和过程审核，然后进行过程审核；最后进行质量管理体系审核。

（五）供应商的评价和选择

了解供应商的基本情况和进行供应商审核，其目的都是对供应商进行评定，从中选择合适的供应商。为了确保供应商的选择质量，企业应依据一定的原则，按照规定的程序，通过合理的方法来评价和选择供应商。

1. 评价和选择供应商的基本原则

①评价和选择供应商的指标体系应全面反映供应商的综合能力，但也要突出重点指标的考虑，不应只考虑比价采购等单一因素。

②评价和选择供应商的指标体系应科学恰当，不能过大过多或过小过少，避免评价者的注意力过于关注细节或无法全面反映供应商的综合水平。

③评价和选择供应商的指标体系应具备足够的灵活性和可操作性，以方便评估和选择工作的进行。

2. 选择供应商的程序

任何一个运作规范的企业在选择供应商的过程中都会遵循一定的程序。尽管不同的企业对供应商的选择程序会存在一定的差异，但有几个基本步骤是许多企业共有的，可以将其归纳如图3-1。

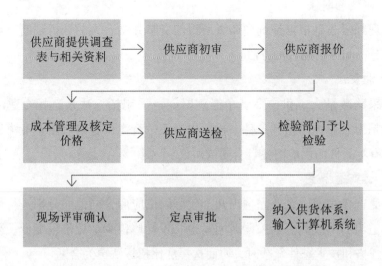

图3-1　某公司供应商选择、审核与认可流程图

①建立供应商选定工作小组，由质量管理部门牵头，产品开发、生产、供应、服务等部门派人参加，企业主管质量的领导担任组长，统筹评价和选择工作。

②选定工作小组确定供应商候选名单，并对候选供应商提交的材料逐个进行审核。

③对候选供应商所供应的原材料或零部件进行检验，应符合企业的质量要求和法定标准。

④由制造商选定工作小组派人到供应商企业进行现场考察，现场考察小组必须有质量管理部门的人员参加。在现场考察和取样检查结束后，应有综合分析意见的书面报告。必要时，应进行供应商审核。

⑤制造商选定工作小组对评价结果进行分析，选定供应商，将之纳入供应商管理系统。

（六）选择供应商的方法

选择供应商的方法较多，一般要根据可选供应商的数量多少、对供应商的了解程度以及企业对所购原材料或零部件的重要程度和时间紧迫程度来确定。目前较常用的方法有主观判断法、招标法、协商选择法、采购成本比较法、层次分析法、基于质量和价格的选优法、质量能力评级法。另外，质量与价格综合选优法正在引起更多企业的注意。

1. 主观判断法

主观判断法是根据征询和调查所得的资料并结合人的分析判断，对供应商进行分析和评价的一种方法。

2. 招标法

当采购数量大、供应商竞争激烈时，可采用招标法来选择合适的供应商。它是由企业提出招标条件，投标供应商进行竞标，然后由企业决标，与提供最有利条件的供应商签订合同或协议。

3. 协商选择法

协商选择法即由企业先选出几个较好的供应商，同他们分别进行协商，再确定适当的供应商。当采购时间紧迫、投标单位少、竞争程度低、采购的零部件规格和技术条件复杂时，协商选择法比招标法更为合适。

4. 采购成本比较法

对质量和交货期都能满足要求的供应商，则需要通过计算采购成本来进行比较分析。

5. 层次分析法

它的基本原理是首先根据具有递阶结构的目标、子目标（准则）、约束条件、部门等因素来评价供应商，采用两两比较的方法确定判断矩阵，然后把与判断矩阵的最大特征相对应的特征向量的分量作为相应的系数，最后综合给出各方案的权重。由于该方法让评价者对照相对重要性函数表，给出因素两两比较的重要性等级，因而可靠性高、误差小，但计算较为复杂，在企业里应用较少。

6. 基于质量和价格的选优法

我国许多企业要求供应商的报价是到厂价格，由供应商负责送货，因而有的企业在质量都能满足要求的情况下，采用比价采购的方式来选择供应商。

7. 质量能力评级法

在供应商的产品报价可以接受的情况下，由企业对供应商的质量能力进行评级，达到相应级别的供应商可以进入企业的合格供应商名录。

（七）供应商数量的确定

对于供应商数量的确定，目前还无法通过一个公认的数学模型来解决，但是有一些准则可以为企业提供指导。企业如果需要考虑是否对某种零部件选择单一供应商时，应分析是否符合以下条件：

①当前只有一家供应商能够按企业的要求提供该种零部件，企业别无选择。

②某供应商提供的产品质量和价格具有绝对优势，其他供应商无法与之竞争。

③订单太小而没有必要再分。

④同单一供应商合作可以获得额外的价格折扣。

⑤需要与供应商结成伙伴关系，并重新整合双方的业务流程。

⑥供应商对成为单一供应源十分积极，并愿意与企业全方位合作。

⑦采购零部件的生产需要高昂的先期投入，如开模费等。

⑧企业与某供应商已经进行了长期的合作，而且双方都重视对方并对以前的合作非常满意。

⑨企业采用先进制造方式，如准时制生产、自动补充库存、与供应商采用EDI的信息交流方式等，都会考虑单一供应源的可行性。

从理论上讲，采用单一供应商管理方便，有利于降低采购成本，也有利于供需双方建立深层次、长期稳定的合作关系，产品质量易于控制。

一般来说，对于同一种外购产品，企业可以保持2~3个供应商，以保证供应的稳定性和可靠性，有利于产品质量的持续改进和提高；对于经营稳健、供应能力强、信誉好、关系密切的供应商可以只保留一家，这对供需双方都是很有利的。

（八）供应商的质量控制

从传统意义上讲，对供应商的质量控制仅仅意味着提供的产品满足企业的技术要求。根据现代质量管理理论，企业为了持续改进总体业绩，已经将质量管理的范畴扩展到供应链的起点，将供应商质量控制的含义扩展到供应商所有与产品质量有关的活动。

（九）产品设计与开发阶段对供应商的质量控制

在产品设计与开发阶段，应根据不同产品的不同要求，在产品开发设计建议书和/或产品设计开发任务书中提出先行试验项目和课题，有针对性地为采用新原理、新结构、新材料、新工艺进行先行试验。需要注意的是，产品设计与开发阶段对供应商的要求与批量生产阶段对供应商的要求是不同的。在产品的设计与开发阶段，对供应商的质量控制是在对供应商进行初步选择的基础上进行的。除非设计的产品非常简单而且数量很少，否则这些准则应该形成文件，并且这些文件应该与设计开发的其他文件相一致，以便在企业和技术接口的各个方面得到良好的配合。

在传统的企业与供应商关系中，企业把供应商看作对手，对供应商的防范心很强，甚至不按时向供应商支付应该支付的贷款，形成所谓的"三角债"。其实，这样既不符合供应商的利益，也不符合企业的根本利益。

在互利共赢的合作伙伴关系中，企业把供应商视为价值链中关键的一员，并采取有效措施调动供应商的积极性，与供应商共同分析质量问题，共同进行持续的质量改进，共同赢得市场、赢得客户。在产品的设计与开发阶段，利用供应商的技术优势与专门经验是进行供应商质量控制的创新手段。

（十）试制阶段对供应商的质量控制

初选供应商经批准后，就成为合格供应商。按照建立和实施质量管理体系的惯例，一般应建立"合格供应商名单"，列入这个名单的企业就有资格为企业提供合格的产品。

三个阶段对供应商的控制是不同的。设计与开发阶段主要是对供应商资源的策划、优选和沟通，而试制阶段则要求供应商提供样件或样品（以下简称样件），这就产生了对外购件的质量检验、不合格品控制等过程。

根据试制阶段的特点，应注意通过以下方面加强对供应商的控制：

1. 与供应商共享技术和资源

首先与选定的供应商签订试制合同，目的是使初选供应商在规定的时间内提供符合要求的样件。

签订试制合同后，企业应该向供应商提供更加详细的技术文件。供应商对一些技术要求可能需要一个学习、理解和掌握的过程。对一些特殊的资源，如检验设备、加工设备、技术人员等，企业可以帮助供应商尽快配备这些资源，形成生产能力，满足试制的要求。

2. 对供应商提供的样件的质量检验

考虑到工作的连续性，企业应有意识地与供应商在质量要求、技术标准、质量管理体系要求、测量系统要求等方面达成一致，尽量使批量生产时的供应商从试制阶段的供应商中产生。

试制阶段使用的抽样方案与批量生产时使用的抽样方案一般是不一样的。批量生产时针对连续批一般使用计数调整型抽样方案，试制阶段针对孤立批一般使用计数标准型抽样方案。

3. 对供应商质量保证能力的初步评价

经过试制阶段，对供应商提供的产品进行综合分析，可以得出对供应商的初步评价。

在这个阶段胜出的供应商往往成为最后的赢家，成为企业最后选定的供应商。企业对供应商的评价内容一般包括质量、价格、供货的及时性、信誉等，参加评价的人员包括生产人员、设计人员、工艺人员、质量管理人员、检验人员、计划人员等，必要时可以请企业的顾客参与评价。

4. 产品质量问题的解决

在样件试制阶段，对产品质量问题的解决方法一般有改进、妥协和更换供应商。

在不影响最终产品质量的前提下，企业与供应商之间的技术妥协有时也许是不可避免的。

在改进和妥协无法解决问题时，可以从初选供应商名单的备选供应商中选择其他供应商探讨解决质量问题的途径。

（十一）批量生产阶段对供应商的质量控制

企业在批量生产过程中，对供应商的质量控制主要包括监控供应商的过程能力指数和过程性能指数，监控供应商的测量系统，审核供应商的质量管理体系，检验进货质量，推动供应商的质量改进，以及对来自供应商的不合格品的处置和质量问题的解决等活动。

在批量生产阶段，供应商提供的产品或服务的质量直接决定了企业向顾客提供的产品或服务的质量特性。企业在与供应商合作的过程中，应监控供应商的质量保证能力的变化。为了使监控有效，企业应就此与供应商达成一致，并遵循协商一致的标准和程序进行。

在批量生产阶段，由于供应商大批量连续供货，采购产品的质量、价格、供货的及时性等因素对企业产品的质量和企业实现其经营方针及目标都有十分重要的作用。根据产品和服务的不同，定量分析的方法也不同，常用的方法有过程能力分析、测量系统分析、质量管理体系评价和水平对比法等。

（十二）质量检验的管理

对供应商的质量控制来讲，质量检验的管理主要是进货检验的管理以及对供应商的检验工作进行适当的评价和控制，但重点仍然是企业的进货检验。

对批量正常进货的检验，首先应重视供应商提供的质量证明文件，并在此基础上进行核对性检查。对批量正常进货的检验可根据采购产品的不同情况，选择不同的检验方法。进货检验应在采购产品入库或投产前进行，有关部门应向检验部门提供采购产品的图样、技术协议、验收文件以及供应商的质量保证文件或由供应商签发的合格证明，以便进货检验人员进行核对。进货检验一般可集中在进货检验站进行。

（十三）库存质量控制

库存质量控制是指对进入企业仓库的采购产品的质量控制。仓库管理人员的业务素质和责任心是有效实现采购产品质量控制的一个重要组成部分。库存质量控制主要靠仓库管理人员来控制。

采购产品进厂，就进入了企业的物资管理阶段，但在正式入库以前，还不能算是库存物资。必须经过进货检验，并在办理了入库手续以后，采购产品才算进入了储存状态，采购产品才正式成为企业的生产资源。

1. 到货控制

采购产品到货，要按照采购人员提供的采购文件进行验收。验收的内容有运单、数量、包装等，检查产品是否有损坏情况，验证随货提供的合格证明或其他质量证明文件等。

2. 入库前的检查

仓库管理人员应及时对进厂产品进行检查，检查内容包括以下几个方面：查看随货合格证明和其他质量文件；按运单检查数量；检查包装和产品的外观质量；查看产品的规格型号是否与要求的一致；查看质量检验部门提供的检验记录或检验报告。

进货检验完成后，质量检验人员应按照公司文件的要求向仓库管理人员提供检验记录或检验报告，仓库管理人员凭检验记录或检验报告办理入库手续。检验不合格的产品不得入库，并按照规定及时通知供应商进行处置。

3. 入库手续

仓库管理人员接到质量检验人员提供的合格记录和合格报告后，应及时办理入库手续。采购产品可能并不实现真正意义上的"入库"，而是直接进入生产线。但按照传统的定义，这种情况仍然称为产品的"入库"。

入库手续由于技术和管理的进步而在不断变化，特别是计算机的广泛使用，更加速了这种变化。以下提出一些常见的步骤：

①通知采购人员产品入库的情况，并通知财务人员。

②产品从待检区移入仓库或直接送达生产线，必要时需要对产品重新进行标识，并按规格型号分类存放；有的产品需进行拆包、清洗、涂油、重新包装等。完成这些过程之后，产品进入保管状态。入库保管的产品还应注意产品出库的方便，有利于产品先进先出。

③在"仓库进货记录表"上登记进货日期和检查报告的编号等其他仓库记录。

二、供应商协约质量管理

（一）与供应商协约的内容

企业通过明确对产品的需求及技术参数的设计，明确供应商的质量控制职责、企业的监控手段以及违约责任，加上适时的沟通来使企业所需的零部件的质量得到保证。

企业与供应商之间的协约主要分为以下几类：产品技术信息、质量协议、基本供货协议和技术协议。

1. 产品技术信息

一方面作为供应商完成产品加工的技术基础，另一方面作为产品验收及出现质量纠纷进行确认的依据。

采购产品的技术信息对企业来说是产品的设计输出，而对供应商来说则是产品实现的设计输入。技术信息规定得准确与否、详细与否，将直接影响产出产品的质量水平及产品验收结果的判断，还将影响到不合格的责任划分。

在采购产品时，需要提供给供应商的技术信息包括两方面：一方面是企业提供的技术文件，如技术设计图样、产品技术标准，尤其是企业标准、样品和技术规范；另一方面是国家法律法规的要求和强制性标准。

企业应将尽可能详细并且完整、准确的技术资料提供给供应商，供应商在接收技术资料以后，应及时组织本公司相关人员进行评审，重点评审对方企业的技术标准和特殊技术要求。例如，某公司选定一家供应商为其提供一种抑制无线电干扰的电容器。为确保产品的质量，该公司向其供应商提出"抑制无线电干扰电容器"的技术要求，如表3-2所示。

表3-2　某公司"抑制无线电干扰电容器"的技术要求

序号	项目	技术要求
1	标志	制造厂商或商标 产品型号 电气额定值250v 电源种类符号

序号	项目	技术要求
2	外形尺寸	直径$38_0^{-0.3}$mm 高$50_0^{-0.3}$mm
3	泄漏电流	滤波器外表面与地面之间传递的容性耦合电流不超过0.1mA
4	电器强度	接地端与接地端之间，引线端子与外壳间均能承受50Hz、1500V、1min的耐压试验
5	绝缘电阻	直流500V下绝缘电阻＞100MΩ
6	温度	在正常使用中易触及表面非金属材料≤95℃
7	非正常操作	短路试验无破裂、断路、绝缘击穿等损坏
8	拉力弯曲和扭转	拉力890N、弯曲67.8N·m、扭转67.8 N·m分别施加5min后仍能正常使用
9	插入衰减	20~50Hz
10	其余指标符合国家标准和本公司的设计图样	

表3-2中的技术要求，第1、2、6、8、9、10项为企业的特殊要求，而第3、4、5、7项为国家强制性标准要求。供应商在评审上述要求时，应注重考虑本公司的技术能力、设备、人员及质量保证能力和以往生产的产品，确保以后能及时按照所签订单保质保量地交付产品。

对国家强制性标准要求的项目，供应商应仔细核对企业提供的技术参数与国家标准的差异，往往对方企业标准的要求严于国家标准，如表3-2的技术要求第3项"泄漏电流"和第5项"绝缘电阻"，国家标准要求分别为0.3mA和2MΩ，而企业标准要求为0.1mA和100MΩ，远远严于国家标准。在这种情况下，供应商首先要满足的应是对方企业标准的要求，这一点丝毫不能含糊。一旦出现产品符合国家标准而不符合对方企业标准要求的情况，最后的结果只能是产品被判为不合格，因为只有符合顾客要求的产品才是合格的产品。在国家强制标准要求的产品中，有一些涉及人身安全和人类健康的产品，国家对这些产品实行安全认证和强制认证。一般情况下，企业不会对供应商提出强制认证要求，供应商应自觉地将国家强制认证要求纳入产品实现的输入。

采购技术信息的详细程度取决于企业对供应商质量控制的严格程度和对产品质量水平要求的高低。质量管理水平高且技术力量雄厚的企业，对供应商技术信息要求就严格。

对于企业提出的产品技术信息，供应商应认真分析，着重考虑自己的技术能力、设备和质量保证能力能否达到企业提供的产品技术要求，尤其是对尺寸要求比较严格的机加工零部件和尺寸变形较大的塑料橡胶零部件。曾经有一家制造商，当初设计时，设计人员由于经验不足，没有考虑一个尺寸公差对于该类产品装配来说要求太严了，只考虑了对模具加工的公差要求。供应商拿到图样以后，为了赶进度开发模具，未组织技术人员进行有效的评审，等模具开发完毕加工零部件时，才发现公差要求太严，设备和模具根本无法满足。幸好这家公司及时调整设计，否则供应商不仅要浪费几十万元的模具开发费，而且要赔偿对方因生产延误造成的损失，给双方带来不必要的经济损失。

2. 质量协议

质量协议是企业与供应商的质量协约，规定供应商的质量职责，评价供应商的质量管理能力，规定产品质量水平，明确违约责任及经济索赔标准。质量协议是企业对供应商进行质量控制最关键的协约，是企业实施预防质量的有效手段。对于企业来说，无法也没必要花费大量的人力和财力对产品上的每个零部件的加工、检验和试验过程进行控制。

3. 基本供货协议

基本供货协议规定双方物资流通计划、供应商对供货计划的实施、违约责任及经济索赔标准、物资运输、交付程序等内容。

4. 技术协议

技术协议是企业与供应商就产品特殊技术要求、检测方式、检测流程等方面达成的技术协约。它通常是指供需双方针对检测进行的约定；当产品的技术含量高、应用新材料没有可参照的标准时，企业可对产品的某个参数进行免除检验，充分相信供应商。这时，企业为确保产品质量，可与供应商签订质量协议的补充协议，专门对某个参数的要求和检测进行约定。

（二）协约的有效性要求

1. 协约的实效性

起草与签署协约时，必须考虑产品形成过程中的实际情况，以及协约执行的可操作性。有些协议在制定时可能需要考虑的因素较多，规定较为详细，但如果过于烦琐，缺乏可操作性，反而起不到应有的作用。

2. 协约的激励性

在协约中，应明确供需双方的权利和责任，并规定必要的奖惩性条款，以约束供应商的质量行为，并激励供应商不断提高产品质量。

供应商的奖惩分为质量责任划分产生的奖惩和业绩考核产生的奖惩。在实际操作中，适当的奖励可能会产生意想不到的管理效果。

对于协议中的惩罚性条款，要注意其可操作性，否则可能会对供应商产生失控的影响，以及引起与供应商的纠纷。

（三）对供应商的业绩评定

对供应商进行动态管理，是企业进行供应商质量控制的重要内容。为此，企业需要建立一套供应商业绩评定标准，科学公正地对供应商进行业绩分级，并采取相应措施鼓励优秀供应商、淘汰不合格供应商，更能促进其提高产品质量和供货积极性，以建立完善、稳固的供应商关系。

因此，企业应该重视供应商的业绩评定，并制定科学可行的评定标准。这将确保供应商按时交货且提供高质量的产品，并在其他方面表现优异。

1. 供应商选择评价与供应商业绩评定

供应商选择评价和供应商业绩评定的区别在于，供应商选择评价的目的在于选择合适的合作伙伴，而供应商业绩评定的目的在于对供应商满足企业要求的结果进行评定。

供应商选择评价时，由于企业掌握的第一手材料较少，评价的重点在于考察供应商的规模实力、质量管理体系、设备先进程度、供应商的顾客反馈、原材料来源和样品的质量水平等因素，以推断供应商未来满足企业需要的能力。

而供应商业绩评定，则是在企业与供应商合作过程中，根据实际数据对供应商的产品及服务质量、供货及时率、订货满足率等方面进行综合评价，并根据评价结果对供应商进行业绩分级，以及肯定优秀供应商、鞭策合格供应商和淘汰不合格供应商。此时，企业已经掌握了丰富的第一手材料，评价的依据也更为客观和准确。

2. 供应商业绩评定的主要指标

供应商业绩评定的指标主要包括产品质量、服务质量、订货满足率和及时交付率等指标。

产品质量是供应商业绩评定的最重要指标，主要考察产品实物质量水平、进货检验质量、投入使用质量和产品寿命等方面。其中，产品实物质量水平是通过产品的主要性能指标来评价；进货检验质量主要考察合格率、零部件的让步接收情况和质量问题的重复出现情况；投入使用质量则通过零部件投入使用合格率来评价；产品寿命则是通过三包期内每百个零部件在整机使用中未出现故障的数量来评价。

服务质量也是供应商业绩评定的重要指标之一，包括售前、售中和售后服务的质量，客户满意度等方面。订货满足率指的是供应商按照订单要求及时交付货物的能力，及时交付率则指供应商按照合同规定的时间要求及时交付产品的能力。这些指标的评价，可以客观地反映供应商的供货能力和服务质量，以及对企业的响应速度和贡献程度。

供应商的服务质量包括售前、售中和售后服务质量。

（1）售前服务

售前服务主要是指供应商的业务人员与企业相关部门的交流和沟通，探讨所供零部件的技术参数及加工过程，介绍供应商的基本情况、技术实力、主要设备及过程控制，需要开发模具时共同选择模具开发商、商定模具开发费用，为实现零部件的加工制作做好准备。

（2）售中服务

供应商应确保及时、保质保量地交付货物，及时了解产品的质量状况，出现质量问题积极协助主机厂进行分析，并提出改进措施；了解提供给主机厂的零部件的使用状况，必要时可以开展联合设计。

（3）售后服务

当产品出现质量问题时，供应商的反应速度、处理态度和问题解决的结果应达到要求；以及为用户提供产品维修、保养和技术支持，开展用户满意度调查，及时了解产品的市场质量信息反馈，并根据用户的反馈意见积极展开持续改进。

许多企业的生产基本是实行以销定产，有些企业要求更严，实行成品和零部件的零库存。这对主机厂和其供应商的物流要求很高，需要有一套科学的物流管理方法和严格的考评机制来维持。

（四）供应商业绩的评定方法

1. 不合格项评分法

为了对供应商进行不合格分级评定，根据供应商提供的不合格品对企业产成品的影响程度，可以采用指定分值的方式进行评定。

2. 综合评分法

为了全面准确地评价供应商的综合实力，质量管理部门不但要收集每个供应商的月度投入使用合格率，也需要定期调查供应部门和销售部门的主管，对该供应商的质量稳定性、售后服务水平和供货及时性、供货量的保证能力等方面进行综合评价。

3. 模糊综合评价法

模糊综合评价法是一种综合评价方法，运用模糊集理论对供应商业绩进行评价。在这种方法中，客观表现与评价者的主观判断相结合，既可以定量评价，又可以定性评价，是一种有效的评价方法。

三、供应商动态质量管理

企业可根据供应商的业绩评定结果，定期对所有供应商进行分级评定，并依此对供应商进行动态管理，以达到奖优汰劣，推动供应商不断提高产品质量和服务质量的目的。

（一）供应商动态分级

根据对供应商的业绩评价，可以将所有供应商划分为A、B、C、D四级。

1. A级供应商

A级供应商是优秀供应商。对于优秀供应商，企业应采取适当的管理对策，以巩固和进一步提高供应商的供货业绩。

首先，企业应肯定A级供应商的优异供货业绩，并向其表示感谢。其次，应根据这些优秀供应商的重要性类别，采取不同的管理对策。对于Ⅲ类A级供应商，由于其供应的零部件对于企业产品的质量影响不大，可以通过增大订单比例、采用更短的付款周期等措施来鼓励该类供应商继续保持或改进供货业绩水平。对于Ⅰ类和部分Ⅱ类A级供应商，企业应从业务流程整体优化的角度寻求与供应商进一步合作和改进的机会，通过业务流程的整合避免不必要的重复工作，消除不增值的活动。

2. B级供应商

B级供应商是良好供应商，可以较好地满足企业的要求。B级供应商尽管稍逊于A级供应商，但同样是企业值得珍惜的重要资源。对于Ⅰ类供应商，其业绩至少应达到B级；对于Ⅱ类供应商，应保证同种产品至少有一家供应商达到B级。

3. C级供应商

C级供应商是合格供应商，能够满足合同约定的当前运作要求。

对于所有的C级供应商，企业应向其提出警示，促使其由合格供应商发展为良好供应商，当然这需要供需双方共同努力。

4. D级供应商

D级供应商是不合格供应商，其不能满足企业的基本采购要求。正常情况下，企业应选择终止与D级供应商的合作，并代之以更好的供应商。

供应商的业绩评定和分级可根据企业的计划定期进行，可以每月进行一次，也可以每季度进行一次，还可以每半年或每年进行一次。

（二）供应商的动态管理

企业可以通过分级采取有针对性的管理措施来持续优化供应商队伍，强化供应链质量优势。同时，可以结合企业的供应商定点个数来进行不同类别供应商的管理。

对于供应商定点个数为两个的情况，可以根据表3-3所示的订单分配和管理对策来进行相应的管理决策。

表3-3　供应商定点个数为2时的订单分配与管理对策示例表

供应商类别组合	订单分配	管理对策
A、B	60%；40%	维持与这两家供应商的关系
A、C	80%；20%	促进C级供应商提高产品质量
A、A	55%；45%	根据两家供应商的排名分配订单
B、B	55%；45%	根据两家供应商的排名分配订单，同时督促供应商提高产品质量

续表

供应商类别组合			订单分配	管理对策
供应商类别组合	订单分配	管理对策		
A、B、C	55%；30%；15%	维持与这三家供应链的关系，促进C级供应商提高产品质量	70%；30%	在督促供应商提高产品质量的同时，寻求更好的供应商
A、A、A	40%；33%；27%	对这三家供应商进行比较排名，按名次分配订单		
A、A、B	45%；40%；15%	对两家A级供应商进行排名，按名次分配订单		
A、A、C	48%；42%；10%	对两家A级供应商进行排名，按名次分配订单，促进C级供应商提高产品质量		
A、B、B	50%；25%；25%	维持与这三家供应商的关系		
A、C、C	70%；15%；15%	促进C级供应商提高产品质量，同时考察新的供应商		
B、B、B	40%；33%；27%	对这三家供应商进行比较排名，按名次分配订单，在促进供应商提高产品质量的同时，寻求更好的供应商		
B、B、C	40%；40%；20%	采取有力措施，促进供应商提高产品质量，寻求优秀的供应商		
B、C、C	50%；25%；25%	尽快选定优秀供应商		
C、C、C	40%；33%；27%	对这三家供应商进行比较排名，按名次分配订单。该产品的供应商缺乏竞争力，企业应检讨对供应商的管理工作，并尽快更换供应商		
B、C				
C、C			55%；45%	根据两家供应商的排名暂时分配订单，同时尽快寻求优秀供应商

对于定点个数为3的情况，三类供应商的组合情形较多，订单分配与管理对策如表3-4所示。

表3-4　供应商定点个数为3时的订单分配与管理对策示例表

供应商类别组合	订单分配	管理对策
A、B、C	55%；30%；15%	维持与这三家供应链的关系，促进C级供应商提高产品质量
A、A、A	40%；33%；27%	对这三家供应商进行比较排名，按名次分配订单
A、A、B	45%；40%；15%	对两家A级供应商进行排名，按名次分配订单
A、A、C	48%；42%；10%	对两家A级供应商进行排名，按名次分配订单，促进C级供应商提高产品质量
A、B、B	50%；25%；25%	维持与这三家供应商的关系
A、C、C	70%；15%；15%	促进C级供应商提高产品质量，同时考察新的供应商
B、B、B	40%；33%；27%	对这三家供应商进行比较排名，按名次分配订单，在促进供应商提高产品质量的同时，寻求更好的供应商
B、B、C	40%；40%；20%	采取有力措施，促进供应商提高产品质量，寻求优秀的供应商
B、C、C	50%；25%；25%	尽快选定优秀供应商
C、C、C	40%；33%；27%	对这三家供应商进行比较排名，按名次分配订单。该产品的供应商缺乏竞争力，企业应检讨对供应商的管理工作，并尽快更换供应商

　　无论供应商数目定点多少，都应及时淘汰D级供应商。这种分类评价和管理将供货订单、供应商绩效、外购件分类评定相结合，使订单分配更加科学合理，并通过订单分配来引导供应商提高产品质量。

第二节　汽车企业零部件质量管理

一、汽车企业零部件管理概述

　　随着工业水平和国民经济的高速发展，汽车作为日常消费品，已越来越多地走进人们的生活，为人们出行带来很大的便利。汽车的组成、构造、性能也被越来越多的人所熟知，本节就着重介绍汽车的构成部分及其质量控制的基本方法。

　　众所周知，人体是由躯干、五脏六腑、神经、五官、肌肉、皮肤毛发等部分组成的。而汽车也是由成千上万个部分构成的，那么这成千上万个部分就可以称为"零部件"。

　　汽车通常由四个基本部分组成：发动机、底盘、车身和电气设备。发动机是汽车的动力装置，是汽车的核心。它将燃料燃烧产生动力，通过底盘的传动系统驱动车轮使汽车行驶。发动机分为汽油机和柴油机两种。汽油发动机包括曲柄连杆机构、配气机构、燃料供给系统、冷却系统、润滑系统、点火系统、起动系统等部分。

　　底盘主要承担支撑、安装汽车发动机和各部件、形成汽车的整体造型并接受发动机动力以实现行驶的作用。底盘包括传动系统、行驶系统、转向系统和制动系统四部分。

　　车身是车辆用来载人装货的部分，也指车辆整体。轿车、客车的车身一般是整体结构，货车车身一般是由驾驶室和货箱两部分组成。

　　电气设备由电源和用电设备两大部分组成。电源包括蓄电池和发电机。用电设备包括发动机的起动系统、汽油机的点火系统和其他用电装置。

　　汽车的构成与人体的构成有着相似之处，汽车上也有躯干，即大家通常所说的"白车身"，它是由一块块金属钢材根据一定的形状进行加工，然后用焊接的方式将这些金属块拼凑成一个整体，并且具备非常好的强度。汽车上的心脏就是发动机，它在起动的情况下源源不断地为汽车提供动力输出。汽车上的大脑就是整车控制计算机（ECU），它可以整体控制汽车的起动、运行、停止等各个阶段所需要的各种动作，而将这些指令传输给各个执行机构的媒介就是汽车上的线束，这就相当于汽车的神经。在人们看不到的

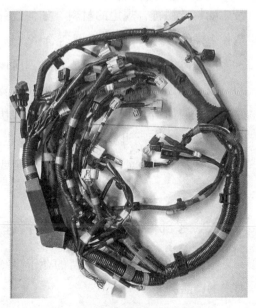

图3-2　粗细、长短不一的线束

地方，几乎在汽车的每个角落，都会有粗细、长短不一的线束（见图3-2）。

在汽车行业中，常见的动力系统有发动机、变速器；常见的钣金件也就是前文所提到的构成"白车身"的一块块金属件；常见的底盘件有车轮、制动钳、转向器、万向节、减震器；常见的电器件有线束、各类仪表、空调、CD机；常见的内饰有地毯、顶棚、座椅、门板；常见的外饰件有后视镜、保险杠、玻璃。

正如前文所提到的，这些不同的零件分别有着不同的作用，如果其中某个零件出现问题那么整车就是不合格的车辆。因此，控制这些零件的质量的重要性就不言而喻了，接下来一起来解释几个名词。

供应商。一辆汽车的零件往往是由上百个专业的厂家制造的，比如有专业制造座椅的厂家，有专业制造车轮的厂家，有专业制造玻璃的厂家等。这些专业的厂家根据汽车厂的设计要求，按照图样和技术规格制造符合要求的零件，然后提供给汽车厂进行组装。这些专业制造零件的厂家就称为"零件供应商"。

开发阶段。零件质量控制大体上可以分为两个阶段——开发阶段的控制和量产阶段的控制。刚刚提到的供应商会按照图样和技术规格进行加工制造，那么消化、吸收这些规格要求往往是一个摸索和试作的阶段。其间需要考虑如何选用符合规定的材料、如何设计模具、使用什么样的加工工艺、制造什么样的检具来确认产品是否合格，这个过程就称为"开发阶段"。

量产阶段。当开发阶段成功达到所设定的目标之后，即可进入批量生产的阶段，简称"量产阶段"，这期间主要的任务是让零件质量一直保持稳定的状态，假如出现不稳定的状态则能够快速地加以改善，甚至提前预测质量隐患并采取措施，预防不稳定的状态发生。

不良及不良品。当零件出现不稳定或者不符合规格要求的时候，称为发生了"不良"。

二、零部件开发阶段的质量管理

零部件开发阶段的主要目的在于将图样和技术规格转化为实际符合设计要求的产品。

这表达了一个观点：通过计划、实施、研究和行动的循环来实现生产者所需的结果。也许你会问：为什么在零件质量管理中没有提到质量？实际上，需要特别注意循环这个词。通过对产品设计、过程设计和确认结果，然后修改设计再进行循环，直到产品质量达到标准，这种循环才能停止。因此，质量是推动这些活动开展的动力源，也是这些活动的最终目标。

关于什么才是质量合格的，尺寸功能都满足要求的、整车性能高的等几大类评价项目，每个评价项目都可以细分成很多项目，每个评价项目因零件而异，这里就不逐一阐述，举下例进行说明。

以座椅为例，它的主要作用是给乘客提供坐靠的服务。与此同时，它需要实现前后上下的调节，为乘客提供舒适的角度和位置。而且，它还需要耐用，不能出现使用一段时间之后就不能调节或者坐垫塌陷下去等不良现象；它还要具备良好的外观质量，不能有褶皱、破损等；最后，如果其他项目都能满足，但在行驶过程中出现异响，也是不能接受的，这就是所谓不满足整车要求。

三、汽车零部件量产阶段的质量管理

零件在开发阶段达到质量要求后，进入批量生产阶段。量产阶段零件质量管理分为稳定性监控和变化点管理两类。

（一）稳定性监控

稳定性监控的工作主要有原材料检查、过程检查、出货检查、来料检查四种检查方式，涵盖了从零件的原材料到生产的工艺过程、半成品、成品，再到最终使用前的确认，一旦某个环节发现了不合格品，就可以立即采取围堵措施，防止不合格品流入下一个环节，也就防止了不合格品流入最终的客户整车上进行装配。在量产阶段，供应商如何实施好原材料检查、过程检查和出货检查是整个预防工作的重点，汽车厂的来料检查工作往往采取抽检和追加检查的方式进行监督。

1. 制订年度抽检计划

来料质量技术人员根据制定检查基准书，明确零件检验项目（外观、尺寸、性能）、检验数量和检验要求，制订年度进货定期抽检计划。

（1）抽样检查

①来料检查员按照定期抽检计划，按照"抽样检查方式"实施抽样，进

行检验。必要时来料质量技术员填写"检验委托单"委托实验室对零件进行检测。

②实验室完成相关检测后，将结果以检测报告的形式反馈给来料质量技术员。

③来料质量技术员根据来料检查员检查结果及实验室出具的检测报告，在《零件检查基准书》上对零件检验结果进行判断。

（2）对不合格零件进行初步分析和处理

来料质量技术人员对不合格零件进行初步分析和处理，属于供应商责任的不合格品通知供应商。

（3）标识零件

来料检查员根据检查结果将该批次零件进行标识，在不合格品上悬挂"不合格品卡"。

2. 供应商数据报告确认

①来料质量技术员依据《零件检查基准书》的项目和频率，督促供应商定期提交供应商数据检查报告。

②收到供应商数据报告后，来料质量技术员确认该报告与《零件检查基准书》的一致性，要求具备《零件检查基准书》中规定的所有项目，并满足规格和频率。确认完成后盖章、签字并标明判断结果、存档。

③检查结果如有不合格或不一致现象，应立即报告并采取对策。

追加检查可制定"追加检验/返工申请表"，并由来料质量技术人员根据缺陷的重要程度、发生数量等情况进行申请和确定追加检查项目、检查方法、检查数量和期限等，以处理进货抽样检查、供应商数据检查和内部质量反馈信息中发现的不合格情况。

（二）变化点管理

所有涉及原材料、组成零件、工序、供应商等对零件质量可能有影响的更改都称为"变化点"。

1. 变化点零件的定义

某项设计变更（ODM）或生产条件变更（工艺参数、设备、流程、关键工序等），在首次实施时所生产的零件半成品或总成。

表3-5　零件检查基准书（II）

NO. 项目 Item / 零件号part NO	特性分类 Characteristics category / 123456	规格 Specification / 零件名称 Part Name (ASM FS 6WAY POWER LH EMOTTON 六向电动左座总成)	检查工具 Inspection Tool	检查方法 Inspenction Method / 零件检查基准书(II) Parts Inspenction & Test Standand Sheet(II)	频率 Frequency	样本大小 Sample size / 设变号	结果 Result	判定 Judgement	供应商提交频率 Submission Frequency / 生产日期 Production Date	检查方式 Check Method	检查频率 Check Frequency	备注 Remark / 页数 Page
1 座椅装车孔位尺寸	KPC	符合装车检具	检具	合格具	3次/天	Lpc			每批	B	1次/月	
2 头枕上下调节力	KPC	6.5daN±2.5daN	推拉力计	目视	3次/天	Lpc			每批	B	1次/月	
3 头枕初始上下调节力	KPC	6.5daN±2.5daN	推拉力计	目视	3次/天	Lpc			每批	B	1次/月	
4 头枕按钮力	KPC	3daN±1daN	推拉力计	目视	3次/天	Lpc			每批	B	1次/月	
5 Max Width of FSC	KPC	496.5+/-10mm	卷尺	卷尺测量	3次/天	Lpc			每批	B	1次/月	
6 Max Width of FSB	KPC	529.5+/-10mm	卷尺	卷尺测量	3次/天	Lpc			每批	B	1次/月	
7 所有塑料件皮纹	KPC	E8980 CPM35C9	目视	对照样板	3次/天	Lpc			每批	B	1次/月	
8 所有塑料件颜色	KPC	P-789	目视	对照样板	3次/天	Lpc			每批	B	1次/月	
9 外观	KPC	座椅表面无污渍，目表面无明显褶皱，外观平整，线缝无开裂，头枕和靠背过渡均匀	目视	目视	100%	100%			每批	B	1次/月	

续表

NO. / 项目 Item	特性分类 Characteristics category	规格 Specification	检查工具 Inspection Tool	检查方法 Inspenction Method	频率 Frequency	样本大小 Sample size	结果 Result	判定 Judgement	供应商提交频率 Submission Frequency	检查方式 Check Method	检查频率 Check Frequency	备注 Remark
10 外观	KPC	滑槽塑料件无脱落、旁侧板无划伤及塑料板无划伤、歪斜；旁侧板与坐垫无间隙；调角器手柄与旁侧板间隙均匀、过渡均匀	目视	目视	100%	100%			每批	B	1次/月	
11 外观	KPC	泡沫及面套面装配正确，后侧表面泡沫无外漏、过渡均匀	目视	目视	100%	100%			每批	B	1次/月	
12 操作性	KPC	滑槽前后滑动顺畅、能够同时锁止，无卡滞、无异响；靠背在转动中、安全带锁扣与靠背无干涉；调角器手柄/升降手柄/滑槽解锁手柄作业过程中无干涉、无卡滞，无异响；滑槽底部垫片无脱落	手感	目视、手感	100%	100%			每批	B	1次/月	
13 外观	KPC	包装正确，符合包装规范要求	目视	目视	100%	100%			每批	B	1次/月	
14 外观	KPC	产品标签和外箱标签正确	目视	目视	100%	100%			每批	B	1次/月	

零件检查基准书(II)
Parts Inspection & Test Standand Sheet(II)

零件名称 Part Name: ASM FS 6WAY POWER LH EMOTTON 六向电动左座总成
零件号 part NO: 123456
生产日期 Production Date
设变号
页数 Page

2．变化点管理的目的

规范所有涉及原材料、组成零件、工序、供应商等对零件质量可能有影响的更改的管理，以确保更改在严密的控制下进行。

3．变化点零件管理对象的范围

变化点零件管理要求适用于所有变化点，范围包括：内部的更改；供应商进行的更改；由于供应商自身原因发生的更改；对于符合变化点零件管理要求的更改都需要进行变化点零件管理。

4．变化点零件的分类

变化点零件可分为以下几类：

规格变更后零件：依照产品技术部发行的ODM通知书变更的零件。

对策后零件：对于已发不良，为防止不良再发，提高质量，实施了品质改善对策的变化点零件。

供应商自我优化零件：除了上述内容，因变化点零件发行者自身缘由或其他特殊情况而发生变更的变化点零件。

5．变化点零件的标识

变化点零件管理卡——"变化点零件"的标签，它是指由于标识首批生产的更改零件变化点零件管理卡使零件具有可追溯性。

变化点零件辅助卡——当发运的变化点零件不止一个包装箱时，须使用变化点零件辅助卡，可标识所有的变化点零件包装箱。

注意：同一包装箱内只能装相同更改批次的零件（即只装旧更改批次的零件或只装新更改批次的零件），新旧更改批次的零件不能混装在同一包装箱内。当发运的变化点零件不止一个包装箱时，则必须在所有装有变化点零件的包装箱上悬挂辅助卡标识。

四、汽车企业零部件不合格产品的管理

所谓不合格零件，是指零部件质量特性与相关技术要求和图样工程规范相偏离，不再符合技术要求和图样工程规范相偏离，不再符合接收准则的产品，该类零件不可用于整车制造过程，装配不合格件的整车是不允许进行销售处理的。

按照整车零部件的类别，不合格品的不良可分为以下几类：

（一）功能不良

功能不良是指零件作动力、传输信息和载荷等作用失效。多出现在底盘、电器及钣金类零件，如制动踏板的真空助力器出现泄漏导致制动助力失效、电器件的保险电容错装导致线路异常、电子零件软件不兼容导致无法使用，或者车身承载件未达到规定的工艺条件导致在薄弱点出现应力集中甚至断裂。造成零部件功能失效的原因大多出自其生产制造过程。在特殊情况下，如果此类不合格件装配至整车，须冻结该车，不允许发运处理，待使用合格部件进行更换，且验证系统及整车功能正常后才可作为产品发售。

（二）外观不良

外观不良是指零件外观出现划伤、皮纹异常、缩水及破损等缺陷，多出现在内外饰件、电器件外观甚至钣金件等部件上，如A/B/C皮纹异常、缩水及破损等缺陷，多出现在内外饰、内饰板划伤、真皮座椅皮纹褶皱异常、注塑类零件（如刮水器）缩水严重，金属类零部件表面漆面破损等。

（三）综合缺陷及潜在风险

除零部件功能及外观不良外，在综合条件作用下整车或系统还有可能出现异常（如噪声与密封不良）。避免此类缺陷多应在设计初阶段就给予质疑。通常情况下，这类缺陷多在零部件装配成子系统甚至整车后才能被察觉，这给后续的质量控制造成隐患，给整车质量控制带来风险。这类质量问题的解决难度较大，检查人员要有丰富的经验才能快速、准确地查出根本原因。此类不良的解决经验可以作为下一车型的设计指导意见。

（四）不合格品的处理流程

发现异常情况时，应及时进行现场控制。对（疑似）不合格品进行隔离处理，并上报上一级班长/工程师或分析诊断团队。待班长/工程师或分析诊断团队解析不良原因后，对不合格品进行处理（退货/报废/放行）。

类比地说，现场检查员相当于警察，在不合格品事件中应对局面进行控制，要逮捕嫌疑人（疑似不合格品），并将其送至上一级机关——班长/工程师或分析诊断团队。待判定结果公布后，再对嫌疑人（疑似不合格品）进行处理，如确定不合格品，则按规定处理（退还供应商/报废/放行）。

现场检查员需填写相关基本信息和记录并跟踪不良品的流向，以为后续返修提供数据支持。对于特殊情况下（如人员或权限不足等），无法及时有效地进行隔离操作时，最好的办法是追踪记录。

表3-6　不合格品评审处置单

不合格品评审处置单				
规格型号	生产日期	不合格数	操作者	部门
不合格事实描述				
评审意见及结论				
	□返工/返修（数量：　　　）□让步/降级（数量：　　）			
	□报废/拒收（数量：　　　）□其他（数量：　　　）			
评审部门	部门	质量检测员	工程师/班长	质量部
	签名/日期			
	批准人：　　　　　日期：			
返工/返修后复检结论	□合格（数量：　　） 　□让步（数量：　　）			
	□报废（数量：　　）			
	检验员：　　　　　日期：			

当对现场进行有效控制后，应及时通报上一级（班长/工程师）现场信息，报告的方式遵照5W+1H的说明方法，即发生了什么事（What）、在哪里发生的（Where）、什么时候发生的（When）、谁发现的（Who）、初步原因是什么（Why）、影响程度有多大（How）；通过对这几方面的描述，清晰地说明事件的经过。

工程师将对问题进行解析，解析需要一定时间，当初步判定是零件问题且非偶发问题时，意味着不合格品可能会扩散，即不合格品不仅出现在发现区域，而且可能扩散至工厂内其他区域，如厂内零件缓存区、仓库等，对于检查员来说，有必要对其他区域的零件进行排查。在通常情况下，指令由班长/工程师发布，相应的检查基准由负责解析的工程师告知。

后续不良处理工作由工程师进行主导，如进行系统记录、相应的索赔和供应商年度审核等。

第三节　汽车企业供应商及零部件质量管理实例

一、汽车企业供应商及零部件质量管理实例

CQ汽车企业的介绍

CQ汽车企业（以下简称QC企业）位于湖北十堰经济技术开发区，于2003年2月10日注册成立。是十堰市唯一一家整车制造企业，是湖北省最早的商用车制造企业之一，CQ汽车企业在拉动产业配套、提供就业、依法纳税、提高制造业水平等方面发挥了重要作用，曾荣获"中国纳税500强企业""中国汽车零部件百强企业""湖北省百强企业""十堰市骨干明星企业"等多项荣誉，历年纳税总额名列省、市前茅，为带动当地经济、社会发展做出了重要贡献。CQ汽车企业包括整车制造和动力总成两部分，属于合资企业，现拥有冲压、车身、油漆、总装四大整车生产工艺和铸造、发动机、变速箱等动力总成车间，现已通过ISOITS 16949—2009质量管理体系认证、通用全球最高质量评级BIQ Leve14认证、ISO 14001环境管理体系认证、OHSCQS 18001职业健康安全体系认证和3C认证，为制造出高品质的产品打下了坚实的基础。

1. 企业组织结构

CQ汽车企业组织结构见图3-3。

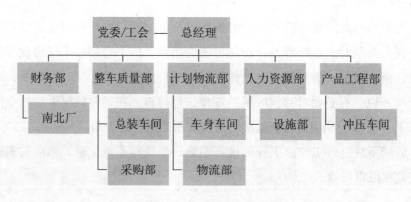

图3-3　CQ汽车企业组织图

其中的整车质量部和采购部承担着与本研究密切相关的工作职责：

（1）整车质量部

该职位负责公司质量管理、产品质量审核、整车质量保证及质量体系的建立与维护，并不断改进以满足并超越客户对产品质量的期望。主要职责包括：

负责整车在线制造过程质量检验，推进实施"制造质量"理念。

组织协调并支持产品质量问题的解决和状态跟踪，不断提高现行产品的质量。

编制和管理质量体系文件，实施内部质量体系审核，推动公司质量文化建设，组织相关活动。

制定合理的质量政策及标准，最大限度地提高制造过程的质量，降低成本。

协调解决售前（PDI）和售后制造相关质量问题。

（2）采购部

采购部的主要职责是采购CQ车企造车所需要的全部零件，包括国内供应商的和海外供应商的零件。同时支持制造、质量部门、保证生产线的顺利运行，全面协调管理各项目的进程。具体职责如下：

完成CQ车企采购定点任务，维护采购程序；按照公司的指标完成年度任务。

帮助CQ车企开发新的供应商资源，完成潜在供应商评审及项目定点工作。

建立、完善并维护供应商评价体系，完善供应商质量管理体系，引导供应商实施精益生产，提升全面质量管理水平。

支持CQ车企造车现场及售后问题处理工作。解决造车现场由于零件质量问题导致的整车缺陷及整车售后过程中的一系列零件质量问题。

2. 企业发展现状

（1）企业战略

CQ车企在业界率先启动了"绿动未来"战略，全面制定了以"发展绿色产品"为核心、以"打造绿色体系"为基础、以"承揽绿色责任"为社会实践的中长期规划。

（2）企业竞争力

CQ车企持之以恒地大力锻造贯穿全业务链的综合竞争能力，它覆盖管理、研发、采购、制造、物流、服务、信息、财务等业务链的各个环节，向国际标准看齐，借鉴国外先进经验，同时结合本土实际加以整合完善，最终形成企业自身的全方位、差异化体系竞争力优势。

（3）企业管理体系

企业有比较完善的管理体系，其中主要的管理子体系包括研发体系、制造体系、质量体系等。

研发体系：CQ车企成立了技术研发中心，成立伊始通过学习外方合资伙伴先进的整车开发流程和制造技术，洞悉中国汽车市场的发展趋势，努力提升汽车制造创新研发能力。

质量体系：CQ车企始终秉承"质量是最高优先级"，从CQ车企创建开始，企业就确立了运营五大原则，"标准化、质量是制造出来的、缩短制造周期、持续改进、员工参与"。

3. 企业的供应商质量管理现状

（1）对供应商质量的基本要求

CQ车企对供应商质量的基本要求是，所有供应商提供的零部件必须无缺陷且符合所有工程规范和功能要求，同时满足客户的特殊要求且无异常。

（2）对供应商质量策划的要求

供应商必须使用与CQPQP项目计划以及相关程序一致的产品质量先期策划流程，保证零部件100%满足产品规范确保生产准备就绪。

（3）对供应商质量控制的要求

供应商应具备文件化的分层审核计划，且至少每班需进行一次审核。如发现不符合项，需立即记录并将纠正措施文件化。供应商应根据要求提供适当的纠正措施及项目状态更新，并采用高级问题解决技术（例如GM "RedX"系统）来解决复杂问题。

（4）对供应商生产支持的要求

供应商应在整个样车生产和试生产阶段提供现场支持，立即采取遏制措施确保缺陷零件不被发送到工厂。如果主机厂要求，供应商必须向工厂部门提供质量数据（如历史检验数据、一次合格率和废品率等），这些数据可能在确定质量问题的趋势和根本原因时需要使用。

4．企业SQE工作职责与管理功能

（1）工作职责

SQE承担企业SQ（供应商质量与开发）部门的所有工作，SQ是企业采购部的一个重要部门，企业采购部组织结构见图3-4。

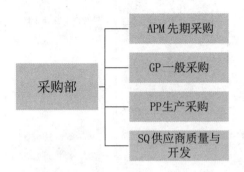

图3-4　CQ汽车企业采购部组织结构图

APM先期采购，主要负责进行零件供应商定点及国产化等事宜。

GP一般采购，主要负责除整车零件以外的所有采购事宜（包括公关广告、设备土建、IT&服务、离线维修等）。

PP生产采购，主要负责整车零件的采购事宜。

SQ供应商质量与开发，主要负责供应商零件开发、投产后的零件质量、售后零件质量表现以及供应商质量体系管理等。

（2）SQ组织结构与管理功能

图3-5显示的是CQ车企采购部SQ组织结构。

技术管理与持续改进组——主要负责供应商质量体系改进及人员培训（SDE），模具检具开发（供应商质量技术）、实验室检测&认证机构（零件认证）。

整车新项目启动质量组——俗称LCQunchSQ，在整车投产前的项目试验阶段对零件的质量问题进行跟踪处理；一般在项目试验造车阶段，V-SQ会配合LCQunchSQ一起处理问题。

整车供应商质量保证和开发组其中包含R-SQ与V-SQ；其中R-SQ主要负责在车辆正式量产后的供应商零件质量控制与处理，售后零件问题；售后配

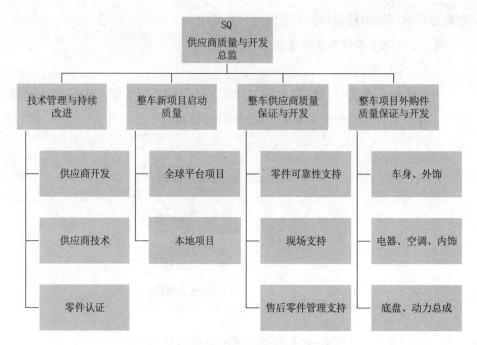

图3-5　CQ汽车企业采购部SQ组织结构图

件支持——为了应对日益重要的售后服务工作，成立的小组，与R-SQ一同处理售后零件问题。

　　整车项目外购件质量保证和开发组——俗称C-SQ，共分为（车身&外饰）（电器空调&内饰&安全）（底盘&动力总成）三大SMT组，主要负责零件的前期开发（模具、检具的设计、认可、制造；样件制造；PPCQP；供应商产能审核）等工作。

　　（3）SQ各管理功能之间关系

　　VSQ-RSQ-CSQC-SDE一般为新入职的工程师，会将造车现场涉及的零件问题先做初步的分析整理，并采取短期遏制措施，同时在跟RSQE（CR-SQ）和CSQE（C-SQ）交流过程中学会与零件相关的工艺知识及供应商管理流程等。RSQE（负责量产）或者CSQE（负责新项目）接到现场及售后问题反馈后，进行问题根本原因的分析和长期措施的制定，总结经验教训并在新项目零件前期开发过程中提前预防、举一反三。SDE作为支持人员主要职责是与CSQE一同帮助供应商改善质量体系，并且负责整个SQ部门的工程师的培训等工作。

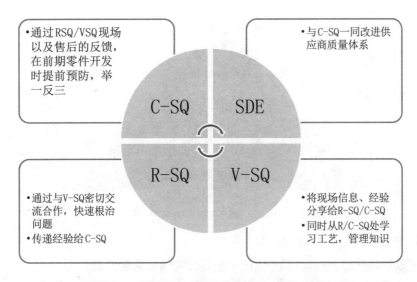

图3-6 CQ汽车企业采购部SQ各管理功能间关系图

通过以上的分析可知：SQE作为连接供应商与主机厂的桥梁，工作职责上决定了SQE的工作空间有两个，一个是整车造车现场，另一个是零件制造现场。

5. 企业供应商质量管理体系

CQ车企的供应商质量管理体系是QSB。QSB是GM汽车的核心管理工具。这个质量体系基础（QSB）包含旨在改进产品质量的11大策略。这个质量体系基础的成功实施可以提高利润、降低低劣质量的成本、并增加商业机会，可让企业走向世界级质量。QSB是一种工具。它是TS 16949的强化、补充以及落地。供应商将QSB等各个主机厂的要求与自身的管理方法相结合，融入日常管理中。并非另建一套质量管理体系。

QSB包含5大执行模块，分别是快速响应，标准化操作，标准化的操作工培训，分层审核，供应链管理。图3-7显示了QSB各模块之间的关系。

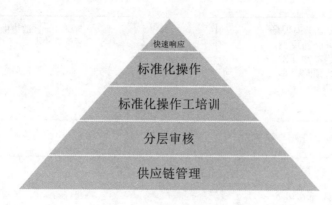

图3-7　QSB各模块关系图

其中实施QSB的关键点是：

①以质量问题、过程问题/生产中断等异常情况为触发器；

②通过快速响应平台促进各功能块之间沟通顺畅；

③通过分层审核监督保障过程有效性，通过PDCCQ保持制造/装配的持续改进；

④以风险降低为基石，预防问题为导向；

⑤管理层参与快速响应和分层审核确保问题有效解决和措施落实；

⑥对关键二级供应商进行绩效监控，并将QSB向其延伸帮助其改进和提升。

6. 企业供应商质量管理存在问题与原因分析

CQ车企供应商质量管理尽管在管理方面相对比较完善，但在具体实施方面还是碰到了诸多问题。

（1）现场管理的沟通技巧方面

SQE有专门处理整车现场问题的工程师VCQC-SQE。VCQC是Vendor Action Centre的简称，即供应商行动中心，是一支隶属于采购部供应商质量科室下的功能组，其最基本的职责即在各大车间现场，通过快速响应、措施制定等方式，保证生产线不因为供应商零件质量问题导致停线。然而一切的质量分析都是建立在数据之上，没有数据，那些所谓的工具统统没用。所以说，作为VCQC-SQE对于分析数据的获得至关重要，而信息的获得最直接的途径就是与生产部门的沟通。沟通包括很多方面，跟操作工的沟通、跟班长的沟通、跟生产工程师的沟通、跟车间主任的沟通等。很多VCQC-SQE，尤其是新进员工，往往在与生产部门沟通交流过程中拿捏不好尺度，掌握不了沟通技巧，沟通不畅导致后续的工作出现偏差甚至出现南辕北辙的后果。

（2）VCQC-SQE组织架构方面

现有的VCQC-SQE的组织架构如图3-8所示。

图3-8　VCQC-SQE组织架构图

VCQC的组织机构相对简单，由VCQC经理管理下共分两大块：

GCCQ工程师负责GCCQ出现的零件质量问题交流和处理；

CQ班（B班）工程师负责当班响应、下线问题的初步分析和短期措施。

CQ班（B班）检验员是由一批经验老到的技术人员组成，在现场协助工程师响应、处理各种由零件问题引起的抱怨、缺陷跟踪以及短期措施的执行和安排。

以上组织架构能够满足现场问题的快速响应及短期措施的及时实施，但是对于问题的后续跟踪及涉及供应商处长期措施的跟踪方面显得略微力不从心。另外，对于造车现场零件质量问题方面的汇总统计及跟管理层的汇报方面也没有专门的人选，可能会影响VCQC团队整体的绩效表现。

（3）现场问题处理方法方面

现场出现的每个问题的原因都应是客观、准确、全面、及时的。但现实中对原因的查找经常是主观、错误、片面、缓慢的。老员工可能会凭借相关的工作经验来分析判定，但对于其他大部分员工尤其是新进VCQC-SQE而言通常不会解决问题。

7. SQE经验教训及总结信息共享问题及原因

当前SQE工作繁多而分散，跟踪管理复杂，闭环实现困难，难以满足SQE业务发展的需求。经验教训掌握在各自手里，推广困难，更无法跟踪。知识积累分布零散，查找困难。对于供应商的飞行检查问题记录靠Excel，问题跟踪困难，缺乏整体分析。供应商绩效管理缺乏实时性。

8. 供应商信息化和电子化推进问题及原因

整车零件复杂程度不尽相同，涉及大工艺种类繁多。某些电子类零件的生产已经完全实现了无人化，制造效率及制造质量达到了一个很高的水准；而有些零件制造水准还停留在作坊式的生产模式，纯人工操作，效率低下，产品质量无法得到有效控制。

9. 供应商下级分供方管理问题及原因

据2016年一整年的统计，CQ车企发生的90%的供应商批量的重大问题（例如：市场召回、主生产线停线超过一小时）是由于供应商的分供应商制造出现的问题所导致。能力较强的一级供应商还有能力管控，对于能力较差的一级供应商，比方说仅仅只配备了一名SQE，但是供应商需要采购的原材料非常多，另外分供方涉及的工艺也是不尽相同，靠一名SQE根本无法管理，相当于"不管"，放任分供方自由发展，运气好点分供方不会出问题，运气差点，分供方集体爆发这样那样的问题，供应商就很有可能停产，然后直接影响CQ车企的正常生产。

二、供应商及零部件质量管理实例总结

（一）SQE整车现场沟通技巧方式推荐

在此以造车现场的总装车间为例，该车间主要将所有零部件装配到车身上，最终形成功能完善的整车，总装车间组织结构见图3-9。总装与VCQC-SQE的关系可谓"背靠背"，在日常交流中VCQC与总装有着千丝万缕的联系，由于90%以上的零部件均由总装安装，会有大部分整车缺陷与总装有关，同时总装又有很高的产能压力，所以在日常工作中的沟通交流格外重要。

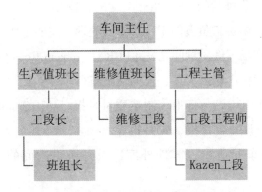

图3-9　总装车间组织结构图

总装车间除生产工段外，还有维修、改善工段。维修工段主要负责设备的紧急维护和日常保养；改善工段主要进行体系流程的维护改进、文件处理、人员培养，一般与其接触的机会较少，但可向其学习各种工艺和管理知识。

总装的其余7大工段（门线、内饰一、内饰二、底盘一二三、返修工段）其中针对返修工段应尽量与其有良好的私交，在现场问题跟踪时，经验丰富的返修人员会帮助工程师更有效地探测到问题点，同时也会将问题的真实情况与你交流。

与值班长、工段长、班组长的交流：VCQC班长应与其有良好的关系；其与VCQC之间由于利益冲突的原因，与其的关系比较微妙，基本上处于若即若离的状态，轻易不要与其闹翻。

与工段长&工程师的交流：每个工段长的脾气禀性均不同，VCQC工程师需要适应不同的人，这是一种挑战；如果有条件的话，建议建立良好的私交；但出现利益冲突时，还是对立面，需要不卑不亢地对待。

与班组长的交流：一般情况下班组长不会恶意制造问题或追弄VCQC，VCQC检验员与其关系比较密切；若碰到胡搅蛮缠的以安抚的方式对待他们，一个拖字；若确实存在问题，请尽量快速解决，建立其良好的口碑。

（二）VCQC-SQE组织结构的改进

1. 更新VCQC-SQE组织结构

根据零部件种类设置对应的工程师岗位，提出了更新后的VCQC-SQE组织结构。

新增加日班工程师与CSQE小组相对应的，按照外饰、车身、内饰、电气底盘四大块区分，由各自负责的工程师专门处理。主要工作职责如下：

①针对造车现场零件质量问题发布PRR（Problem Reporting & Resolution）并跟踪供应商后续根本原因反馈、长期措施施行。

②牵头整理VCQC晨会日报、制造质量日报、VCQC staff meeting周报、CQB类问题周报、质量会月报、SQ月报等。

③处理GCQ车间在线、零件外库以及外协供应商的可疑零件，签署报废。

④每周对VCQC两个班进行现场分层审核，汇总审核情况，跟踪整改效果。

⑤统计在线热点问题、挑选作为系统攻关问题并跟踪分析、实施长期改善。

⑥牵头VCQC经验教训总结，通过问题解决过程发现的问题输出好的经验、建议、流程、设计思路、关键识别点。

通过增加日班工程师的岗位，能够加强VCQC对于供应商处于长期措施的跟踪，对于造车现场零件质量问题方面的汇总统计及跟管理层的汇报方面也有专人对应，提高VCQC团队整体的绩效。

2. SQE经验教训及总结信息共享问题的应对策略

总体架构包括业务层、表现层和业务功能三个部分。

业务层：以供应商标准化管理、零件知识库两个维度为基础，整合SQE核心业务，输出工程师绩效监控、供应商绩效管控。

表现层：以浏览器为表现载体，支持多浏览器。

业务功能：将知识进行积累；将零散的工作进行整合；将分散的数据统一分析；形成有导向意义的反馈信息，实现对供应商的管理及SQE管理水平的提升。

3. SQE电子化工作平台实现的功能

（1）实现：跟踪零件知识库和供应商标准化管理业务

根据前文所提及的SQE工作职责，要求SQE必备的专业技能分为两部分：一是对于整车零件知识的掌握；二是对于供应商管理方式的把控。供应商标准化管理业务主要包括高关注供应商的识别、供应商的审核、拉动供应商的汇报，通过对供应商的诊断把脉，将一些复杂问题作为研究课题与供应商管理层一块定期攻关，解决最终以改善卡的形式体现。

SQE电子化工作平台，顾名思义就是工程师将以上零件知识库业务和供应商标准化管理业务所形成的业务文档输入电子化系统中，进行存档及跟踪。进入工作平台的业务内容按照流程需要被主管、经理审批才能生效，这就要求电子平台"活起来"形成工作流，进行归档。如图3-10所示。

业务文档　创建计划　完成业务　领导审批　归纳

图3-10　业务内容的建立过程

（2）实现：经验教训的全生命周期跟踪，包括经验教训创建、跟踪、推广

VCQC-SQE或RSQE处理零件问题得出的经验教训首先输入电子化工作平台，系统根据零件的类型自动分发给CSQE经理，由经理再分发给责任CSQE工程师将经验教训输入新项目中，然后将落地的内容输入平台中作为反馈最终由经验教训输入人员进行评价然后存档。

（3）实现：约束与提醒

工作流节点具有时限要求，本流程是约束工作项按时完成。以拉动某家供应商汇报为例，业务项启动后，工程师会在系统里边创建任务，要求2周内完成汇报交流并且将交流的具体要求跟踪落地，然后输入系统由主管审批。

如果未按照时间节点完成相关业务，那么接下来系统就自动提醒输入者，提醒功能为双重提醒，系统提醒+邮件提醒。

表3-7　双重提醒表

超期前2days	预警TO：Owner
超期1day~14day	报警TO：Owner
超期Over 2weeks	报警TO：Owner CC：Owner Manager
超期Over 4weeks	报警TO：Owner CC：Owner Manager

（4）实现：供应商绩效反馈

零件供应商绩效主要包含两方面，一是在整车厂质量数据，包括IR（issuerecord）、PRR（Problem Resolution Report）、CS（Control shipping）；二是SQE CQ汽车企业供应商质量管理策略研究。

在审核供应商时的问题项，包括不符合项和建议项。通过供应商的质量数据3个维度+供应商审核2个维度，识别供应商绩效。见图3-11（a）和图3-11（b）。

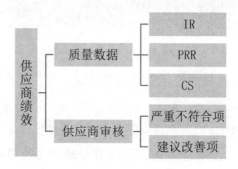

图3-11　识别供应商绩效图（a）

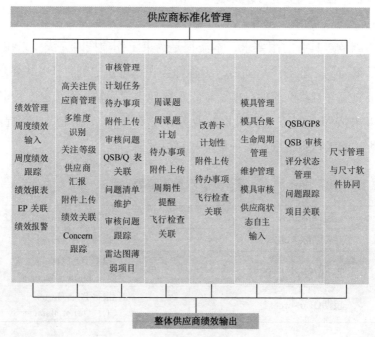

图3-11　识别供应商绩效图（b）

4. 供应商信息化电子化推进问题应对策略

制造业发展的新的方向对于CQ车企供应商来讲就是工业4.0智慧工厂的推进实施。供应商必须了解工业4.0智慧工厂的概念然后领会CQ车企在推进供应商信息化管理的推进思路。

5. 工业4.0智慧工厂的介绍

（1）工业的发展

工业的发展可以分成工业1.0到工业4.0。工业1.0指的就是通过蒸汽机的发明，机械设备的投入可以代替人力操作，这一时期又称为第一次工业革命。工业2.0，又称为第二次工业革命，是指由电力驱动的自动化设备，包括第一条输送带、流水线等投入制造环节过程中，初步形成大规模工业生产方式。工业3.0，又称为第三次工业革命，主要指IT和电子信息技术的应用，包括自动化技术，如第一台可编程逻辑控制器（PLC）的应用。目前CQ车企绝大多数的供应商处于工业3.0普及的时期。工业4.0的概念是德国在2013年首先提出的，就是把信息物理技术融合到整个制造环节中，提出一个概念——信息物理融合系统CPS（Cer-Physical Systems），将电子化、信息化、智能化技术结合到制造现场人机交互设备中，形成一个会思考的工厂。通过一些标准化的模板，让工厂制造更加柔性化，缩短产品开发周期，提高运营效率。供应商的推进思路必须得按照这样一个大的方向和策略进行。

（2）智慧工厂的架构

在德国提出工业4.0之后，中国工程院制定了本土化工业4.0计划，即"2025计划"，确定了我国制造业后续发展的方向。"2025"概念主要基于物联网和服务互联网。

（3）智慧工厂的布局

智慧工厂是一种面向服务的工厂系统布局。

第一层是硬件无关的抽象服务，为软件层。第二层是硬件相关的设备控制，为现场的自动化仪器和自动化控制。这两层相结合构成了智慧工厂的整个布局。在此过程也会引入移动终端，比如说智能手机、移动平板电脑等来改变工厂制造环境。

（4）信息物理系统触发了工业自动化模式的转变

CPS系统顶层包括智能服务和算法能帮助做智能决策的部分；管理层包括

仿真模型、文档、3D模型等；底层为物理对象的实施，在生产系统中的人和自动化模块具有智能化、自我解释、自我意识、自我诊断、交互评估能力。

6. 供应商实施工业4.0智慧工厂推进策略

（1）从质量管理到全面质量管理的转变

首先要求供应商质量管理理念从"小质量"到"大质量"转变。CQ车企以往强调供应商发往主机厂的零件必须是合格的；现在更多地关注供应商内部的质量表现是否好，供应商内部零件合格率是否达到要求。

另外以前只关注供应商产品的质量表现；现在强调对供应商质量、制造、设计效率的全面关注，即全面质量管理。如果全方位关注供应商的质量提升，CQ车企会面临资源的问题，比如信息资源的问题，人力资源的问题等。只有将信息资源整合达到全局可视化，才能使全面质量管理从不可能变成可能。例如：实施全面质量管理过程中，CQ车企若是还像以前一样在车型项目开发过程中拉动供应商管理层一起去盯每一个问题，那是没办法实现的。只有帮供应商开发一个比较完善的系统，通过系统实时提醒、定向跟踪。通过这样的方式促进供应商改进，实现良性循环。

（2）从全面质量管理到全局可视化管理的转变

一是生产控制管理，可以利用可视化管理系统。包括过程监控，监控工艺状态集控管理。质量监控，采集缺陷数据。随着汽车"三包"法规的实施，对于零件的追溯性提出了更高的要求，MES包含的不仅仅是零件的批次信息，还包括对于过程参数的采集与追溯性的对应。生产及订单计划的排成管理。生产作业控制（OEE）生产作业过程中的设备效率、损耗的综合指标的评价。还包括零件测量的控制、物流仓储的控制、计量检测数据的控制、条码及追溯管理等这些都是在生产控制管理范畴内。

二是全员质量管理，可以利用电子化质量管理EQMS。比如说供应商实施QSB策略里的快速响应会议、分层审核等通过信息系统固化，避免供应商在实施过程中虎头蛇尾，也能保证SQE的工作不会重复，保证高效的推行QSB模块。

三是产品生命周期管理。包括QP项目管理，CQ汽车企业有自己比较完备的CQPQ项目管理系统，同时也要确保供应商实施CQPQ系统，质量文件管理结构化系统，推动供应商开发一份结构化的FMECQ。基于智能推送经验教训的模拟分析，从而确保其经验教训能够举一反三，不是被动查询式的而是主动推送式的，包括和现生产零件质量问题的链接等。

图3-12　全局可视化管理构成图

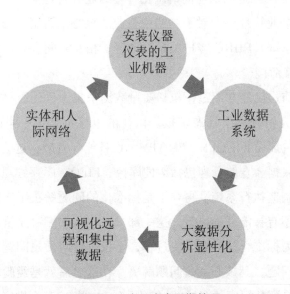

图3-13　产品生命周期管理

　　CQ汽车企业所推进的从现场设备集控联网，到数据分析挖掘直至经验教训推送，最终再落实到新产品的过程控制中去的全生命周期管理，与工业4.0数据循环不谋而合，见图3-13。

（3）推进供应商信息化管理的业务模型

CQ车企所推进的供应商信息化管理的业务模型是从底层的设备控制，到软件层的应用比如追溯系统的应用，防错控制的应用，远程报警的应用，再到顶层的数据的分析决策和大数据的挖掘。据此把数据也分为三个层次，即收集追踪数据、分析挖掘数据、运用数据决策。

在这三个层次当中，首先要解决的问题就是底层的数据采集端，就是怎么把设备相互之间串联起来。这就需要供应商在新建工厂过程或者采购新设备过程中要思考哪些事情是应该做的，比如说工艺参数接口的打开，以及一些关键参数的地址点位表让设备供应商应该提供出来。CQ车企已经将这个要求写入SQR中，对于后续的新项目、供应商新建厂房、新建生产线都要照此执行。对于设备供应商来讲，越来越多的设备供应商已经考虑到了集中控制和联网的需求，在设备上带一些通信接口和通用型、开放型的通信协议，在这种情况下联网已经不再成为一个困难了。

（4）推进供应商信息化管理的业务管理模型

CQ汽车企业所推进的供应商信息化管理的业务管理模型主要分为三个层次。第一个是企业管理层，对于制造型企业的核心来讲就是ERP，包括供应商管理、采购系统、EHR、客户关系管理等，相互之间会有衔接。每个系统相互之间都会有衔接。

质量管理前边已经介绍过，包括质量数据采集，优先级目标值管理，动态审核等。首先解释一下动态审核，以往的审核都是用一张固定的审核清单。设备管理包括设备的OEE，PM/TPM、设备能源管理，这些实际上也要依靠底层的一些数据。仓储管理包括柔性库位、FIFO、库存管理电子订单等。以上四块称为制造执行系统。再往下是标准化的问题解决工作流，以及目视化的实时提醒还有智能辅助决策，这一部分原本只在解决质量问题时用到，现在把它延伸为标准化的问题解决过程，不仅仅针对质量问题，还有设备、生产、库存等问题，其核心就是问题解决。在这之后就是经验教训数据库，生产历史批次追溯数据库，多维度报表服务，这些CQ车企供应商质量管理策略研究工具对每一个职能来说都是共用的，以追溯为例，前面也介绍过，供应商只是做到产品批次的追溯是不够的，而是在产品批次的基础上，在供应商的系统上可以对应到质量表现、操作人员、生产工艺参数、生产设备以及原材料批次，人、机、料、法、环都要对应到，所以又称之为全要素追溯。最终这些都完成之后形成经验教训库，对应到知识管理，包括设计FMEA、设备FMEA、过程FMEA等，从流程图到FMEA到控制计划再到作业指导书。然后将动态的作业指导书实时地在车间现场的人际交互界面上得以展示。这就是希望达到的业务管理的方向。

（5）推进供应商信息化管理的业务推演过程

CQ汽车企业所推进的供应商信息化管理的业务推演过程是：首先通过工业以太网实现现场设备的串联，串联之后通过设备的联网采集制造过程当中的信息，再利用暗灯系统实时报警以及原材料、过程、成品条码的追溯查询来实现针对采集的信息实时报警并对应追溯查询。再往上针对这些已有的数据的挖掘和制造质量、缺陷信息分析以及目标值管理。最终上升到标准化的生产质量优先级问题解决的过程以及之后通过结构化的FMEA实现主动推送式的经验教训过程。这就是整个业务的逻辑推演过程。

7. 供应商下级分供方管理问题应对策略

CQ汽车企业原来关于供应商对于分供方的要求较为笼统，识别评价系统也比较单一，质量评价也只是从质量、价格、交付和服务这四个传统的方面来进行评价。另外，未能识别出关键的分供方进行特殊管控，实际上分供方所供的子零件的重要程度或者说关键程度是不一样的。有些分供方的零件非常关键，出现问题之后会对整车造成功能性甚至安全性的问题，而有些分供方的零件出现问题则很容易被供应商遏制并不会对主机厂造成什么严重后果。

所以说，完善供应商分供方评价方法势在必行。首先要做的是完善供应商分供方新的评分细则。

SQE将定期监控供应商的以下的供货质量表现（交付"0"公里PPM管理、PRR管理状态，受控发运CS状态），通过以上供应商对分供方的评分项进行细分，可以更全面和有效地对不同种类的供应商分供方进行评价，这样也有利于找出供应商分供方质量管理的弊端，提高供应商分供方质量管理的水平。

供应商要专人定期跟踪审核后分供方的整改措施，拉动分供方管理层月度汇表，针对措施落实情况进行复审。对于再次发生的缺陷，按照制度进行处理。

| 第四章 |

汽车企业生产过程质量管理及整车质量管理

第一节　生产过程质量管理理论

一、过程质量管理概述

汽车企业的每个人都应认识到质量管理的重要性，并积极参与其中。改进质量、降低成本、提高效率、快速低成本生产出优质产品并提供优质服务，才能让顾客满意并赢得顾客的信任，从而扩大市场份额，促进企业生存和发展，以及个人的谋生和发展。因此，质量管理是每个员工的责任。各部门应通力合作，生产出令顾客满意的优质产品。

生产现场质量管理的主要工作内容

制造过程是指对产品直接进行加工的过程。它是产品质量形成的基础，是企业质量管理的基本环节。制造过程质量控制是全面质量管理中一种重要的方法，它是从原材料投入，到产品形成对整个生产现场所进行的质量管理。

1. 人员（操作者、作业人员）的管理

人员对质量的影响。任何生产制造或服务提供过程都离不开人员的操作，即使是先进的自动化设备，也还需要有人去操作和管理。对于那些由人员起主导作用的过程或工序，更需要通过加强对人员的管理来控制质量。

人员管理的具体内容：

①明确不同岗位人员的能力需求，确保其能力是可以胜任的。

②提供必要的培训或采取其他措施，以满足并提高岗位人员任职能力。

③鼓励员工参与管理，以加强对过程的控制和改进，主要包括：明确每

个员工的职责和权限；确保岗位人员了解相应层次的质量目标，以及本职工作与实现目标的关系，意识到所承担工作和所执行任务的重要性；进行必要的授权，如授予员工获得必要的文件和信息、报告不合格并采取纠正措施等权利；鼓励开展QC小组活动或其他形式的团队活动，促进员工自我管理、自我提高和自我改进。

2. 设备（设施）的管理

（1）设备对质量的影响

机器设备是保证生产可以正常运行的重要条件，尤其是自动化程度较高、有定位或自调装置的设备，它们对于生产过程起着关键的作用。

（2）设备管理具体内容

①制定设备维护保养制度，包括关键部位的日常点检，以确保设备处于完好状态。

②按规定定期检测设备的关键精度和性能项目，并做好设备的维护保养工作。

③制定设备和设施的操作规程，确保正确使用并记录设备故障情况。

3. 物料的管理（包括原材料、半成品、成品）

（1）物料对质量的影响

不同行业和产品所使用的物料种类各异。在加工制造业中，原材料可以是矿石、原油、羊毛、棉花、粮食等；而成品、半成品则可以是钢材、铝锭、纸张、油墨、化学试剂等。生产机械或电器产品的装配过程中，原材料可以是配套件、元器件、零部件或电机等。

（2）物料管理具体内容

①对现场使用的各种物料的质量应有明确规定，在进料及投产时，应验证物料的规范和质量，确保其符合要求。

②易混淆的物料应对其牌号、品种、规范等有明确的标志，确保其可追溯性，并在加工流转中做好标志的移转。

③检验状态清楚，确保不合格物料不投产、不合格在制品不转序。

④做好物料在储存、搬运过程中的防护工作，配置必要的工位器具、运输工具，防止碰损伤。

⑤物料堆放整齐，并坚持先进先出的原则。

4. 作业方法与工艺纪律管理

（1）作业方法和工艺纪律对质量的影响

作业方法包括对工艺方法和操作方法的选择与确定，具体包括对工艺流程的安排、过程或工序之间的接口，以及对加工的环境条件、装备和工艺参数的选择，还包括对各过程或工序的岗位操作方法的确定等。

在制造业，作业方法对过程或工序质量的影响主要来自两个方面：①制定的加工方法、选择的工艺参数和工艺装备等各项因素的正确性和合理性；②贯彻、执行工艺方法的严肃性。不严格贯彻执行工艺方法或违反操作规程会导致工序能力降低，甚至发生质量事故和人身安全事故，不但会影响产品质量，也会影响生产进度和企业的经济效益，因而在现场管理中必须严格工艺纪律。

（2）作业方法与工艺纪律管理具体内容

①确定适宜的加工方法、工艺流程、服务规范，选用合理的工艺参数和工艺装备，编制必要的作业文件，包括操作规程、作业指导书、工艺卡、服务提供规范等。

②确保岗位人员持有必要的作业指导文件，并通过培训或技术交底等活动，确保岗位人员理解和掌握工艺规定和操作要求。

③提供工艺规定所必需的资源，如设备、工装、工位器具、运输工具、检测器具、记录表等。

④严格工艺纪律，坚持"三按"（按图样、按标准或规程、按工艺）生产，并落实"三自"（自我检验、自己区分合格与不合格、自做标志）、"一控"（控制自检正确率）要求。

5. 工作环境管理

（1）工作环境对质量的影响

工作环境是指工作时所处的一组条件，包括物理的、社会的、心理的和环境的因素（如温度、承受方式、人体工效和大气成分）。生产产品的过程或工序的不同，环境条件的内容也不同，通常涉及生产现场的温度、湿度、噪声干扰、振动、照明、室内净化和现场污染程度等。

（2）工作环境管理具体内容

①确定并管理为使产品和服务符合要求、确保现场人员的健康和安全的

工作环境。

②开展 "5S"（整理、整顿、清扫、清洁、自律）管理，建立适宜的工作环境，提高作业人员的能动性，包括环境清洁安全、作业场地布局合理、设备工装保养完好、物流畅通、工艺纪律严明、操作习惯良好。

6. 检测设备或器具管理

（1）测量和试验设备对质量的影响

测量获得的数据和信息的准确性和可靠性，进而影响对原材料、外购和外协件、在制品和产成品是否合规的判断。因此，必须对测量和试验设备进行控制，以确保设备的准确性和可靠性。

（2）检测设备或器具管理具体内容

①配合管理部门确定测量任务及所要求的准确度，选择适用的、具有所需准确度和精密度能力的检测设备。

②使用经校准并在有效期内的测量器具，确保检定或校准的标志清晰。

③明确检测点，包括检测的项目、频次、使用的器具、控制的范围和记录的需求等。

④在使用和搬运中确保检测器具的准确性。

以上对过程因素的管理内容是现场质量管理的主要工作或活动。它们需要由企业的管理人员和作业人员共同完成。其中，管理人员和技术人员应当为生产现场的质量控制和质量改进活动提供管理上和技术上的支持，如对质量控制和质量改进的策划；确定产品生产和服务提供的过程或工序，明确各过程或工序的要求；提供必要的工艺文件、操作规程、作业指导书等技术文件，研究分析过程或工序能力；组织和指导质量改进活动，提供现场质量管理所需的资源和必要的培训等。

二、过程质量管理的控制方法

在过去的一个世纪里，质量管理发展经历了质量检验、统计质量控制、全面质量管理三大阶段，人们对质量的认识也在不断变化和发展。被人们称为 "统计质量控制之父" 的休哈特（WalterA.Shewhart）认为，产品质量不是检验出来的，而是生产出来的，这说明了过程质量控制的重要性。

（一）过程质量策划

质量策划致力于制定质量目标，并规定必要的运行过程和相关的资源以实现质量目标。过程运行策划主要根据产品自身特点和工艺流程，分析产品市场定位、客户需求，确定重点关键过程、配置过程资源，最终形成过程控制文件，一般称之为控制计划。控制计划的主要内容包括检查项目、检查方法、检查标准、检查频率、所需设备、记录表格等。

（二）关键过程、特殊过程的识别

1. 特殊过程

特殊过程是通过检验和试验难以准确评定其质量的关键过程。

①"通过检验和试验"既指对特殊过程加工的产品进行了通常的检验和试验，又指通过了检验和试验，即满足了通常的检验和试验的要求。

②"难以准确评定其质量"，是指产品通过了通常的检验和试验，但不一定就是合格品，可能有加工的内部缺陷未检验和试验出来，仅在使用后才能暴露出来。

③"关键过程"表明特殊过程也是一种关键过程。因此，特殊过程的根本特点是产品经加工后可能有未检验和试验出来的内部缺陷，故难以准确评定其质量。产生内部缺陷的起因可能是采用特种工艺（如焊接、电镀、热处理等）进行加工，可以说采用这些特种工艺进行加工决定了该加工过程是特殊过程。这才是特殊过程的实质。

2. 关键过程

关键过程是指在产品质量形成中，对质量有直接重大影响的过程。

（三）汽车生产过程（工序）质量控制点

汽车生产过程主要有冲压、焊装、涂装、总装四大工艺。

1. 冲压

冲压是整个制造过程的第一步，钢板通过落料、冲孔、拉延、弯曲、翻边、修正等工序，变为一块块形状结构复杂的车身零件。冲压车间的特点是进行自动化、批量生产，不同零部件需要切换不同模具。因此，质量控制的关键是冲压所需的设备及模具。而冲压过程的质量检验一般设定为首件、末件及中间抽检，通过人工目视、触摸的方式，将产品与样件进行比较，由于钣金件的冲压细裂纹、凹凸点很难用肉眼辨别，因此许多整车厂会在冲压线末端设立灯棚检查区域，以排除以上的不良。

2. 焊装

焊装车间的主要工作将单个钣金件焊接成车身。现代化的汽车生产工厂焊装车间自动化程度很高，自动夹具、自动化的焊接设备很大程度上提高了定位的精准度及焊接的稳定性。焊装的工艺有手工焊接、自动焊接、滚边、涂胶等。其中，对焊装来讲，最关键的质量控制点就是精度和强度。涉及车身强度、安全件焊接的位置为关键控制点。车身上有几千个焊点，一些整车厂会根据设计以及新车研发阶段的安全碰撞试验对焊点进行不同等级的划分，对关键的焊点进行更加严格的质量控制，如凿检或者超声波无损检测。

3. 涂装

涂装车间的主要工序有电泳、中涂、面涂等环节，中间还有打密封胶的过程，主要用于降噪、防水、隔声、隔热等。车身是否洁净，涂装有无杂质，涂装厚度、附着力、硬度等是涂装车间的重要监控指标。在现代化的制造车间里，这些都是靠设备进行保证的，因此，设备点检、参数设定成了控制的关键。

4. 总装

总装车间是四个车间里面手工作业最多的地方，因此，这里除了要对设备进行监控外，工人装配自检同样非常重要。

（四）过程质量指导文件

常用的过程指导文件有以下几种：

作业指导书：是过程质量控制必要的重要文件，包括作业示意图、工艺规程、作业要求、工艺参数等。作业指导书是工人操作时必须执行的合法文件。

设备管理表：包括设备点检表、设备管理台账等。

记录表：包括随车质量记录表、控制图等。

如表4-1所示为某公司的轴套控制计划。控制因素包括材料、表面处理、外观、尺寸。

表4-1 某公司轴套控制计划

控制计划号			主要联系人电话			日期（编制）		日期（修订）
零件号/最新更改等级			核心小组			客户工程批准/日期（如需要）		
零件名称/描述	变速箱支架总成		供应商/工厂批准日期			客户质量批准/日期（如需要）		
供应商		供应商编码	其他批准日期/日期（如需要）			其他批准/日期（如需要）		
	检查轴套	1	材料		35	材质报告	一次	每批	记录表
		2	表面处理		Fe/Ep.Zn15.c1B	盐雾试验	3件	1次/半年	检验报告
		3	内径		Φ9+0.1/0	游标卡尺	4.0	1次/批	检验报告
		4	外径		Φ130/-0.07	游标卡尺	4.0	1次/批	检验报告
		5	高度		12.3-0.1/0.2	游标卡尺	4.0	1次/批	检验报告
		6	外观		无飞边、毛刺	目视	1.0	1次/批	检验报告

三、过程质量管理评估与评审

过程能力也称为工序能力。过程能力是指过程加工质量方面的能力，它是用来衡量过程加工质量内在一致性的，是稳态下的最小波动。而生产能力是指加工数量方面的能力，二者不可混淆。

（一）过程能力与过程（能力指数）

过程能力的高低不能完全决定过程产品的质量状况，通常情况下，过程不仅存在质量特性分散的情况，还存在着特性分布中心与期望值偏移的情况。

标准偏差越小，过程能力越高；标准偏差越大，过程能力越低。

过程能力指数是指过程能力满足公差范围要求程度的量值。它是公差范围与过程能力的比值，一般用Cp表示。

$$C_p = T/6\sigma \approx T/6S \qquad (4-1)$$

式中，T为公差范围；σ为总体标准偏差；S为样本标准偏差。

从式（4-1）中可以看出，过程能力指数Cp与过程能力6σ有明显区别。当过程处于稳态时，产品计量特性值有99.73%落在μ±σ的范围内，其中μ为质量特性总平均值，σ为质量特性的总体标准差，即有99.73%的产品落在6σ范围内，这几乎包括了全部产品。故通常用6倍标准差（6σ）表示过程能力，它的值越小越好。如图4-1所示。

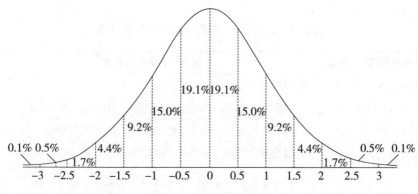

图4-1　正态分布概率图

如上所述，若过程处于稳态，产品质量特性值分布的均值μ与公差中心M重合时，可以定量计算出该工序的不合格率。过程能力指数对应的不合格率如表4-2所示。

表4-2　过程能力指数对应的不合格率

Cp	不合格率	Cp	不合格率
1.67	0.6/100万	1.1	10/1万
1.5	7/100万	1	27/1万
1.33	63/100万	0.67	455/1万
1.2	300/100万	0.33	3175/1万

（二）双侧公差情况下的过程能力指数

对于双侧公差，过程能力指数Cp计算公式为

$$C_p = T/6\sigma = (T_u - T_L)/6\sigma \tag{4-2}$$

式中，T为技术公差的幅度；T_u、T_L分别为上、下规格限；σ为质量特性分布的总体标准差。T反映的是产品技术的要求，而σ反映的是过程加工的一致性，将6σ与T比较，反映了过程中加工质量满足产品技术要求的程度。

C_p值越大，表明加工质量越高，同时意味着对人员操作的要求、对设备精准度等的要求也越高，从而生产成本就越大。当$T=6\sigma$，$C_p=1$时，从表面上看，似乎这既满足技术要求，又很经济，但由于过程总是波动的，分布中心一旦有偏移，不合格品率就增加，因此，通常取$C_p>1$。C_p值与过程能力等级评定参考表如表4-3所示。

表4-3 C_p值与过程能力等级评定参考表

Cp值的范围	等级	过程能力的评价参考
Cp≥1.67	I	过程能力过高（应视具体情况而定）
1.33≤Cp<1.67	II	过程能力充分，表示技术管理能力很好，应持续维持
1.0≤Cp<1.33	III	过程能力充足，但技术管理能力勉强，应设法提高至II级
0.67≤Cp<1.0	IV	过程能力不足，表示技术管理能力已很差，应采取措施立即改善
Cp<0.67	V	过程能力严重不足，表示应采取紧急措施和全面检查，必要时可停工整顿

（三）单侧公差情况下的过程能力指数

若只有上限的要求而没有下限的要求，则过程能力指数计算公式为

$$C_{PU}=(T_u-\mu)/3\sigma \quad (\mu<T_u) \qquad (4-3)$$

式中，C_{PU}为上单侧过程能力指数。当$\mu \geq T_u$，$C_{PU}=0$。

若只有下限的要求，而没有上限的要求，则过程能力指数计算公式为

$$C_{PL}=(\mu-T_L)/3\sigma \quad (\mu>T_L) \qquad (4-4)$$

式中，C_{PL}为下单侧过程能力指数。当$\mu \leq T_L$时，$C_{PL}=0$。

（四）有偏移情况下的过程能力指数

当产品质量特性值分布的均值μ与公差中心M不重合，即有偏离时，不合格品率必然增大，所计算出来的过程能力指数不能反映有偏移的实际情况，需要加以修正。记修正后过程能力指数C_{PK}的计算公式为

$$C_{PK}=\min(C_{PU}, C_{PL}) \qquad (4-5)$$

C_{PK}为修正后过程能力指数，C_{PU}为上单侧过程能力指数，C_{PL}为下单侧过程能力指数。

记分布中心μ对于公差中心M的偏移为：$\varepsilon=|M-\mu|$；定义μ相对于M的相

对偏移K为

$$K= \varepsilon / (T12) =2\varepsilon /T \quad (0 \leqslant K \leqslant 1) \tag{4-6}$$

σ 为质量特性分布的总体标准，ε 为分布中心 μ 对于公差中心M的偏移，K为 μ 相对于M的相对偏移，T为技术公差的幅度。

过程能力指数修正为

$$C_{PK}= (1-K) C_p= (1-K) T/6\sigma \quad (0 \leqslant K \leqslant 1) \tag{4-7}$$

T为技术公差的幅度，C_p 为过程能力指数，C_{PK} 为修正后过程能力指数，σ 为质量特性分布的总体标准，K为 μ 相对于M的相对偏移。

当 $\mu = M$（即分布中心与公差中心无偏移）时，K=0，$C_{PK}=C_p$。

注意：C_p 也需要在稳定下求得，式（4-5）和式（4-7）是等价的。

（五）C_p 和 C_{PK} 的比较与说明

综上所述，无偏移情况下的 C_p 表示过程加工的一致性，C_p 越大，则质量能力越强，而在有偏移的情况下，C_{PK} 不仅反映加工能力，即"质量能力"，还反映过程中心与公差中心的偏移情况（管理能力）。

审核分为内部审核和外部审核。内部审核是指由组织以自己的名义进行的审核。外部审核为通常所说的"第二方审核"和"第三方审核"。第二方审核由组织的相关方（如顾客）或由其他人员以相关的名义进行。第三方审核由外部独立的组织进行，如认证机构。

审核准则包括适用的方针、程序、标准、法律法规、管理体系要求、合同要求、行业规范。

根据生产工艺的不同，冲压、焊装、涂装、总装车间有不同的审核重点。焊装车间主要审核焊接的精度、焊点的强度、车身返修时间、车身的外观质量；涂装车间主要审核重点为涂装的厚度、环保性能、防腐性能、涂装光泽度、硬度等；而总装车间以装配为主，审核重点为力矩安全（安全等级要求越高的点，过程能力指数 C_p、C_{PK} 的要求也越高）、电器系统审核、防水系统审核、四轮定位审核等。

审核的目的是发现问题，督促整改。审核结果可以通过质量会议加以整改和督促，最终达到审核通过的目标。过程审核流程如图4-2所示。

图4-2 过程审核的流程

第二节 生产过程中精度质量管理

一、精度质量管理概述

零件精度是指零件加工后的实际几何参数（尺寸、形状及位置等参数）与理论几何参数的复合程度。位置精度是指加工后零件上的点、线、面的实际位置和理论位置的符合程度。位置精度包括平行度、垂直度、倾斜度、同轴度、对称度、位置度、圆跳动和全跳动八项。汽车制造过程中精度质量控制中主要的测量设备是三坐标测量机。三坐标测量机能够高效率、高精度地实现复杂车身零部件的测量，是车身逆向工程实现的基础和关键技术，也是车身质量检测的重要手段。

①按照三坐标测量机的测量范围，可将它分为小型、中型和大型测量

机。小型三坐标测量机的测量范围一般是最长的方向坐标小于500mm；中型三坐标测量机的测量范围为500～2000mm，它主要用于测量零件尺寸较大、精度中等或高精度的零件；大型三坐标测量机的测量范围大于2000mm，主要应用于汽车、发动机等大型零件的测量与检测，精度等级一般为中等。

②按三坐标测量机的测量精度分类，有低精度、中精度和高精度的测量机。低精度的测量机主要是具有水平臂的三坐标的测量划线机，单轴的最大测量不确定度大约为$1 \times 10^{-4}L$，空间的最大测量不确定度为（$2 \sim 3$）$\times 10^{-4}L$，其中，L为最大测量程。中等精度的三坐标测量机的单轴最大测量不确定度大约为$1 \times 10^{-5}L$，空间的最大测量不确定度为（$2 \sim 3$）$\times 10^{-5}L$；高精度的三坐标测量机的单轴最大测量不确定度大约为$1 \times 10^{-6}L$，空间的最大测量不确定度为（$2 \sim 3$）$\times 10^{-6}L$。

③按照测头是否和零部件表面接触，可以将三坐标测量机分为接触式三坐标测量机和非接触式三坐标测量机。

（一）车身精度的概念与重要性

精度是指观测结果、计算值或估计值与真值的接近程度。制定标准及单位是为了统一人与人之间沟通对物理现象的认识，标准应基于对测量的物理量认识与了解，并考虑是否容易复制或操作。车身精度是指通过三坐标测量机测量车身上点、线、面的尺寸接近程度与真值（图样数据或数据模型）之间的比较。整车质量中，车身是最重要的组成部分，生产过程中装配偏差难以避免。车身焊装质量的优劣对整车最终的密封、噪声、寿命、动力和外观等质量起决定性作用。

（二）夹具管理

在汽车车身制造过程中，为了保证产品质量、提高工作效率和减轻工人负担，经常使用焊装夹具。汽车焊装的夹具有硬件和软件，硬件包括定位元件、夹紧机构、导向装置、夹具体四部分。软件主要为一些规范，如安装调试手册、调整图等。

汽车焊装夹具的定位法则工件可以看成拥有六个自由度的刚体，如图4-3所示。要使工件在某个方向有确定的位置，就必须限制该方向的自由度。如果要使一个六方体工件在空间处于唯一确定位置，可在三个相互垂直的平面上，用适当分布的六个定位点（支撑钉）来限制工件的全部自由度，如图4-4所示。

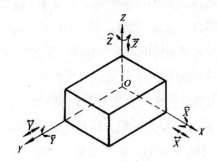

图4-3 刚体在空间的六个自由度

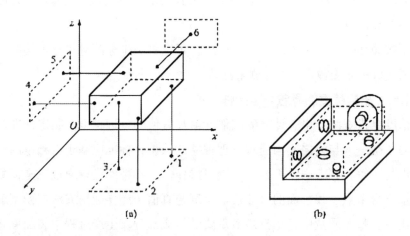

图4-4 刚体的六点定位（完全定位）

汽车焊装夹具影响原因主要有工装夹具的设计不合理、夹紧力的影响、定位元件的失效等。工装夹具的设计精度要求主要有以下方面：夹紧可靠，刚性适当；夹紧时不应损坏焊件的表面质量；用于大型板焊接结构的夹具，要有足够的强度和刚度，特别是夹具体的刚度，对结构的形状精度、尺寸精度影响较大，设计时要留有较大的裕度；工装夹具本身具有较好的制造工艺性和较高的机械效率。

汽车件所需的夹紧力，是为了保证安装精度，使各相邻焊件相互紧贴，消除它们之间的装配间隙所需的力，或者是根据图样要求，保证给定间隙和位置所需的力。

汽车焊装夹具制造过程中的管理分为日常管理和定期管理。日常管理分为夹具5S和夹具日常点检。定期管理分为夹具定期检查和保养、定位元件精度检测和车身精度检测。定位元件精度检测又分为定位元件形状精度检测和定位元件位置精度检测。如图4-5所示。

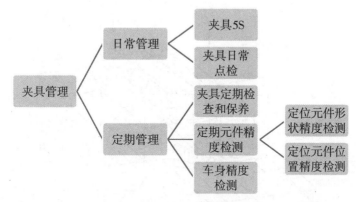

图4-5　夹具管理方法结构

（三）检具管理

车身制造质量是汽车制造质量的重要组成部分，在保证车身制造质量的监测装备中，检具以其结构简单、使用方便、制造成本低而得到广泛应用。日本对检具的开发较早，现已形成了比较先进的检具技术。

现代检具的结构在设计时同时考虑其可以作为测量支架使用。但是当检具的在线检查功能与测量支架功能不能同时满足使用需要时，应首先满足检具的在线检查功能。常用检具如图4-6所示。

检具定位是保证产品定位的基本条件。检具可允许超出"3-2-1"原则（3-2-1原则指检具设计时需要考虑精度、稳定性、可靠性三个方面要求。）的过定位以确保零件定位可靠性。在检具设计、制造和测量中，基准（设计、加工和测量）应始终保持一致。检具设计时需确认客户提供的产品数模绝对坐标系为汽车坐标系，即所有零件绝对坐标系是同一汽车坐标系。通常，汽车坐标系中X轴为车身长度方向，从车前至车尾；Y轴中间

图4-6　常用检具

为车身宽度的零位，驾驶人侧为负值，乘客侧为正值；Z轴为车身高度方向，从底部至顶部。

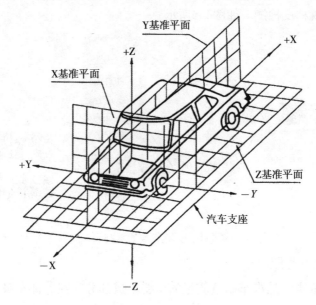

图4-7　汽车坐标系

检具的维护保养工作包括以下几方面：

①每天下班前清洁检具表面。

②使用细棉纱清洁工作面、压紧钳、检验销、通止规等，并涂上防锈油。检验销可插在检具本身或放在检验销存储盒中。

③使用后检查所有压紧钳和检验销的螺钉是否松动，检验销和通止规栓绳是否松脱。

④将检具包裹在防护套或塑料布中以防止灰尘积累，特别是长时间不用的检具。

⑤备份年度校准报告和日常保养记录以供参考。

（四）白车身综合匹配样架

白车身综合匹配样架是用于对冲压单件、外购件、焊接分总成进行尺寸认可及匹配认可，使其可控制冲压单件、焊接分总成和白车身，保证其可量化、可测量和可追溯的设备。

图4-8 白车身综合匹配样架实例

白车身综合匹配样架的主要目的为：

①加快新车型成熟工艺。

②模拟以及评价各种更改（零件更改、夹具更改等）。

③目视评价车体零件配合。

④加快整车量产之前的质量问题分析。

⑤帮助分析零件生产和生产过程之间的潜在问题并作出正确、经济的决策。

⑥对技术方案作出评价。

⑦生产过程和最初理想阶段的对比。

⑧帮助并缩短汽车样机和量产之间的评价过程。

（五）内外饰件功能匹配检具

内外饰件功能匹配检具是在从产品研发到整车数据冻结阶段后，根据车身的数模，按1∶1的比例制作的一个标准化的车身模型，一般用航空用铸铝制作。

内外饰件功能匹配检具是用铝合金制造而成的零公差总成或车身，是开发过程总装件检测、匹配和评价的手段，主要对门盖总成、内外饰零件、电器总成等进行尺寸认可及匹配认可，确保精度质量。

内外饰件功能匹配检具的主要作用包括以下几点：

①直观地对汽车内外饰的设计进行评审，检测汽车内外饰件的整体尺寸及效果。

②设计开发过程中及量产过程中，进行有效的车身与零部件问题校验。

③内外饰件功能匹配检具是一个高度模块化的检具，可以自由设计检查项，所有模块和零部件可以互换。

内外饰件功能匹配检具是用于检查总装件（主要是内外饰）跟车身的匹配的，而白车身综合匹配样架是检查白车身零件以及各级总成之间的匹配的，是对整个白车身装配工艺流程的验证。白车身综合匹配样架在车身设计基本结束后和焊装夹具投入制造前投入使用，这种综合运用主要应用于主机厂用来控制和改进整车工艺质量。

二、监测装置管理

（一）监测装置

1. 监视装置

监视装置（Surveillance Devices）是指用于监规生产条件，以调整和控制生产条件为目的，为产品符合提供证据的设备和仪器（不含生产条件的安全监视系统）。

2. 测量装置

测量装置（Mesuring Device）是指为实现测量过程所必需的测量仪器、软件、测量标准、标准物质或辅助器械或它们的组合。

3. 监测装置的范围

监测装置的范围见表4-4。

表4-4　监测装置的范围

分类			用途	举例
监测装置			监测生产条件，并具备判断生产条件是否适合的装置	压力表、温度计、电流表、流量计等监测生产条件的装置
测量装置	计量器具	直接监测	可以直接读出被测工件的尺寸监测值的器具	游标卡尺、千分尺、直尺
		比较监测	用来判断工件合格与否的器具（不可直接读出监测值）	塞尺、塞规
	监测和试验设备	精密监测器具	用于精密监测的监测装置	三坐标、圆度仪、厚度计、分析天平等
		试验机	用于测试材料的物理性质或产品性能的装置	四轮定位仪、万能材料试验机、直读光谱仪等
		分析仪器	定性定量的测定物件的性能、构造、组织的仪器	力矩扳手
		力矩装置	在生产线上，用于测定工作的质量特性，能判定合格与否	力矩扳手校正仪、指示表检定仪、标准量块、硬度标准块等

4. 监测装置校准管理

质量部门根据国家相关检定规程和公司监测装置的实际使用情况，确定监测装置的检定校准周期，制订周期检定计划并反映在《监测装置管理台账》上。对于国家和行业没有检定规程的监测装置，使用部门负责编制自校规程和自校计划。

（二）周期检定计划的实施

①根据周期检定计划的要求，各部门根据实际情况提前安排专人负责将待检的监测装置准备送检。

②检定和校准由质量部实施或联系国家授权计量检定机构实施。

③检定和校准合格的监测装置由质量部或国家授权的计量检定机构发放签字确认或加盖检定印章的检定/校准证书。

④使用部门对自校监测装置按照计划进行自校，将自校数据提交质量部确认，质量部按规定发放校准标志。

（三）不合格监测装置的处置

使用部门发现不合格监测装置应停止使用，隔离存放，做出明显的标签或标志，并在不合格原因被排除并经再次计量确认（自校或数据比对）后才能重新投入使用，并保存记录。监测装置的调拨、闲置、降级、报废、损坏和遗失的处理需有明确的标志，并保存处理结果记录。

第三节 汽车企业过程质量管理

一、生产现场管理流程与质量管理

在汽车制造中共有四大工艺，即冲压、焊装、涂装和总装。

图4-9　冲压生产现场

　　冲压是指将钢板冲压成车身钣金件。

　　焊装则是指将冲压成形的车身钣金焊接在一起，最后要焊接成一个车身主题及车门、发动机盖、行李箱盖等。

图4-10　焊装生产现场

涂装则是指对车身钣金件进行防锈处理、喷涂漆等。

图4-11　涂装生产现场

最后一道工艺就是将涂装后的车身与底盘总装成整车，即进行总装。

根据生产工艺的不同，冲压、焊装、涂装、总装车间有不同的质量控制重点。冲压过程质量控制重点在于三个方面：制件精度、制件缺陷和外观件面品质。焊装过程质量控制重点为焊接的精度、焊点的强度、车身返修时间、车身的外观质量。涂装过程质量控制的重点主要是涂装的厚度、环保性能、防腐性能、涂装光泽度、硬度等。汽车总装制造的主要任务是将汽车各组成部分零部件组装成整车。其中，整车关键力矩控制和装配过程中的外观质量是总装过程质量控制的重点。

图4-12　总装生产现场

二、生产过程的质量管理要点

制造过程质量管理是以生产现场为对象，以对生产现场影响产品质量的有关因素和质量行为的控制和管理为核心，确保生产现场能够稳定地生产出合格品和优质品。

制造过程是产品质量的直接形成过程。制造过程质量管理的目标是保证实现设计阶段对质量的控制意图，其任务是建立一个控制状态下的生产系统，即使生产过程能够稳定地、持续地生产符合设计要求的产品。

一般来说，制造过程的质量管理应当做好以下几方面的工作：①严格贯彻执行工艺规程，保证工艺质量；制造过程的质量管理就是要使影响产品质量的各个因素都处在稳定的受控状态。②搞好均衡生产和文明生产。均衡的、有节奏的生产过程，以及良好的生产秩序和整洁的工作场所代表了企业经营管理的基本素质。③组织技术检验，把好工序质量关，实行全面质量管理，贯彻预防为主的方针，并不是否定技术检验的把关作用，必须根据技术标准的规定，对原材料、外购件、在制品、产成品以及工艺过程的质量进行严格的质量检验，保证不合格的原材料不投产、不合格的零部件不转序、不合格的产成品不出厂。④掌握质量动态。为了真正落实制造过程质量管理的预防作用，必须全面、准确、及时地掌握制造过程各个环节的质量现状和发展动态。⑤加强不合格品的管理。不合格品的管理是企业质量体系的一个要素。⑥做好工序质量控制工作。制造过程各工序是产品质量形成的最基本环节，要保证产品质量，预防不合格品的发生，必须做好工序质量控制工作。

三、生产班组质量管理

班组是一种基于劳动分工的组织形式，将同工种、相近或不同工种的工人组织在一起，共同参与生产活动。班组是企业最基层的生产管理组织，并是企业组织生产经营活动的基本单位。班组长是班组中的领导者，是公司生产管理的直接指挥者和组织者，也是企业中最基层的负责人。车间班组长扮演着公司与生产员工之间的主要沟通桥梁的角色。公司班组长的管理质量将直接影响公司产品的生产进度和产品质量。

（一）班组长在质量管理中的作用

班组是实施现场质量管理、开展过程质量控制的最基层的管理组织。班组长是过程质量控制和质量改进的组织者与领导者。

（二）班组长的质量职责

①领导班组成员理解和实现班组的质量目标，如有必要，应将目标细化到各岗位。

②班组长对班组制造的产品质量负有直接责任，确保不合格产品不会流出班组。

③组织自检、互检和巡检，加强过程检验工作。

④贯彻质量控制点活动，有效实施和配合控制点的管理。

⑤组织实施"5S"活动，营造整洁有序的工作环境。

⑥组织质量改进小组活动，包括开展QC小组活动或参与。

⑦经常对班组员工进行质量管理基础知识的教育，以提高员工的质量意

识。强调"下道工序就是顾客"，不断提高产品质量。

（三）现场操作人员的工作质量目标

①实现本班组或本岗位的质量目标。

②不接受不良品，不制造不良品，不流出不良品。

③确保顾客或下道工序满意。

（四）现场操作人员的质量职责

①正确理解和掌握本岗位的质量目标，并在质量偏离标准时立即采取有效措施。

②严格遵守工艺纪律，做到按作业指导书技术要求操作，按图样加工，按标准生产，确保质量。

③掌握本岗位的质量要求和检测方法。

④按规定做好过程质量的监控和记录，并确保记录的及时性、完整性与真实性。

⑤做好制造过程中零部件、半成品、成品的搬运、储存和防护工作。

⑥每天按规定严格要求正确使用和管理装配设备，确保人身和设备安全，并做好设备的维护保养工作。

⑦积极参加培训，提高技术质量水平和综合素质水平，提出合理化建议。

⑧做好现场安全文明生产和"5S"管理活动，保持良好的工作环境。

第四节　汽车企业生产过程质量管理实例实践

一、汽车企业生产过程质量管理实例

（一）质量管理体系的发展

1961年，美国通用电气质量管理部长菲根保姆博士，提出了全面质量管理的概念。他强调质量管理是企业全体人员的责任，主张全员参与。因此，提出了全面质量管理的核心思想，概括为：企业内部各部门均要做出计划，计划包括质量保持、质量发展、质量改进等，从而以最为经济有效的方法进行生产与服务，让用户或消费者满意。

质量管理的演变可追溯至18世纪欧洲工业革命。其发展过程大致可分成3个阶段：

工业化之前，生产工艺简单，一个或几个工人的经验和技艺对产品质量的保证起决定性作用。

19世纪，随着现代工厂的大量出现，开始以泰罗的"管理科学运动"为基础，对管理职能进行功能划分，由工长负责质量管理。

20世纪20年代到40年代，通过设置专门的检验部门，对产品质量进行100%的检验，以筛选出次品和废品。这种方式虽然对保证产品质量起了一定作用，但不能起到控制和预防的效果。此外，随着生产数量和产品复杂程度的提高，对检验的要求变得更加严苛，同时其代价和时间也难以承担。

自20世纪60年代起，人类社会的生产力和科技水平迅速发展，越来越多的大型机械和电子产品问世，对产品的安全、可靠、易修和经济性有了更高水平的要求。随着系统工程在管理领域的广泛应用，人们越来越认识到质量管理中人类因素的重要性，进入全过程、全员参与的质量管理阶段。

（二）公司的基本情况

1. GL公司简介

1965年GL公司成立，2005年参与改制，2006年正式命名为某省通用机械有限责任公司，主要从事汽车零部件、公铁两用车及矿山工程液压缸等产品的研发和生产，公司发展至今，规模逐渐扩大，现拥有两个厂区，分别位于某市净月高新开发区和双阳经济技术开发区，总的占地面积32万平方米，总的建筑面积26万平方米。现有员工近1500人，管理人员150人左右，技术人员250人左右，公司设有十几个职能部门，分公司、子公司及中外合资公司十几个。

GL公司以质量方针"持之以恒、追求卓越"，为客户提供优质产品和服务。GL公司的经营理念是"员工快乐、用户满意、伙伴愿意、企业盈利、股东收益、社会赞同、做百年企业、创一流团队"，为员工提供宾馆式环境和职业化成长成才平台，让员工在快乐的环境中工作。同时，公司致力于新产品和材料的设计和应用，减轻车身重量，降低燃料消耗和二氧化碳排放，使汽车更安全、更舒适、更环保。

2. GL公司人员结构

GL公司现有人员1421人，其中中层以上干部167人，技术人员121人。具体情况见表4-5。

表4-5　GL公司人员结构表

单位：人

层次	本科及以上学历	大专学历	技校、高中学历	初中学历
高层管理人员	9	2	1	
中层管理人员	100	40	15	
技术员	99	22		
普通员工		33	790	310
合计	208	97	806	310

3. GL公司质量管理历程及现状

质量管理的产生和发展经过了漫长的过程。GL公司在质量管理方面所运用的方法也在不断改进和完善。

GL公司在质量管理方面做了大量的工作，具体工作内容和进展如下：

1999年8月通过ISO 9001—1998质量体系认证；

2002年7月通过VDA6.1和QS 9000质量体系认证；

2005年1月通过ISO 9001—2000，TS 16949—2002认证体系；

2010年1月通过ISO 9001—2009，TS 16949—2009认证体系。

2010年2月成立了专门的质量管理部门，定期组织员工学习质量管理知识和质量管理工具来推进企业的质量管理水平。

由于企业受成本、环境等各方面因素影响，关注重点大部分放在增加产品产值上，因此从总体上来看，效果依然不够理想。

4. GL公司质量管理体系文件化

根据TS 16949的标准的要求，公司制订了质量方针，质量方针为"持之以恒，追求卓越"。GL公司质量管理体系文件分为四个级别，第一级别：质量手册，质量手册是GL公司质量管理体系的第一级别文件，它详细地阐述了公司的质量方针和质量管理体系的范围。公司使用过程方法，按照标准4.1总要求，识别公司所需的过程，特别是顾客导向过程（COP）、主要的支持过程（SP）

和管理过程（MP），用乌龟图对COP、SP、MP进行了分析。在分析中规定了过程的输出以及所需的资源和信息，拥有人、使用的方法以及绩效和目标。

第二级别：程序文件，程序文件是GL公司质量管理方面最权威的指导性文件，归口质量保证部。GL公司根据实际的生产经营情况，共策划编写了28个程序及21个第三层次文件对识别出有关产品质量的过程进行管理。第二级别文件如表4-6所示。

第三级别：技术文件，包括图纸、顾客要求、各类指导书，标准等。

第四级别：各种表单、记录等。

表4-6　GL公司程序文件清单

序号	文件名称	文件编号
1	质量体系文件化控制程序	OP04-01
2	质量记录控制程序	OP04-02
3	质量评审控制程序	OP05-01
4	质量成本控制程序	OP05-02
5	人力资源管理和培训控制程序	OP06-01
6	员工激励控制程序	OP06-02
7	设备设施策划控制	OP06-03
8	环境与安全控制程序	OP06-04
9	变更控制程序	OP07-01
10	合同评审控制程序	OP07-02
11	产品安全性控制程序	OP07-03
12	产品质量先期策划控制程序	OP07-04
13	PPAP控制程序	OP07-05
14	产品开发控制程序	OP07-06
15	过程控制程序	OP07-07
16	供方选择和评价控制程序	OP07-08
17	采购控制程序	OP07-09
18	设备管理控制程序	OP07-10
19	工装管理控制程序	OP07-11
20	生产计划和交付控制程序	OP07-12
21	产品标示和防护控制程序	OP07-13

续表

序号	文件名称	文件编号
22	监视和测量装置控制程序	OP07-14
23	实验室控制程序	OP07-15
24	顾客满意度控制程序	OP08-01
25	内部质量体系审核控制程序	OP08-02
26	数据分析控制程序	OP08-03
27	不合格控制程序	OP08-04
28	纠正与预防措施控制程序	OP08-05

表4-7　GL公司第三层次文件清单

序号	文件名称	文件编号
1	新入职员工管理规定	OP06-01-A
2	设备能力指数测试指导书	OP06-03-A
3	断点管理规定	OP07-01-A
4	控制计划指导书（APOP）	OP07-04-A
5	FMEA指导书（APOP）	OP07-04-B
6	初期流动管理规定（APOP）	OP07-04-C
7	MSA指导书（APOP）	OP07-04-D
8	异常管理规定	OP07-07-A
9	冲压产品批次管理规定	OP07-07-B
10	总成产品批次管理规定	OP07-07-C
11	机加产品批次管理规定	OP07-07-E
12	SPC作业指导书	OP07-07-F
13	工装验证管理规定	OP07-11-A
14	工装调试指导书	OP07-11-B
15	刀具管理规定	OP07-11-C
16	应急计划管理	OP07-12-A
17	非金属类原材料/外购件的管理规定	OP07-13-A
18	专业量具检定规程	OP07-14-A
19	产品审核管理规定	OP08-02-A
20	8D指导书	OP08-05-A
21	质量例会	OP08-05-A

5. GL公司质量管理体系运行情况及产品质量管理现状

随着社会的不断进步和经济的快速发展，客户对产品质量的要求不断提高，质量在人们心中的概念也随之深化。目前，公司产品质量管理部门由质量管理处、质量控制处、产品质量前期策划处、计量理化实验中心及售后服务部组成。

GL公司的质量管理体系已经运行14年，GL公司在产品质量体系改进方面的动力来源于两个方面，一方面是公司的外部动力，客户对公司的产品质量管理体系的监察。另一方面是公司内部动力，公司内部每年开展的管理评审和内部过程审核。GL公司为了适应市场，通过大量的相关方面质量认证，以此来向用户展示自身的质量保证能力，同时GL公司对质量管理体系的建立保持着高度关注，但是，在实际应用过程中还是出现了一些误区，这对质量管理体系在公司内部运行过程中的适应性和有效性产生了严重影响。

对GL公司进行全面考虑和分析，保证产品质量方面归纳为：人（管理者、员工）、物（原材料、外购件）、法（管理技能、改造方法）、机（生产设备、检测设备）、测（测量手段、测量方法）等因素，建立和完善了一整套科学高效的质量管理体系。

GL公司在质量管理制度建设方面还不够完善，不能保障质量体系有效运行。这样，公司的质量管理工作很难有效地开展，这些问题极大地制约了公司产品质量的提升。从前期产品开发到后期产品实现，质量管理工作都影响并决定了产品的质量，GL公司在产品前期开发过程中质量管理方面所欠缺的工作主要体现在两方面：一方面，开发人员素质不能满足产品开发需要，开发人员没有完全掌握质量管理五大工具的知识，在工艺设计上存在很多不足；另一方面，工装的设计和制造存在许多不足，很多工装都在使用过程中进行后期改进，才进入适用阶段。

GL公司在产品实现的过程中质量管理方面所欠缺的工作主要体现在以下几个方面：

①产品在生产过程中，对过程控制的监管和监视力度不够。时常出现批量不合格，造成人力、物力、财力、工时等各方面的浪费。

②计量检具的可靠性是产品质量的重要监测工具。GL公司拥有的计量器具种类繁多。目前为止，公司对计量设备的管理力度不够，出现大量计量设

备的管理的问题，例如：计量器具没有进行校准或鉴定、计量仪器的计量周期过期、计量器具进行维护、保养及校正没有规范化等。

③公司对质量管理体系改进和实施力度不够，按照ISO 9000标准要求，公司应针对不合格产品展开纠正和预防措施，定期进行审核工作，通过改进完善质量管理体系。

（三）GL公司质量管理问题分析

1. GL公司质量管理存在的问题

GL公司质量管理存在的问题包括很多方面，如生产管理、员工管理等，其中生产管理中的质量管理是企业最关键的问题之一，质量管理同时也是公司生产管理环节中的重要组成部分，然而，在实际生产经营中，质量管理最大的一个障碍是质量改进中缺少上层主管的贡献，管理者没有参与和指导质量管理工作的各个方面之中。

2. 没有目的的培训

公司花许多钱在质量管理的培训上，然而并没有得到根本的改进，因为太多的质量管理培训是无关紧要的。例如，员工们学习了控制图，只是盲目填写，并不去分析，可以说没有目标，没有重点的培训，实际上是一种浪费。

3. 缺少成本和利益分析

公司成本包括有形成本和无形成本，大部分公司计算质量成本时，只是单纯计算有形成本，而完全忽视了与产品质量相关的主要成本。

4. 组织结构不适宜

组织结构和报酬在公司质量管理培训、宣传中没有引起注意。公司还存在烦琐层次和封闭职能部门。

5. 质量管理形成了自己的管理机构

质量特权人物是质量改进的障碍，GL公司质量管理活动过程中，通常把质量管理授权于某质量特权人物。

（四）公司质量管理体系基本原则分析

GL公司在快速发展的同时，为提高质量管理体系在企业内部的管理职能，加强全员的质量意识，提高企业竞争力，在不断探索适合企业自身特点的质量管理体系，在探索中，认真贯彻ISO/TS 16949标准的同时坚持执行质量管理体系的基本原则。认真贯彻ISO/TS 16949标准。ISO/TS 16949标准是企业质量管理体系的一个基本要求，是企业进入市场的一个前提条件，打造符合自身特点的质量管理体系。

坚持质量管理体系基本原则

①企业依存于顾客。企业不仅应了解顾客当前的需求，还要满足顾客未来的需要。满足并超越顾客期望。由于顾客的要求和期望是不断变化的，因此要加强与顾客沟通，以此来了解，并满足顾客需求，力争超越顾客期望，获得竞争优势。

②全员参与。质量管理发展到现在，其主导方向是全员参与，不仅产品的生产者负有产品质量的责任，全员都应参与到质量管理的范畴中，注重质量改进，提升人的观念和认识，提升技术能力，使产品质量和相关服务能够持续不断地满足顾客需求。坚持持续改进，使企业的管理进入一种良性循环的状态中。企业通过不断的创新和改进，其管理和技术处于竞争优势地位，才能在市场竞争中立于不败之地。持续改进是质量管理的一部分，目的是致力于增强满足质量要求的能力。

③追求顾客满意和忠诚。随着质量管理环境和内容的不断变化，企业的核心与决定因素已经是顾客，因此追求顾客满意和忠诚是现代企业创造一流质量的永恒力量。

④将人的因素上升为企业质量管理的紧迫任务。

⑤技术创新。目前，中外一流企业高度重视建立有利于质量提升的技术创新机制，以技术进步带动质量创新。GL公司要将技术创新上升为企业追求质量改进的动力和目标。

⑥建立现代企业文化。企业文化与管理创新已经成为现代企业发展中至关重要的一部分，是一种新的管理思想。现代企业文化对企业管理的地位也越来越重要，一流的企业是用企业文化管人，让企业的员工形成共同的价值观，让员工心甘情愿地遵守规则。

二、汽车企业生产过程质量管理实例总结

（一）质量体系实施基础

要全面有效地进行质量管理，必须建立相应的质量管理体系。建立满足要求的质量管理体系对实现质量管理目标至关重要。此外，质量管理体系与

优秀模式之间也存在一定关联。GL公司在原来程序文件的28项控制方面的内容基础上，增加第三层次文件21项。在原来的基础上对新员工入职管理规定、设备能力指数测试、初期流动管理、专用量具检定规程、生产过程、变更过程、库房管理、APQP策划过程等加以控制，进一步加强对质量管理的全面控制。根据全面质量管理理论，产品质量形成于产品实现的各个相关环节中，因此公司对产品质量形成的有关环节，以质量管理程序文件的形式加以控制和管理，6个步骤要求，按照设计输出文件、外来文件及法律/法规/顾客要求，配备多功能小组、网络、文件管理员及文件存放场所，由技术部长和质保部长负责，指标：文件评审及时率及文件变更及时率，运用此程序及电子文件管理制度等方法，质量体系文件化及其控制程序要交付受控文件清单、文件发放台账、文件收集登记账及文件发放申请单等相关内容。

1. 制定高标准的质量方针和质量目标

GL公司按照公司内部质量手册的要求，制定高标准的质量方针和质量目标，在质量管理体系中，公司内部质量手册里明确给出：持之以恒，追求卓越。以顾客为中心，持续稳定地为顾客提供优质的服务，通过持续改进追求完美，并争取超过顾客期望。质量方针为制定质量目标提供了依据；质量目标通常依据公司的质量方针制定；质量目标在持续改进方面与质量方针相一致。

GL公司每年根据上一年度质量目标及实际质量管理情况，由管理者代表正式发布，经公司管理层评审通过后，正式下发本年度质量目标。质量目标对实现产品质量、体系运行的有效性都有积极的影响。质量目标的实现表明产品质量达到了预期的效果，也证明了质量管理体系运行的有效性，进而增强顾客对公司的信任度和满意度。

2. 充分发挥最高管理者在质量管理体系中的作用

一个优秀的领导者应具备管理理念和领导素质。赋予员工职责和权限，提供必备的资源。八项质量管理原则为领导者提供了管理理念。表4-8列出了最高管理者应在质量体系活动中发挥八项质量管理原则。

表4-8　最高管理者在质量体系活动中发挥八项质量管理原则

序号	最高管理者应发挥的作用	质量管理原则
1	制定并保持企业的质量方针和质量目标	领导作用原则
2	通过增强员工意识、积极性和参与程度，在整个企业内促进质量方针和质量目标的实现	全员参与和领导作用原则
3	确保整个企业关注顾客要求	以顾客关注焦点原则
4	确保实施适宜的过程以满足顾客和其他相关方要求并实现质量目标	过程方法原则
5	确保建立、实施和保持一个有效的质量管理体系以实现这些质量目标	管理的系统方法原则
6	确保获得必要的资源	领导作用原则
7	定期评审质量管理体系	持续改进原则
8	决定有关质量方针和质量目标的措施	基于事实的决策方法原则
9	决定改进质量管理体系的措施	持续改进原则

3. 坚持持续改进，加强生产现场及供应商的管理

持续改进是质量管理的一部分，主要是指为改善产品的质量、提高产品生产和交付过程的有效性和效率所开展的活动，是增强满足顾客要求能力的循环活动。

持续改进的对象是质量管理体系。在持续改进的整个过程中确保质量管理体系具有适宜性、充分性和有效性，符合国际、国家标准/法规以及公司方针、目标的要求，通过评价活动总结管理质量体系的业绩，将目前业绩与预期目标（也包括竞争对手）进行评价，找出差距，并在研究分析的基础上，找出自身改进的方向。管理者代表依据年度评审计划和总经理的指令，提前一个月就管理评审的内容，调查分析和汇总，提出评审方案和要点，编制《管理评审计划》，经总经理批准后，下发到各部门。

改进活动是基本的组织活动，包括以下几部分：分析和评价现状、确定改进目标、寻找解决办法、评估并选择解决方案、实施选定的方案、验证和评价实施结果、正式采纳更改。持续改进是纠正和预防措施的过程。需要对改进环节进行评审，以确定进一步的改进机会，形成一个持续改进活动。这构成了一个PDCA循环过程。产品进入批量生产阶段，能不能达到预期设计的

质量水平，主要原因是对生产过程的控制是否满足预期的要求，过程能力满足过程能力指数的要求，是否达到预期的目标，能保证产品质量。生产过程中影响产品质量的六大因素为人、机、料、方、环及测等。

首先，优化生产线布局。2011年，产品种类及数量大幅上升，导致原生产线已经不能满足生产的需要，按生产节拍，设备满负荷操作。现有生产线已经不具备柔性生产，因此要检查生产线布局，对不符合现行生产的生产线重新布局。GL公司应用少人化思想改变生产布局，2012年产品质量合格率提升约9%，劳动生产率提高了约24%。高质量的产品不仅需要先进的生产设备，更需要与之相适应的生产流程及生产工艺。

其次，优化现有组织机构，提高质量管理部门的职能作用。质量管理部门设立产品质量前期管理处，职能为建立生产流程质量负责制度、负责质量技术培训工作、产品质量前期管理处职权；调动公司内部人力、物力资源组成改进团队、集中各部门力量解决问题。

最后，产品质量的形成。起点是供应商提供的产品，供应商提供的产品质量直接关系到产品的质量，加强对供应商产品质量的管理，对供应商选择的原则遵循：

①必须选择顾客指定的供方（不包括顾客推荐的供方），顾客指定的供方可直接列入合格供方名录，直接执行PPAP认可流程。PPAP认可不合格的交由顾客决定。

②优先在合格供方名录中选择供方。根据现有供方的供货能力、供货及时性及对质量问题处理的及时性表现，选择合适的供方，直接进入签订《试制协议》阶段。

③新供方的选择。如现有的供方满足不了供货要求，则开发新供方。新供方开发原则为高质量、低价格、守信用、重合同、管理好、距离近，且最低应取得ISO 9001—2008体系认证。采购部选择新供方时应根据所需采购的产品/服务，收集合适的供方资料，应关注供方在行业中的定位、优势、不足及对公司发展的影响，对于重要件供方要求在行业中一定要有质量优势、产能与公司匹配，供方对一汽大众物料标准或类似标准的实施状况作为选择供方的内容之一。要求供方填写《潜在供方调查表》。经主管领导批准后确定为潜在供方。对于价值量较大产品的采购，可采用招标方式确定潜在供方。

4. 重点研究质量管理体系与其他管理体系的关注点

不同管理体系包括财务管理、环境管理、职业安全与卫生管理等，各自具有不同的管理目标。而质量管理体系是公司管理的一部分，致力于使产品或服务适当地满足顾客及其他相关方的需求和要求，并实现持续改进。尽管各个管理体系关注的内容不同，但它们的共同目标是相辅相成的。同时，各个部分的管理体系都包括相同的组成要素，如文件管理活动、记录管理活动、纠正措施、过程管理活动和预防措施活动等。综合考虑不同的管理体系共用这些相同的要素，将带来好处，如在管理策划、资源配置、目标设定和企业绩效评价等方面具有较高的效益。综上所述，由质量目标和其他目标的关注内容、目标与管理体系的关系的分析，可得知质量管理体系与其他管理体系的关注点有以下几方面：

①不同管理体系包括质量管理体系和其他管理体系，均致力于满足相关方的需求、期望和要求。

②这些管理体系共用一些组成要素，可以形成一个单一的管理体系。

③此种共用的管理体系可以根据相应的要求或标准进行审核，包括质量管理体系审核和其他管理体系审核。

（二）质量战略制定

质量战略是部门或企业长期根本的质量决策，以质量的战略目标为核心，基于对市场环境和发展趋势的正确预测。质量战略规划是质量战略的具体化和延伸，侧重于定量分析。

1. 战略指导思想

首先要满足顾客需求。企业必须满足顾客需要和为顾客提供最大利益服务为宗旨，求得自身的发展。特别是随着企业转型为跨国公司，世界经济越来越相互渗透，相互依存，呈现出全球市场一体化的趋势。我们必须在更大的市场广度上来考虑顾客的需要。其次要系统化的思想。用系统论的观点来研究企业，着眼于全局性的发展规律和方向，树立质量意识整体观，动态平衡观和协调观点。把企业与质量相关的各个方面有机地联系起来。最后要加强全员思想。质量战略就是明确全员参与，确定行动的总方针，必须调动自上而下的所有人力、物力、财力，全面系统贯彻落实战略行动。

2. 战略目标

持续改进，产品质量零缺陷，2013年，质量目标PPM≤66，为关键顾客期望类别制定质量目标，保证质量目标与质量方针的一致性和可测量性，把质量目标进行分解，建立业务计划，各级负责人利用各种方式，通过各种渠道向全体员工传达。

3. 质量目标

质量目标通常包含有产品质量和服务质量的目标要求。设计质量目标是为了监测和衡量企业质量管理体系的有效性。在制定质量目标时，需要注意几个方面，一是目标必须是可测量的，不能简单地将公司目标转化为部门目标，而是要制定可以衡量的目标，即使有些目标无法量化也必须是可测量的。二是目标应该是可实现的，同时具有挑战性。不能制定过高的目标，也不能把已经实现或容易实现的目标当作新目标。三是长期的发展规划应与质量目标相结合，制定短、中、长期目标。短期目标每年确定并定期监测和衡量，需要在管理评审中进行评估，以确定是否适宜和是否需要修改和完善。四是目标实现后应重新制定更高的目标，如果目标没有实现需要分析原因并制定纠正措施，以提升体系运行的有效性，实现持续改进。

（1）销售部质量目标

2013年销售部质量目标值见表4-9。顾客满意度每半年进行一次，每次调查不低于90%的顾客，顾客有意见投诉100%处理。

表4-9 销售部质量目标值

序号	指标	量化方式	评价周期	负责人	目标值
1	合同评审及时率	%	6个月	销售部部长	100%
2	顾客满意率	%	6个月	销售部部长	99%

（2）生产部质量目标

2013年生产部质量目标值见表4-10。

表4-10　生产部质量目标值

序号	指标	量化方式	评价周期	负责人	目标值
1	生产计划完成率	％	6个月	生产部部长	99%
2	工艺执行率	％	6个月	生产部部长	100%
3	设备完好率	％	6个月	生产部部长	98%

（3）质保部质量目标

①A类材料采购产品。100%进行验证或检验；

②B类材料采购产品。100%进行外观检验和数量、品种核对；

③每班生产首检必检，主要工序2小时巡检一次，每次检验5件，成品不发生错检、漏检；

④关键工序产品，100%检验。

（三）质量管理工具的应用

质量管理工具主要用于质量改进活动。在质量改进活动中，无论是定量分析，还是定性分析都要运用一系列质量管理方法和质量管理工具。GL公司在质量管理上运用科学的质量管理工具，提高公司的质量管理水平。

1. 质量管理工具

戴明、朱兰、菲根堡姆、克劳斯比、石川馨、田口玄一的全面质量管理理普遍接受。计技术，分别是"鱼骨图""直方图""分层法""调查表""排列图""散布图""控制图"被称为"质量管理七种工具"的方法，普遍适用于质量改进活动中。质量管理工具见表4-11。

表4-11　质量管理工具

序号	质量管理老（七种工具）	质量管理新（七种工具）
1	调查表	关联图法
2	排列图	亲和图法
3	鱼骨图	系统图法
4	直方图	矩阵图法
5	控制图	数据矩阵分析法
6	散布图	过程决策程序图法
7	分层法	网络图法

关联图法。关联图是用来分析事物之间因果关系的一种图表，关联图法是借助于关联图，管理者能够从事物之间的逻辑关系中，找出解决问题的方法。GL公司将关联图应用于生产现场质量控制中，主要作用在使用关联图法降低了GL公司产品的不良品率。

亲和图法。把大量收集到的事实、意见或构思等语言资料，按其相互亲和性（相近性）归纳整理这些资料，使问题明确起来，求得统一认识和协调工作，以利于问题解决的一种方法。亲和图法在 GL 公司主要应用于掌握各种问题重点，想出改善对策；市场调查和预测；企业方针，目标的判定及推展；研发效率的提高；有利于公司全面质量管理的推行。

系统图法。将目的和手段相互联系起来逐级展开的图形表示法。

矩阵图法。利用数学上矩阵的形式表示因素间的相互关系，从中探索问题所在并得出解决问题的设想。它是一种通过多因素综合思考，探索问题的方法。在某个质量问题中，往往存在许多质量因素，将这些因素找出来，排列成行和列，其交点的位置就是相互关联的程度，从而找到解决问题的思路和对策。

数据矩阵分析法。GL公司在进行产品设计时，向顾客调查对产品的要求，利用矩阵数据分析法可以帮助研发人员通过对调查数据分析计算，判断出顾客对产品的要求、产品设计开发的关键影响因素，进而能确定哪些因素是临界质量特性。在质量管理工具中数据矩阵分析法是唯一利用数据分析问题的方法。

过程决策程序图法。即决定计划图，是针对为了达成目标的计划，尽量导向预期理想状态的一种手法。该法在GL公司用于防止重大事故的发生。

网络图法。安排和编制最佳日程计划，有效地实施进度管理的一种科学的管理方法，其工具是箭条图，故又称矢线法。

2. PDCA循环

PDCA循环最早是由美国质量统计之父修哈特提出的，而后由美国质量管理专家戴明改进成PDCA模式，它给出了质量管理活动的基本方法。GL公司的每个部室、车间、工段、班组，直至个人的工作，均有一个 PDCA循环，这样发现问题，一层一层地解决，环环相扣。大环与小环的关系，主要是通过质量计划指标连接起来，上一级的管理循环是下一级管理循环的依据，下一级的管理循环又是上一级管理循环的组成部分和具体保证。通过各个小循环的不断转动，推动上一级循环，以致整个企业循环不停转动。通过各方面的循环，把企业各项工作有机地组织起来，实现总的预定质量目标。因此，PDCA循环的转动，是整个企业全员推动的结果。

PDCA循环反映了质量管理活动的规律。PDCA循环不是运行一次就结束，而是周而复始地进行，一个循环完成，解决一些问题，未解决的问题进入下一个循环，这样的阶梯式上升，因此它是提高产品质量、改善企业经营管理的重要方法，是质量保证体系运转的基本方式。戴明14点理论是20世纪全面质量管理（TQM）的重要理论基础，表4-12是戴明全面质量管理14点内容及GL公司对策实例。

表4-12　戴明全面质量管理14点内容及GL公司对策实例

序号	内容	GL公司对策实例
1	企业要树立改进产品质量和服务顾客的长期目标，确保企业的生存和发展	质量手册
2	企业应用新的管理思维，在快速发展的市场经济时代，管理者必须意识到自己的责任，不允许出现交货延迟或交付有缺陷的产品	《APQP控制程序》《过程控制程序》《生产作业计划及交付控制程序》
3	产品质量是设计出来的，不是检验出来的，不能依赖于检验。企业要有一个意识：在前期市场调研时，就要把产品质量融入产品中，而不是依靠后期产品实现过程中的检验去保证产品质量	《APQP控制程序》
4	企业要核算好成本，而不是着眼于总成本最低。要有一个成本最小化的全面计划，立足于长期的诚信	《质量成本控制程序》
5	企业要有一个识别质量管理过程的措施，通过持续不断的改进生产和服务系统来实现质量、生产效率的改进和成本的降低	《质量评审控制程序》《产品开发控制程序》
6	企业要有一个更全面、更有效的岗位培训	《人力资源管理控制程序》
7	企业要有一个创新的领导方式，领导意味着帮助员工把工作做好	质量手册
8	企业内部要建立新的企业文化，鼓励员工积极提问，提建议，使每个员工都有参与感	《员工激励与控制程序》
9	企业要保持各个部门间有协同合作的态度。摒弃部门间的隔阂，使不同部门的成员以一种团队的方式协同工作	公司内部部门协调管理规定

序号	内容	GL公司对策实例
10	企业要有鼓励、培训员工提高产品质量意识和劳动生产率的方法，鼓励员工积极参与到质量改进活动中，以奖励的方式给予其补贴	《人力资源管理控制程序》《员工激励与控制程序》
11	企业要有一个检查工时定额和工作标准的有效程序，科学化管理工资制度，让员工感觉到公平，激励员工提高劳动生产率	各分公司《工时公示表》
12	企业要把重大的责任从数量上转到质量上，员工渴望把工作做好，但不得法的管理者、不适当的设备、有缺陷的材料会对员工造成阻碍	各分公司/部门组织机构及岗位职责、《设备管理控制程序》
13	企业要有一个长期而有效的教育培训计划，使得每一个成员都应不断发展自己，以使自己能够适应企业未来的变化	《人力资源管理控制程序》
14	在企业内建立一种组织体制，推动全员参加质量管理变革工作	《员工评审控制程序》《员工激励与控制程序》

3. 质量管理工具的应用步骤

运用新的质量工具及PDCA循环图，改进质量管理，将产品质量管理改进作为一个永不终止的不断获得进步的过程，是GL公司基于质量管理体系对公司质量改进的实施措施和应用方法。一个PDCA循环可分为四个阶段，八个步骤。

质量改进本身就是一个PDCA循环的过程。表4-13详细地说明了PDCA循环的八个步骤的具体内容。坚持持续改进，提高产品质量，将PDCA循环应用到GL公司质量管理的全过程中，在发展中，践行质量是生命，是企业立足长春、面向全国、走向世界的坚实基础。

表4-13　PDCA循环的八个步骤

步骤	内容	具体实施办法
1	分析现状，找出质量问题	①分析现状，发现问题； ②明确问题的背景是什么，到目前为止的情况是怎样的； ③选定完成任务的负责人； ④对改进活动的费用做出必要的预算； ⑤拟定改进活动的时间表
2	分析产生质量问题的原因	①抓住问题的特征，调查产生问题的各种因素； ②要从人、机、料、法、环、测六个方面进行调查

步骤	内容	具体实施办法
3	分析影响问题的主要原因	①收集关于可能原因的全部信息； ②运用"分析问题中各种影响因素"阶段掌握的信息，消去已确认为无关的因素； ③综合全部调查信息，找出主要影响因素
4	针对主要原因，制定措施计划	①Why——为什么要制定措施？ ②What——达到什么目标？ ③Where——在何处执行？ ④How——怎样执行
5	执行措施计划	按措施计划的要求去做 ①采取对策后，尽量不要引起其他的质量问题； ②准备好若干对策方案，调查利弊，选择参与者都能接受的方案
6	检查	把执行结果与要求达到的目标进行对比 ①如果改进的目的是降低不合格率或降低成本，要将特征值换算成金额，与目标值进行对比； ②如果有其他效果，不管大小都要列举清楚
7	标准化	把成功的经验总结出来，制定相应的标准 ①为保证持续改进，应再次确定5W1H，即Why、What、Who、When、Where、How并将其标准化，制定工作标准； ②进行有关标准的备案及宣传； ③实施教育培训； ④建立保证严格遵守标准的质量责任制
8	总结经验	把没有解决或新出现的问题转入下一个PDCA循环中去解决 ①总结本次质量改进活动过程中，哪些问题得到顺利解决，哪些问题尚未解决； ②找出遗留问题； ③考虑为解决这些问题进入下一个PDCA循环

第五节　汽车整车质量管理

一、整车质量检测

（一）整车质量检测概述

整车质量全面检查是为了确保客户交付质量，对所有整车外观以及静态、动态功能实行100%的全方位检查。外观及静态功能检查是在多方位、高亮度灯光照明下，不放过任何瑕疵，确保整车交付质量。动态功能检查是每辆车出厂前在跑道上模拟各种路面进行动态测试。跑道长1.6km，包括石块路、井盖路等10余种复杂路况，通过检查确保整车交付良好的驾乘体验。

图4-13　汽车整车检查流程

不合格车辆需要进行返修，整车检查的问题点分为三大类：外观、静态功能和动态功能。

1. 动态功能缺陷

影响驾驶感受的问题（可驾驶性/乘坐/操控/换挡/噪声振动及不平顺性/警告灯/仪表问题）包括方向盘不对中；故障指示灯持续亮；驾驶时有异响；缺降低噪声振动及不平顺性的零部件（降低噪声垫）。

2. 静态功能缺陷

静态功能缺陷包括使用遮阳板时有异响；使用门把手时感到有模具留下的利边；椅背后仰时阻力较大；收音机不工作；音响异音。

3. 外观缺陷

外观缺陷包括翼子板有划痕；可见毛边；使用不良密封胶；密封胶中断或缺失。

（二）整车质量评审与评审规范

整车质量评审是以用户在使用中对产品的质量要求为标准，由企业独立的专业部门对已验收合格的产品所进行的检查和评价。

1. 评审分类及严重程度级别

评审缺陷通过三个字母A、S、D来区分。A表示外观缺陷，S表示静态功能缺陷，D表示动态功能缺陷。

评审的缺陷评分等级如表4-14所示。

表4-14　评审的缺陷评分等级

分类	分类
外观：A100、A50、A10、A1	动态功能：D100、D50、D10、D1
静态功能：S100、S50、S10、S1	

评价外观、静态功能、动态功能时，缺陷的评分是不同的。缺陷分值的

基本标准见表4-15。

表4-15　缺陷分值的基本标准

严重程度级别	基本标准
100	1. 外观 2. 对于这类车辆，有100%的客户会关注这一状况，认为其"无法接受"并拒绝提车 3. 动态/静态功能 4. 车辆的功能特征完全不可用或"无法使用" 5. 故障/抛锚/无法驾驶，振动或车身底盘噪声过大（基于客户的第一印象） 6. 关键问题 7. 不符合法规要求
50	1. 外观 2. 对于这类车辆，有50%的客户会关注这一状况，认为其"令人讨厌"并考虑保修 3. 动态/静态功能 4. 车辆的功能特征时好时坏或操作故障，大多数客户认为"需要修理" 5. 关键问题 6. 趋近于法规规定的界限
10	1. 对于这类车辆，有10%的客户会关注这一状况，认为其"令人失望" 2. 这类车辆的客户可能会在进行常规维护时要求对问题进行保修 3. 保修风险较低
1	1. 对于这类车辆，有1%的客户会关注这一状况，认为其是"较小的缺陷" 2. 轻微配合缺陷或在B区域内，只有高期望客户才会认为是质量低劣 3. 持续改进，为大多数客户忽略但不具备竞争力 4. 包括在指标内但趋近于指标极限的情况

2. 缺陷所在区域（外观评价）

以客户的观点（站在驾驶人的角度）根据缺陷的可见性将车辆划分成不同区域。缺陷所处的区域决定缺陷分值的高低。

3. 车辆返修

整车质量评审规范：将需要进行返修的车辆（分值为50或100）交给车间进行返修。车辆返修后由质量部制造质量科进行确认，确认结果合格后该车辆可以进行移交。

外观和静态功能评审：将车辆放置到指定区域，并按照用户产品评审质量标准对车辆进行评审。作业人员录入缺陷点，信息系统将自动给出缺陷的评分。

动态功能评审：在进行动态功能评审时，由作业人员录入缺陷，信息系统自动给出缺陷的评分。验证完成后，将车辆停放在评审区域，以便各车间负责人确认问题点。

动态功能评审的特殊要求：每日抽检的车辆应在工厂大跑道进行16km的测试，相关驾驶人员应当通过相关驾驶资格认证。

在有特殊要求且条件允许的前提下，动态功能评审可按如表4-16所示的路线类型及里程进行。

表4-16 动态功能评审参考路况及里程

路线类型	所占比重（%）		
	小型车（A~B级）	中型车（C~D级）	高端车型（E—运动&商务车型）
城市路面	35	30	20
乡村路面	20	30	30
高速路面	20	20	20
山路	10	10	15
轻度坏路	15	10	15

由通过认证的驾驶人员对选取的车辆进行30km以上的测试对于完成90km测试的车辆，应按照相关标准每周进行一次全负荷测试、备胎测试盒牵引杆试验。

（三）问题车辆的处理

不合格车辆处理方法如下：

1. 立即进行问题追溯，根据样车生产编号前后各追溯至少5辆车进行此项目检查，具体追溯数量视不合格等级而定。

2. 针对不合格问题进行一次解析，若为非复合问题，则抽查员可直接判定责任部门，交车返修并提交不合格对策要求书；若为复合问题，则交由相应工程师进行解析。

3. 当不合格车辆返修完成后，抽查员须再次对该车进行此项目检查确认，判定合格方可关闭该车的此项抽查流程。

二、汽车召回制度

（一）汽车召回管理概述

汽车召回是指由缺陷汽车产品制造商进行的消除其产品可能引起人身伤害、财产损失的缺陷过程，包括通知、修理、更换、收回等具体措施。缺陷汽车召回制度最早起源于美国。

2012年10月22日，经国务院常务会议通过的《缺陷汽车产品召回管理条例》公布，我国突破缺陷汽车召回立法层级低的限制，将部门规章上升为行政法规，以促进召回制度有效实施。

《缺陷汽车产品召回管理条例》的颁布实施将对明知有缺陷拒不召回的企业产生巨大震慑作用。

《缺陷汽车产品召回管理条例》（以下简称《管理条例》）与《缺陷汽车产品召回管理规定》（以下简称《管理规定》）相比，有共享信息、加重处罚、信息记录三大看点，下面一一作出分析。

1. 共享信息：有助于发现缺陷线索

《管理条例》，质监部门、汽车主管部门、商务部门、海关、公安交通部门、工商部门等应当建立汽车产品的生产、销售、进口、登记检验、维修、消费者投诉等信息的共享机制。

一方面，消费者是与汽车产品直接打交道的人，在使用过程中发现的问题、感受到的不方便和不适，许多是实验室里以及测试过程中发现不了的。消费者的投诉是缺陷产品召回制度得以正常运作的重要基础，国家质检总局缺陷产品管理中心的有关数据表明：一些有规律的问题常常是在对消费者的投诉进行汇总分析时得出的。

另一方面，汽车的缺陷信息往往分布于各个部门，比如公安机关可能遇上多起有规律、类型相似的车祸，从而发现汽车产品存在的问题。因此，《管理条例》建立了多部门汽车产品信息共享机制，以便于发现汽车产品的缺陷线索。

2. 加重处罚：对非法行为增强威慑力

与《管理规定》相比，《管理条例》对隐瞒汽车产品缺陷、不实施召回等违法行为加大了处罚力度。

根据《管理条例》，生产者违反条例规定，未按照规定保存有关汽车产品、车主的信息记录，或未按照规定备案有关信息、召回计划，或未按照规定提交有关召回报告的，由产品质量监督部门责令改正：拒不改正的，处以5万元以上20万元以下的罚款。

《管理条例》还规定，生产者、经营者不配合产品质量监督部门进行缺陷调查，或生产者未按照已备案的召回计划实施召回，或生产者未将召回计划通报销售者，由产品质量监督部门责令改正；拒不改正的，处以50万元以上100万元以下的罚款；有违法所得的，并处没收违法所得；情节严重的，由许可机关吊销有关许可。

此外，《管理条例》还对一些严重的违法行为作出了严厉的处罚规定。生产者违反《管理条例》规定，未停止生产、销售或者进口缺陷汽车产品，或隐瞒缺陷情况，或经责令召回拒不召回的，由产品质量监督部门责令改正，处缺陷汽车产品货值金额1%以上10%以下的罚款；有违法所得的，并处没收违法所得；情节严重的，由许可机关吊销有关许可。

3. 信息记录：让缺陷调查掌握更多信息

国家质检总局缺陷产品管理中心负责人透露，从表面上看，目前我国的汽车召回是由企业主动实施的。

为此，《管理条例》明确规定，国务院质监部门开展缺陷调查，可以进入生产者、经营者的生产经营场所进行现场调查、查阅、复制相关资料和记录。

为了让缺陷调查掌握更多的真实信息，《管理条例》还规定，生产者应当将自身基本信息，汽车技术参数和汽车产品初次销售的车主信息，因汽车存在危及人身、财产安全的故障而发生修理、更换、退货的信息，汽车在中国境外实施召回的信息等报国务院质监部门备案。

国家质检总局相关负责人表示，将加强信息收集、风险评估、缺陷调查与认定等技术支持能力建设，推动国家缺陷工程分析实验室建设，为行政监管提供技术支撑。

召回的几个关键词。

（1）召回

召回是指按照《管理条例》要求的程序，由缺陷汽车产品制造商进行的消除其产品可能引起人身伤害、财产损失的缺陷的过程，包括制造商以有效方式通知销售商、修理商、车主等关于缺陷的具体情况及消除缺陷的方法等事项。

（2）缺陷

缺陷是指由于设计、制造、标识等原因导致的在同一批次、型号或者类别的汽车产品中普遍存在的不符合保障人身、财产安全的国家标准、行业标准的情形或者其他危及人身、财产安全的不合理的危险。

（3）制造商

制造商是指在中国境内注册，制造、组装汽车产品并以其名义颁发产品合格证的企业，以及将制造、组装的汽车产品已经销售到中国境内的外国企业。

（4）进口商

进口商是指从境外进口汽车产品到中国境内的企业。进口高视同为汽车产品制造商。

（5）销售商

销售商是指销售汽车产品并收取货款、开具发票的企业。

（6）租赁商

租赁商是指提供汽车产品为他人使用，收取租金的自然人，法人或其他组织。

（7）修理商

修理商是指为汽车产品提供排护、修理服务的企业和个人。

制造商、进口商、销售商、租赁商、修理商统称为经营者。

（8）车主

车主是指不以转售为目的，依法享有汽车产品所有权或者使用权的自然人、法人或其他组织。

（二）汽车召回实施

1. 召回的种类

缺陷汽车产品召回按照制造商主动召回和主管部门责令召回两种程序的规定进行。对缺陷汽车产品，生产者应当依照《管理条例》的规定全部召回；生产者未实施召回的，国务院产品质量监督部门应当依照本条例责令其召回。

2. 缺陷汽车召回管理的主管部门

国务院产品质量监督部门负责全国缺陷汽车产品召回的监督管理工作。

国务院产品质量监督部门根据工作需要，可以委托省、自治区、直辖市人民政府产品质量监督部门、进出口商品检验机构负责缺陷汽车产品召回监督管理的部分工作。

国务院产品质量监督部门缺陷产品召回技术机构按照国务院产品质量监督部门的规定，承担缺陷汽车产品召回的具体技术工作。

国务院有关部门在各自职责范围内负责缺陷汽车产品召回的相关监督管理工作。

3. 信息管理参与人、部门及其职责

产品质量监督部门和有关部门、机构及其工作人员不得泄露履行本条例规定职责所知悉的商业秘密和个人信息。

生产者应当建立并保存汽车产品设计、制造、标识、检验等方面的信息记录以及汽车产品初次销售的车主信息记录，保存期不得短于10年。

生产者应当将下列信息报国务院产品质量监督部门备案：

①生产者基本信息。

②汽车产品技术参数和汽车产品初次销售的车主信息。

③因汽车产品存在危及人身、财产安全的故障而发生修理、更换、退货的信息。

④汽车产品在中国境外实施召回的信息。

⑤国务院产品质量监督部门要求备案的其他信息。

销售、租赁、维修汽车产品的经营者（以下统称经营者）应当按照国务院产品质量监督部门的规定建立并保存汽车产品相关信息记录，保存期不得短于5年。

4. 召回实施

生产者获知汽车产品可能存在缺陷的，应当立即组织调查分析，并如实向国务院产品质量监督部门报告调查分析结果。

生产者确认汽车产品存在缺陷的，应当立即停止生产、销售、进口缺陷汽车产品，并实施召回。

经营者获知汽车产品存在缺陷的，应当立即停止销售、租赁、使用缺陷汽车产品，并协助生产者实施召回。

经营者应当向国务院产品质量监督部门报告和向生产者通报所获知的汽车产品可能存在缺陷的相关信息。

国务院产品质量监督部门获知汽车产品可能存在缺陷的，应当立即通知生产者开展调查分析；生产者未按照通知开展调查分析的，国务院产品质量监督部门应当开展缺陷调查。

国务院产品质量监督部门认为汽车产品可能存在会造成严重后果的缺陷的，可以直接开展缺陷调查。

国务院产品质量监督部门开展缺陷调查，可以进入生产者、经营者的生产经营场所进行现场调查，查阅、复制相关资料和记录，向相关单位和个人了解汽车产品可能存在缺陷的情况。

生产者应当配合缺陷调查，提供调查需要的有关资料、产品和专用设备。经营者应当配合缺陷调查，提供调查需要的有关资料。

国务院产品质量监督部门不得将生产者、经营者提供的资料、产品和专用设备用于缺陷调查所需的技术检测和鉴定以外的用途。

国务院产品质量监督部门通过调查认为汽车产品存在缺陷的，应当通知生产者实施召回。

生产者认为其汽车产品不存在缺陷的，可以自收到通知之日起15个工作日内向国务院产品质量监督部门提出异议，并提供证明材料。

生产者既不按照通知实施召回，又不在自收到通知之日起15个工作日内向国务院产品质量监督部门提出异议并提供证明材料的；提出异议的，或者经国务院产品质量监督部门组织与生产者无利害关系的专家对证明材料进行论证，必要时对汽车产品进行技术检测或者鉴定，经组织论证、技术检测、鉴定确认汽车产品存在缺陷的，国务院产品质量监督部门应当责令生产者实施召回；生产者应当立即停止生产、销售和进口缺陷汽车产品，并实施召回。

生产者实施召回，应当按照国务院产品质量监督部门的规定制订召回计划，并报国务院产品质量监督部门备案。修改已备案的召回计划应当重新备案。

生产者应当将报国务院产品质量监督部门备案的召回计划同时通报销售者，销售者应当停止销售缺陷汽车产品。

生产者实施召回，应当以便于公众知晓的方式发布信息，告知车主汽车产品存在的缺陷、避免损害发生的应急处置方法和生产者消除缺陷的措施等事项。

国务院产品质量监督部门应当及时向社会公布已经确认的缺陷汽车产品信息以及生产者实施召回的相关信息。车主应当配合生产者实施召回。

对实施召回的缺陷汽车产品，生产者应当及时采取修正或者补充标志、修理、更换、退货等措施以消除缺陷。

生产者应当承担消除缺陷的费用和必要的运送缺陷汽车产品的费用。

生产者应当按照国务院产品质量监督部门的规定提交召回阶段性报告和召回总结报告。

国务院产品质量监督部门应当对召回实施情况进行监督，并组织与生产者无利害关系的专家对生产者消除缺陷的效果进行评估。

5. 违法后果

当有违反《管理条例》的规定时，要承担以下后果：

生产者违反《管理条例》规定，有下列情形之一的，产品质量监督部门责令改正；拒不改正的，处5万元以上20万元以下的罚款：未按照规定保存有关汽车产品、车主的信息记录；未按照规定备案有关信息、召回计划；未按照规定提交有关召回报告。

生产者违反《管理条例》规定，有下列情形之一的，由产品质量监督部门责令改正；拒不改正的，处50万元以上100万元以下的罚款；有违法所得的，并处没收违法所得；情节严重的，由许可机关吊销有关许可：生产者、经营者不配合产品质量监督部门进行缺陷调查；生产者未按照已备案的召回计划实施召回；生产者未将召回计划通报销售者。

生产者违反《管理条例》规定，有下列情形之一的，由产品质量监督部门责令改正，处以缺陷汽车产品货值金额1%以上10%以下的罚款；有违法所得的，并处没收违法所得；情节严重的，由许可机关吊销有关许可：未停止生产、销售或者进口缺陷汽车产品；隐瞒缺陷情况；经责令召回拒不召回。

违反《管理条例》规定，从事缺陷汽车产品召回监督管理工作的人员有下列行为之一的，依法给予处分：将生产者和经营者提供的资料、产品和专用设备用于缺陷调查所需的技术检测和鉴定以外的用途；泄露当事人商业秘密或者个人信息；其他玩忽职守、徇私舞弊、滥用职权的行为。

（三）汽车召回情况介绍

汽车召回在美国、欧洲、日本、韩国等国家或地区早已不是一件新鲜事儿。其中，美国的召回历史最长，相关的管理程序也最严密。

在实际操作过程中，政府很少通过发布政令的方式来进行强制性的商品召回，而是鼓励生产厂商自行进行商品召回。

近年来随着互联网的日益普及，一些网站上也长期登载商品召回信息，如CEPR（欧洲风险预防中心）的网站就是这个领域的专业网站。作为主管部门，法国公平贸易、消费事务和欺诈监督总局在厂商决定对其产品进行召回处理时，将予以全面的协作和监督。但是，法国的汽车制造商在决定采取召回行动时并没有通报主管部门的义务，因为有关法规中没有这方面的规定。公平贸易、消费事务和欺诈监督总局往往是通过专业杂志或有关网站来了解汽车召回的信息。当地有关专家对厂商不必通报主管部门即可进行汽车召回的做法多次提出质疑，对于所谓的"无声召回"更是极力反对。他们认为，厂商通过"无声召回"无法完全消除安全隐患，因为许多车主往往不在专修店修车和保养，许多车辆质量问题因此得不到应有的解决。

第六节　汽车整车质量管理实例实践

一、汽车整车质量管理实例

（一）Y公司整车开发质量管理需求分析与方案设计

目前国内轻卡行业缺乏完整的产品开发质量管理流程体系，导致产品无法满足用户真正的需求，造成了资源浪费，产品质量达不到用户期望。乘用车方面，很多外资品牌如通用、大众、丰田等在项目质量管理方面已经发展得比较成熟。

国际上在汽车行业项目质量管理方面研究比较早且比较成熟的企业是美

国通用汽车公司。

（二）Y公司整车开发质量需求分析

Y公司产品主要以经销商反馈需求，结合市场上已有的竞品，在原有产品基础上进行逆向开发。在开发过程中，因需求的变化，产品设计变更频繁，造成项目开发进度滞后及成本浪费。产品投放市场时，发现产品竞争力已经不足，造成产品上市后销量达不到预期，产品不满足用户需求。主要情况如下：

1. 在项目组内未成立质量团队，分工不明确，导致质量控制工作开展不足。未开展质量策划活动，导致后续质量控制工作处于无序状态。

2. 项目设计阶段缺乏质量控制，未设定质量目标，未导入前车问题，并未开展前车问题规避工作，例如换选挡操纵性能一直都是客户反馈较多的问题，项目开发时未将换选挡提升作为前车问题进行解决，导致换选操纵性能一直低于行业标杆水平。导致产品设计质量水平偏低。

3. 实物造车阶段缺少系统性质量控制，在产品小批量生产前才开始进行质量检查及质量问题整改，导致质量问题多且重复发生。

4. 质量问题缺少管控，问题分析解决能力及质量工具运用不足，导致质量问题原因分析不清，措施验证不充分，导致问题重复发生。

5. 在项目开展过程中，缺少项目的质量定期审核，使得项目过程很多风险问题被掩盖，无法及时识别及解决，导致项目小批量生产，甚至开始投产后，爆发出大量质量问题。

针对目前公司项目质量管理中存在的问题，公司领导非常重视，要求结合SY-1产品进行改进，确保产品按质、按量地投放市场，提升项目质量管理水平，提升产品竞争力。

（三）整车开发质量控制总体方案设计

要做好产品开发项目的质量管理，首先需要分析最终产品所需达到的目标。这里目标包括了设计目标，如产品功能、产品尺寸、产品性能；可靠性目标，如产品的使用次数与年限；质量目标，如过程合格率、IPTV等。以上这些目标我们可以将它们归纳为客户的需求。

使用QFD工具建立基本框架，综合需求输入的信息，分析评价得到输出信息，从而完成一种需求转换。将之前零落的客户需求，通过QFD完整全面地集合起来，明确客户需求。

进行设计阶段的质量控制工作，在整车设计阶段，通过质量目标设定及实施以及前车问题分析改进两方面进行质量控制。

在整车设计启动前，结合产品需求分析情况，制定整车IPTV（千台车故障数）质量目标，并对整车目标进行零部件级的质量目标分解，形成BOM-ROW清单，并制定质量目标着陆道。在产品设计过程中，根据BOM-ROW清单及质量目标着陆道，采用FMEA工具对失效模式进行评估，对存在风险地进行优化改进。保证质量目标在方案设计、工艺分析、供应商选择等过程中进行落地，质量目标可控。

整车设计阶段，开展前车问题分析研究工作，在新车型设计、工艺、供应商选择时进行改进，保证新车型规避现有产品的问题，使得产品不断优化改进，提升产品竞争力，超越用户期望。

实物造车阶段质量，结合前期新产品开发验证，主要从质量控制需提前介入，开展多维度的质量评审工作以及使用质量工具强化问题解决三方面进行质量控制。

1. 加强实物造车阶段质量早期介入，在开发前期发现并解决问题，避免问题留到开发后期，保证项目质量及进度。EP（工程样车）造车阶段进行CVCA审核，提前发现问题。参与TIR问题分析解决，避免问题流入后续阶段。

2. 开展多维度的质量评审，见图4-14。

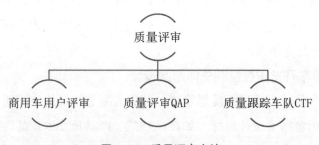

图4-14　质量评审方法

商用车客户评审CVCA：基于顾客导向的评审，重点关注用户的期望；质量评审QAP：模拟终端用户的使用工况，以客户的眼光来评判的产品质量信息；质量跟踪车队CTF：常规CTF和强化CTF，常规CTF主要验证的是城市道路，强化CTF主要评估的是在某些极端条件、气候（高温、高寒、山区）等环境下的可靠性。

3. 质量问题解决质量工具运用，使用SIL单一问题清单将质量问题进行汇总管理，使用8D法、7钻法、5Why、鱼刺图质量问题分析方案进行分析改进，并做好经验总结质量问题预防。

在新产品开发阶段，为了有效地控制产品开发质量状态达到分阶段目标，最终完成新产品高质量投产上市，在G5阀通过后（即工程发布完毕），由质量保证部负责G4-GO阀点的评审。在项目立项时，明确G4-GO阶段质量交付物清单，根据质量交付物清单，组织预评审及正式评审会议，对阀点交付物进行严格评审确认，保证项目按计划高质量地进入下一阶段。

结合目前产品开发及质量控制中存在的问题，确定了整车质量控制的整体方案，主要从建立开发流程、客户需求分析、整车开发设计阶段质量控制、整车开发实物造车阶段质量控制和整车开发阀点质量控制方面，开展产品开发质量控制研究。

二、汽车整车质量管理实例总结

（一）建立Y公司商用车开发流程

根据目前整车开发流程存在的问题，结合乘用车正向开发流程，编制了Y公司商用车开发流程。商用车开发流程共设置12个里程碑控制节点，参见图4-15。

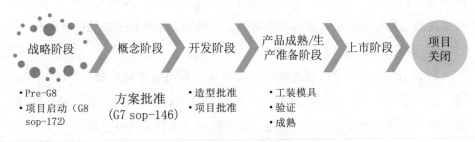

图4-15　整车开发流程里程碑节点设置

战略阶段：此阶段主要为项目可行性研究，主要为项目立项前准备阶段，收集市场信息确定项目范围、开发内容、资源需求、项目计划，形成报告至公司/集团管理层报批，领导层批准后，项目正式启动。

概念阶段：根据可行性报告，完成整车造型并通过公司管理层评审后冻结产品造型，完成整车总体架构方案，确定整车配置、整车性能指标、质量指标、产品边际收益。

开发阶段：完成内外饰的结构设计，评审验证通过后，发布数据。完成产品结构件工程设计开发，向零部件制造发布最终的工程数据。

产品成熟/生产准备阶段：通过工程样车装车以及试验验证，验证确认产品设计是否达到性能及可靠性要求；完成工装、模具、检具的生产制造，并完成工装件小批量生产；完成工装零部件性能及可靠性验证；通过在线生产样车，完成生产工艺的验证，确认工艺过程及检验过程的过程能力；通过验证改进，产品达到上市质量水平。

上市阶段：根据销售区域情况及上市计划，根据销售数据组织生产。

项目关闭：项目不再承担相关责任，项目组进行项目总结，项目组解散。

（二）QFD客户需求分析

运用QFD识别客户需求，将客户需求转化为产品及过程的质量特性，结合SY-1产品，通过对宏观经济、政策法规、物流行业、电商快递、轻卡市场总体预测进行分析，总结并梳理出客户需求，并对客户需求进行重要度排序。

1. 宏观经济

未来十年，中国经济在保持稳定中高速增长的同时，经济结构由投资、出口主导向消费主导转型，将带来轻卡需求总量增长，同时城市群、城镇化持续发展也将带来城市物流需求的增加，必然也会带来轻卡市场销量提升。

2. 政策法规

新版GB 1589将产品朝规范化、标准化、轻量化方向发展，如图4-16所示，新政造成的重卡市场呈爆发式增长，将会对轻卡市场产生传导效应，后续的中卡、轻卡预计也将严格实施，符合法规的车辆需求将会放大。

规范化	标准化	轻量化
·加装尾板装置的，后尾板收起后不超过0.3m的，不计入整车长度 ·不具备载货功能，超出车辆前、后端不超过50mm的装置，不在长度测量范围内（间接视野装置、空气进气管、后尾梯、后部导流装置等）	·2轴车GVW限值由16T加大到18T，总长限值由10m加长到12m ·高度≤4m ·车辆宽度限值由2.5m加宽到2.55m（冷藏车可以放宽到2.6m），满足装载两排托盘的要求	·总质量按照车型和轴类，最大车型（6轴）<49t ·封闭厢式半挂车从14.6米减少到13.75

图4-16　GB 581法规分析

法规的变化对于市场有着最直接的体现：黄标车置换、老旧车升级、低速车并轨等政策将持续带来产品换购需求；安全法规升级将导致产品升级；各地进城限制的地方政策变化将对各区域的轻卡需求产生较大影响；商用车第三阶段油耗标准实施将倒逼轻卡产品降低油耗；法规政策的持续升级带来产品性能提升的同时，价格与使用成本继续提高。

3. 消费者使用需求分析

轻卡用户按照性质、单位大小、自备和第三方等因素，主要可以分为6大类，未来预计满足电商快递的物流用户将快速上升，该类用户的核心关注和车型选择非常明确。

随着物流业迅猛发展，消费群体向组织化、集团化发展，电商物流兴起，平台化、社会化、专业化物流市场蓬勃发展，轻卡购买者向组织客户集中。未来5～10年，30岁左右客户将成为轻卡购买主力，"80"、"90"后成为轻卡使用主体。随着客户组织化、年轻化，客户需求不断升级，未来高效、专业、智能将是新的潮流。

（三）QFD质量分析

QFD过程由产品规划、零件设计、工艺设计、生产计划4个阶段组成，这4个阶段是相关且需要并行开展，顾客的要求被逐步展开为设计要求、零件特性、制造作业和生产要求。QFD从顾客需求开始，经过4个阶段即4步分解，用4个矩阵，得出产品的工艺和质量控制参数，如图4-17所示。

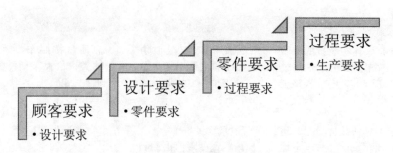

图4-17 产品开发循环中的QFD

1. 组织问卷调查

为了研究顾客对于轻卡的产品需求，根据轻卡产品特点，共分7个需求要素进行问卷调查。为方便统计分析，采用本克特量表的形式，让样本对各需求要素进行打分，范围是1～5分，直接对不同的打分而是15分，分别表示非常不重要，不重要、一般、比较重要和特别重要。

表4-17 轻卡的顾客需求层次

第一层次	第二层次
轻卡质量优化目标	操控性
	可靠性
	货箱容积大
	轻量化
	动力性能好
	智能
	经济型

如表4-17所示，轻卡的顾客需求第一层为轻卡质量优化目标；需求的第二层次为操控性、可靠性、货箱容积大、轻量化、动力性能好、智能、经济性。顾客对产品的需求要素重要度评分如表4-18所示：

表4-18 顾客对产品的需求要素重要度评分

选项	非常不重要	不重要	一般	比较重要	特别重要
操控性	8（1.89%）	48（11.32%）	144（33.96%）	144（33.96%）	80（18.87%）

选项	非常不重要	不重要	一般	比较重要	特别重要
可靠性	4 （0.94%）	12 （2.83%）	60 （14.15%）	140 （33.02%）	208 （49.06%）
货箱容积大	8 （1.89%）	8 （1.89%）	104 （24.53%）	184 （43.4%）	120 （28.3%）
轻量化	12 （2.83%）	20 （4.72%）	136 （32.08%）	188 （44.34%）	68 （16.04%）
动力性能好	4 （0.94%）	12 （2.83%）	28 （6.6%）	112 （26.42%）	268 （63.21%）
智能	24 （5.66%）	48 （11.32%）	156 （36.79%）	152 （35.85%）	44 （10.38%）
经济型	4 （0.94%）	12 （2.83%）	132 （31.13%）	196 （46.23%）	80 （18.87%）

2. 顾客需求及重要度

根据问卷结果，归纳出顾客需求的各个要素的重要度得分，如表4-19所示：

表4-19　各顾客需求要素重要度得分

顾客需求	重要度
操控性	3.57
可靠性	4.26
货箱容积大	3.94
轻量化	3.66
动力性能好	4.48
智能	3.34
经济型	3.79

3. 产品的技术要求

表4-20　轻卡的技术要求

变速箱换选挡 （性能）	车辆设计 （寿命）	货箱 （尺寸）	整车装备 （质量）	发动机 （功率）	巡航 多媒体	油耗

4. 顾客需求要素与技术要求的关系矩阵

将顾客需求要素与技术要素交叉对应，分析归纳它们的相关性，用数值1～5表示相关程度，得到关系矩阵，如表4-21所示：

表4-21　需求要素与技术要求相关矩阵

顾客需求	变速箱换选档（性能）	车辆设计（寿命）	货箱（尺寸）	整车装备（质量）	发动机（功率）	巡航多媒体	油耗
操控性	5						
可靠性		5					
货箱容积大			5	1			
轻量化			2	3			
动力性能好				1	5		3
智能						5	
经济型				1			3

5. 各技术要求的重要度

用每一项技术要求对应顾客需求的相关系数乘该项顾客的重要度，再对应求和，得到各技术要求的重要度，如表4-22所示：

表4-22　各技术要素的重要度得分

技术特性	变速箱换选档（性能）	车辆设计（寿命）	货箱（尺寸）	整车装备（质量）	发动机（功率）	巡航多媒体	油耗
重要度	17.85	21.3	27.02	23.19	22.40	16.70	20.35

6. 相关矩阵

技术特性之间存在强正相关，弱正相关和强负相关、弱负相关以及不相关五种关系，当一种技术特性的改善使另一种技术特性恶化。那么它们之间呈负相关关系；当一种技术特性改善时，另一个技术特性同时改善，那么它们之间呈正相关关系；当一个技术特性的改善，对另一个技术特性没有产生影响，那么它们之间没有关系。如图4-18所示：

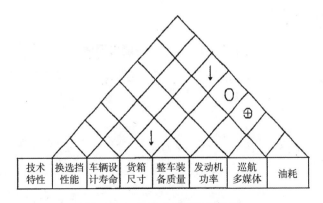

图4-18　各技术要素的相关性

7. 市场竞争能力评价

表4-23　本轻卡产品市场竞争能力评估表

顾客需求	市场评价			质量计划		
	本品牌产品	国内标杆产品	新产品	质量提高率	重点需求	权数
操控性	3	4	5	1.67		4.24%
可靠性	4	5	5	1.25	◎	24.82%
货箱容积大	4	5	5	1.25		9.93%
轻量化	3	4	5	1.67		8.35%
动力性能好	4	5	5	1.25	◎	31.50%
智能	3	4	5	1.67		7.33%
经济型	4	5	5	1.25	○	13.83%

8. 设定质量规格

表4-24　新产品质量规格

技术特性	设计质量规格
变速箱换选挡性能	换选挡力<45N
车辆设计寿命	设计寿命10年
货箱尺寸	货箱长×高×宽：4200×2300×2300
整车装备质量	整车装备质量<3500kg
发动机功率	发动机功率>150kw
巡航多媒体	具备巡航、多媒体功能
油耗	百公里油耗<11升

9. 技术竞争能力评估

表4-25　技术竞争能力评估

产品技术竞争力参数	变速箱换选挡性能	车辆设计寿命	货箱尺寸	整车装备质量	发动机功率	巡航多媒体	油耗
产品技术竞争力指标	换选挡<45N	设计寿命10年	货箱长×宽×高4200×2300×2300	整车装备质量<3500kg	发动机功率大于150kW	具备巡航、多媒体功能	百公里油耗<11升
本品牌产品	3	4	4	3	4	3	4
新产品	5	5	5	5	5	5	5
国内标杆产品	4	5	4	4	5	4	5

通过QFD质量屋的分析，识别了用户的需求，梳理明确了产品需求与技术参数的关系，确保了用户需求最大识别，保证了客户需求能准确地运用到产品设计中。其中油耗是用户比较关心的，通过轻量化、发动机的功率及标定数据达到油耗的标准要求。但如果需要动力性好，发动机的功率选择时要相应大点，与油耗会存在负相关性。

为解决这一矛盾，确定发动机功率为152kW，同时通过标定数据优化，满足油耗及动力性的要求，实现了正关联。

（四）组建质量团队开展质量策划

SY-1产品在G8开阀前，组成了质量控制团队，规定了质量人员的组织架构，为后续项目质量控制工作做好资源保证，如图4-19所示：

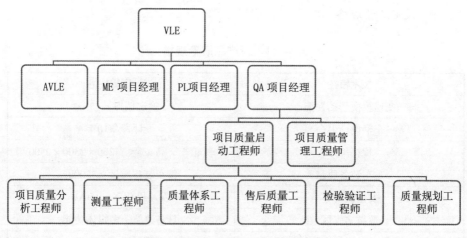

图4-19　SY-1项目人员的组织架构

明确了项目质量经理在项目中的主要质量职责：

①参与各阶段PQRR整车评审（油泥模型/工程样车/生产启动阶段样车）；

②统一对质量的理解与期望；

③在项目先期落实项目质量预算；

④建立交流方式：周PET会、周先期项目例会、周QA新项目例会；

⑤充分地讨论；

⑥通过外部调研（JDP/经销商走访等），将不同的市场需求经分析、筛选作为项目输入并跟踪状态。

质量团队的配置及合理运用，在项目中拉动各部门及时针对质量问题、风险制定补救计划，能够有效地在虚拟造车阶段进行质量控制。

SY-1产品在Y公司最新产品架构及平台基础上，针对中国中高端市场开发的新款轻卡，市场定位为中高端轻卡（其核心目标市场为物流运输），新产品整车产品质量应达到或超过已投产车型的目前实际质量水平。

新产品开发过程中，针对国内现生产及售后反映的较大质量问题应在设计、零部件质量、制造工艺、过程质量控制方面进行提升。同时针对物流、改装类客户，应在保持承载的前提下，在客户关注的舒适性、经济性等方面提高要求。

SY-1产品质量策划团队成员涵盖了产品开发过程的全业务链部门，除了包含质量保证部、装配车间等制造区域，还应该包括规划及项目管理部、采购部、技术中心等业务部门。在预研阶段，通过VLT团队，建立了质量策划团队，如表4-26所示，通过在质量策划中明确各业务部门的质量职责，通过平行部门之间进行质量沟通、协调，确保质量策划的可行性。

表4-26　质量策划分工及实施内容

序号	姓名	所属部门	职责	主要工作
1	李某	质量保证部	质量保证	负责协调项目质量保证工作
2	张某	质量保证部	质量保证	负责协调项目质量保证相关的工作
3	赵某	制造工程部	投资及工艺	生产工艺设计及保障
4	李某	技术中心	项目管理	负责协调项目质量保证相关的工作

序号	姓名	所属部门	职责	主要工作
5	刘某	技术中心	产品开发	负责协调项目质量保证工作；DFMEA制定及动态管理；编制专用件清单和编制零部件SORPFMEA制定及动态管理
6	赵某	装配车间	过程控制	编制过程流程图及控制计划；编制工艺文件及检验指导文件
7	杨某	采购部	零部件质量控制	外购件的先期质量策划；组织外购件生产件批准；制定关键零件供应商质量控制计划
8	郭某	质量保证部	整车检验	试生产及量产整车年终检查；编制整车检验指导文件
9	曹某	质量保证部	质量保证	参与设计方案评审；负责工装样车、试生产、量产整车评估；质量问题汇总

（五）整车开发质量目标设定及分解实施

在SY-1产品整车开发中，强化了质量目标分解工作，按照质量目标着陆道，采用BOM ROW的方法，通过设计方案、工艺方案、供应商调整等措施，保证项目虚拟造车质量目标的达成。

通过JD.POWER、市场调研等手段，SY-1项目在G8阶段，获得竞品同类车型的质量指标，将质量指标进行详细的分解，并以此为根据，制定SY-1项目的初始的质量目标。根据项目定位，初始的质量目标需达到细分市场第一名，所以在产品概念开发阶段和产品开发阶段，根据当前细分市场最佳表现，采用BOM ROW方法识别虚拟造车实际目标与设定质量目标差距，并制定相应的措施，如表4-27所示。

表4-27　BOM ROW分解IPTV目标

级别	拓展代码	名称	SMT	失效模式	IPTV目标	IPTV实际值	已投产B车型IPTV内部要求	已投产B车型IPTV供应商要求
1	10	动力生成	PT		80.66	83.63	160	37
3	10.01.01	发动机	PT	正时罩盖不密封，低温进水结冰，正时皮带爬齿	48.18	47.67	80	24
3	10.01.02	电力牵引	PT		0	0	N/A	N/A
	10.01.03	燃料电池模块	PT		0	0	N/A	N/A

续表

级别	拓展代码	名称	SMT	失效模式	IPTV目标	IPTV实际值	已投产B车型IPTV内部要求	已投产B车型IPTV供应商要求
3	10.02.01	自动变速器	PT		0	0	N/A	5
3	10.02.02	手动变速器	PT	变速器发动机结合面漏油	26.36	35.11	35	5
3	10.03.01	发动机管理系统	PT	发动机急加速过程中出现黑烟软件问题	5.32	0.6	5	1.5

SY-1整车产品在G8阶段制定了IPTV质量目标着陆道计划。按照SY-1项目质量着陆道计划，定期组织IPTV虚拟造车质量目标着陆道评审，及时识别项目中存在的风险，制订改进计划，确保G6冻结的质量目标与设定的质量目标差距在15%内。

（六）DFMEA失效模式及后果分析运用

FMEA Failure Mode and Effects Analysis潜在失效模式与后果分析。

FMEA是一种可靠性设计的重要方法。它对各种可能的风险进行评价、分析，以便在现有技术的基础上消除这些风险或将这些风险减小到可接受的水平。

根据FMEA分析的定义，风险有3个要素：严重度、频度和可探测度。严重度（S）：发生失效的严重程度的指标，严重度分为1~10级。频度（O）：发生失效的可能性指标，频度分为1~10级。可探测度（D）：当发生失效时能够探测出失效的可能性的指标，可探测策度分为1~10级。这些值相乘就产生了风险优先数（RPN）RPN=S×O×D。RPN越高则代表风险越大，当RPN相同时则按S>O>D的顺序来排序。当RPN计算出来之后，我们就要按降序排列，对每一个风险项进行对策，降低其RPN值，使其风险降到最低。

第五章

汽车企业质量策划与质量改进

第一节　质量策划与质量改进概述

　　美国著名质量管理专家朱兰博士提出了质量管理三部曲，包括质量策划、质量控制和质量改进三个阶段。这三个阶段是质量管理中不可或缺的组成部分。

　　质量管理是指在质量方面指挥和控制组织的协调活动，通常包括制定质量方针和质量目标，以及通过质量策划、质量保证、质量控制和质量改进实现这些质量目标的过程。

　　质量策划致力于制定质量目标，并规定必要的运行过程和相关资源以实现质量目标；质量控制致力于满足质量要求；而质量改进致力于增强满足质量要求的能力。

　　从先后逻辑关系看，质量策划是根据内外部条件制定质量目标和计划，同时，为保证这些目标的实现，规定相关资源的配置；质量保证致力于提供质量要求会得到满足的信任；质量控制是促使符合计划和目标的要求在实施过程中当控制对象脱离规定要求时采取措施，使其回到规定范围或方向上来。换句话说，质量控制就是保证控制对象的持续稳定，而质量改进是在稳定的基础上提高质量。

第二节　质量策划的概念

一、质量策划的内容和作用

质量策划的重点在于制定质量目标并实现它们。质量目标是为质量方针所设立的，常依据组织的质量方针规定，并分别确定相关职能和层次的质量目标。此时谈到的质量策划是质量管理体系层面的，质量策划的结果是质量计划。

在QS 9000标准的《产品质量先期策划和控制计划》手册中，明确规定了质量策划的输出，这些输出包括：①设计目标；②可靠性和质量目标；③初始材料清单；④初始过程流程图；⑤特殊产品和过程特性的初始清单；⑥产品保证计划；⑦管理者支持。

无论是广义的质量策划还是狭义的质量策划，都是根据外部环境、内部条件以及下一步的经营方针和战略，围绕企业质量管理体系或产品质量所进行的总体决策活动。

目前，国际上许多企业开展质量策划时经常采用的方法是质量功能展开（Quality Function Deployment，QFD）。在国际上曾经开展过次专项问卷调查，调查企业应用质量功能展开的主要目的是什么，回答"开展质量策划"的企业列第一位，占总体比例的70%左右。

二、质量功能展开的基本原理和应用步骤

1. 质量功能展开的产生与发展

质量功能展开起源于20世纪60年代的日本。1978年6月，水野滋和赤尾洋二教授编写了《质量功能展开》一书。该书从全公司质量管理的角度介绍了该方法的主要内容。经过几十年的推广和发展，逐步完善了质量功能展开的理论框架和方法论体系。

质量功能展开不仅在日本，在欧美、澳大利亚和亚洲的一些国家与地区也得到了广泛应用，并收到显著效果。

2. 质量功能展开的含义

质量功能展开在欧美国家也称为质量屋（The House of Quality），形式上以大量的系统展开表和矩阵图为特征，集合价值工程或价值分析（VE或VA）、故障模式及影响分析（FMEA）的思路，对在生产中可能出现的问题尽量提前予以揭示，以期达到多元设计、多元改善和多元保证的目的。

从全面质量管理视角出发，质量要素中包括理特化性和外观要素、机械要素、人的要素、时间要素、经济要素、生产要素和市场及环境要素。将这些要素组合成一个有机的系统，并明确产品从设计开发到最终报废全过程的质量职能，使质量职能得以切实完成，是质量功能展开的目的。

质量功能展开包括综合的质量展开和狭义的质量功能展开（也可称为质量职能展开），而综合的质量展开又包括质量展开（质量表的绘制）、技术展开、可靠性展开和成本展开，其关系如图5-1所示。

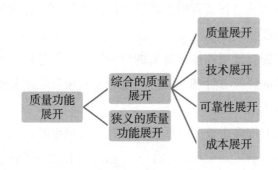

图5-1　质量功能展开的基本构成

水野滋和赤尾洋二教授对综合的质量展开（QD）的定义如下："将用户的要求变换成代用特性，确定产品的设计质量，然后经过各功能部件的质量，从而至各部分的质量和工序要素，对其中的关系进行系统的展开。"

质量功能展开本身原理简单，包括了大量管理技术的应用，如价值工程或价值分析、故障模式及影响分析、故障树分析（FTA）、亲和图法、矩阵图法、树图法、层次分析法（AHP）、市场调查和用户访谈等，通过系统对应地展开，将大量管理技术有机地融为一体。质量功能展开与其说是一种方法，不如说是一种系统管理的思想在新产品开发中的体现更为贴切。

通过质量功能展开，可以产生产品质量计划、质量控制计划、采购质量计划、检验计划和质量改进计划等一系列具体的质量计划。

第三节 质量策划展开

进行产品质量策划时，应用质量功能展开中的质量展开，主要是应用质量表。

一、质量展开的基本步骤

从图5-1可知质量展开在质量功能展开中的位置。实际上，所有的展开都是从质量展开开始的，而且质量策划工作也是质量展开所要完成的工作。所以，无论是从整体质量策划的角度还是从质量功能展开的角度看，质量展开都是非常重要的一项工作。

质量展开包括以下主要步骤：①市场调查；②抽出质量要求；③变换；④绘制要求质量展开表；⑤抽出质量要素；⑥绘制质量特性（或要素）展开表；⑦绘制矩阵表；⑧制作质量策划表并开展质量策划；⑨将重要度变化至质量特性；⑩确定设计质量重要度。

下面按用户质量要求的收集整理、质量策划的展开和确定设计质量三大部分，对绘制要求质量展开表的相关工作进行简单的介绍。

二、用户质量要求的收集整理

（一）市场调查

这里提到的市场调查除了问卷调查、访谈研究以外，还包括从企业内部获取信息（如行业信息、专业杂志、用户意见和投诉等）的灵活应用。

（二）抽出质量要求

企业获得的信息是各种各样的，有意见、抱怨、评价、希望，有关于质量的，也有涉及功能的，还有关于价格的，所以必须对从用户那里收集来的信息进行分类和整理。

（三）变换

原始信息是用户本来的声音，还需要对用户发出的信息进行解读，将其变换成规范的质量要求。通常对原始信息直接变换比较困难，要引入要求项目的范畴，使质量要求的变换容易进行。变换分两步进行，首先转换成要求项目，然后再转换成要求质量。

由于要对质量要求等语言资料进行分类、分层处理，所以对质量要求的表述形式应有具体的要求。因此，变换工作需要根据要求逐一进行，最终将抽出的质量要求变换成要求质量的形式。

（四）绘制要求质量展开表

利用亲和图和树图，根据不同要求质量的层次和亲和度，整理成树状展开的要求质量展开表。表5-1是经过整理后的一次性打火机要求质量展开表。

表5-1 一次性打火机的要求质量展开表

一次	二次	三次
能可靠地点着火	可简单地点着	能单手点着
		一次就能点着
		轻轻地就能点着
	在哪儿都能点着	在雨中也能点着
		寒冷的地方也能点着
		大风中也能点着
容易使用	能安心使用	火焰能够调整
		火苗稳定
		能够长时间地点着
		放在哪儿都能安心
	容易处理	扔到哪儿都没事
能够安心携带	拿着放心	仅在必要的时候才能点着
		能够确切地将火苗熄灭
		只有打火时才往外排气
	能够知道何时更换	能够知道气体剩余量
		能够一直用到没有气体为止
能用很长时间	结实	能够受强烈的冲击
		掉到地上还能用
		掉到水中还能用
	拿起来方便	能拿在手中
		质量适中

一次	二次	三次
能用很长时间	拿起来方便	能放在衣服口袋里
外观设计很漂亮	袖珍的外形	外形有点儿圆
		比较薄
	颜色亮丽	使用亮色
		颜色时髦漂亮
		使用单纯朴素的颜色
让人爱不释手	引人注目	点着火时有声音
		火苗的颜色在变
		能够换外壳
		点火的声音好听
	看起来昂贵	瘦削的外形

（五）抽出质量要素

质量要素采用质量特性的表达方式，是比较接近要求质量的一种表达方式。它处于要求质量向质量特性变换过程中的中间状态，不用考虑其是否可计量。在变换过程中，早期往往采用质量要素的形式，当经过策划和重要度变换后，再对重要的质量要素的可计量性进行探讨。质量要素既可以直接转化成质量特性，也可以用几个代用指标进一步代替该质量要素。

把以用户的语言写出的质量要求变换成用技术语言表达的质量特性，可以将用户的要求转化成产品特性。而将用户的期望变换成技术的实现，就必须将质量要求变换成质量特性。所谓质量特性，是成为质量评价对象的性质和性能，是代表用户质量要求的代用特性。对于有形产品，如果拥有相应的技术，就可以准确地抽出很多质量特性。但现实中有很多感性的特性，尤其是服务业，要从中抽出能够计量的质量特性常常很困难，所以可以先抽出质量要素，再把其中能计量的质量要素变换成质量特性。

（六）绘制质量特性（或要素）展开表

再次利用亲和图和树图，将质量要素或质量特性绘制成质量特性展开表。

（七）绘制矩阵表

根据要求质量展开表和质量特性展开表，可以绘制出矩阵表。通过该表可以找出彼此之间的关联性，并确定关联性的强弱。表5-2是一次性打火机的第一层次要求质量和第一层次质量要素之间形成的矩阵表。

表5-2　一次性打火机的第一层次要求质量和第一层次质量要素之间形成的矩阵表

要求质量 展开表 ＼ 质量要素 展开表	形状尺寸	重量	耐久性	点火性	操作性	设计性	话题性
能可靠地点火			○	◎	○		
容易使用	◎	◎			○		
可安心使用	☆	☆	◎	○			
可长期使用			◎	○	○	☆	
外观设计良好	○	○				◎	○
令人爱不释手			☆		☆	○	◎

注："◎"表示关系密切，"○"表示有关系，"☆"表示可能有关系

三、质量策划的展开

该阶段的工作是绘制质量策划表并开展质量策划。质量策划表的结构如表5-3所示。

表5-3　质量策划表的结构

比较				策划			重要度	
自己 公司	其他公司			策划 质量	水平 提高率	卖点	绝对 重要度	要求质量 重要度
	X公司	Y公司	Z公司					

在表5-3中，绝对重要度是考虑了策划质量水平、水平提高率和卖点后计算出来的；要求质量重要度是将其100分化，也就是使其合计的总和等于100。

四、确定设计质量

首先要完成的工作就是将要求质量重要度变换成质量特性重要度。具体

可以采用一些配点方法，将要求质量重要度变换成质量特性重要度，在变化过程中会结合质量特性与要求质量之间的关联性来确定分值。

确定了质量特性重要度后，再根据竞争对手相应质量特性的水平和该特性的重要度，确定自己企业产品或服务特性的设计水平。

第四节　质量改进

企业要提高顾客的满意程度，就必须不断地开展质量改进。一方面，出现了问题就应立即采取纠正措施；另一方面，通过寻找改进的机会，也可预防问题的出现。持续的质量改进是质量管理的基本内容。

一、质量改进的概念及意义

（一）质量改进的概念

质量改进与质量控制不同：质量控制是使产品保持已有的质量水平；而质量改进是对现有的质量水平在控制的基础上加以提高，使质量达到一个新的水平。

ISO 9000—2015标准将质量改进定义为："质量管理的一部分，致力于增强满足质量要求的能力。"

（二）质量改进的意义

质量改进是质量管理的重要内容，其重要意义包括以下几方面：

①质量改进具有很高的投资收益率。俗话说"质量损失是一座没有被挖掘的金矿"，而质量改进正是通过各种方法把这座金矿挖掘出来。

②可以促进新产品开发，改进产品性能，延长产品的生命周期。

③通过对产品设计和生产工艺的改进，更加合理、有效地使用资金和技术力量，充分挖掘企业的潜力。

④可以提高产品的制造质量，减少不合格品，达到增产增效的目的。

⑤通过提高产品的适用性，提高企业产品的市场竞争力。

⑥有利于发挥企业各部门的质量职能，提高工作质量，为产品质量提供强有力的保障。

二、质量改进的基本过程

质量改进活动是一个过程，必须按照一定的步骤进行，否则可能会徒劳无功。

（一）质量改进的基本过程——PDCA循环

任何一个质量活动都要遵循PDCA循环规则，即策划（Plan）、实施（Do）、检查（Check）和处理（Act）。PDCA循环如图5-2所示。

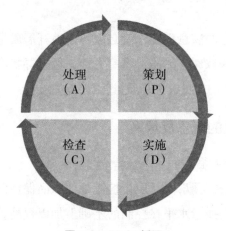

图5-2　PDCA循环

1. PDCA循环的内容

PDCA循环包括四个阶段：策划、实施、检查和处理。

策划阶段包括制定方针、目标、计划和项目管理等。

实施阶段是实际执行具体对策。

检查阶段是在对策实施后，检查对策的效果。

处理阶段是总结成功的经验，形成标准，并将未解决的问题转入下一轮PDCA循环解决，为制订下一轮改进计划提供资料。

2. PDCA循环的特点

①四个阶段一个也不能少。

②大环套小环。例如，在实施阶段也会存在制订实施计划、落实实施计划、检查计划的实施进度和处理的小PDCA循环。

③每循环一次，产品质量、工序质量或工作质量就会提高一步。PDCA是螺旋式不断上升的循环。

（二）质量改进的步骤、内容及注意事项

质量改进的步骤是一个PDCA循环，PDCA循环可以分为若干步骤完成。过去习惯的说法是"四阶段、八步骤"，随着ISO 9000标准的颁布实施，"四阶段、七步骤"的说法逐渐得到公认。其一般顺序为：

1. 明确问题

①明确所要解决的问题为什么比其他问题重要。

②问题的背景是什么，到目前为止的情况是怎样的。

③将不尽如人意的结果用具体的语言表达出来，说明有什么损失，并具体说明希望改进到什么程度。

④选定题目和目标值。如果有必要，将子题目也定下来。

⑤正式选定任务担当者。若是小组，就需要确定组长和组员。

⑥对改进活动的费用做出预算。

⑦拟定改进活动的时间表。

2. 把握现状

①为抓住问题的规律，需要调查四个要点，即时间、地点、种类和特征。

②为找出结果的波动规律，要从各种不同角度进行调查。

③去现场收集数据中没有包含的情报。

3. 分析问题原因

（1）设立假说（选择有可能的原因）

①为了收集关于可能原因的全部信息，应画出详细的因果图（包括所有认为可能有关的因素）。

②运用"把握现状"阶段掌握的信息，消去所有已明确认为无关联的因素，用剩下的因素重新绘制经过精简的因果图。

③在图中标出认为可能性较大的原因。

（2）验证假说（从已设定的因素中找出主要原因）

①收集新的数据或证据，制订计划以确认可能性较大的原因对问题有多大影响。

②综合全部调查到的信息，确定主要影响原因。

③如果条件允许，可以有意识地将问题再现一次。

需要注意的是，验证假说必须根据重新进行试验和调查所获得的数据有计划地进行。

验证假设是核实原因和结果之间是否存在密切关系的过程。尽管通过大家的讨论来决定问题的处理方式是一种民主的方式，但它并不一定科学可靠。这种方法可能会导致错误的结论，即使全体成员都认同某个意见，并进行了数据分析和对策制定。

在实际操作中，存在一些不进行数据分析就制定对策的情况。尝试多种可行方案，并追踪其效果，如果表现良好，则可确定问题已得到解决。但是，通过结果来推断原因很容易导致大量试错，即使问题得到解决，也很难精确定位其主要原因，这也是一些问题一而再再而三出现原因的所在。

4. 拟定对策并实施

①严格区分应急措施和根本解决措施。

②对策引起的副作用可能会带来新的问题。

③准备多种对策方案，并综合考虑各方的利弊。

5. 确认效果

①可以使用同一种图表来比较对策实施前后的不合格品率。

②将效果转换为金额，并与目标值进行比较。

③所有成果都应该列举，不论其大小。

当对策实施后未达到预期结果时，应确认是否按计划严格执行。若如此，则意味着对策失败，需重新回到"把握现状"阶段。若未达到预期效果，需要考虑两种情况：①是否按计划实施了；②计划本身是否存在问题。

6. 防止再发生和标准化

①为改进工作，应再次确认5W1H的内容，即What（什么）、Why（为什么）、Who（谁）、Where（哪里）、When（何时）、How（如何），并将其标准化。

②进行有关标准的准备及传达。

③实施教育培训。

④建立保证严格遵守标准的质量责任制。

7. 总结

①找出遗留问题。

②考虑解决这些问题后下一步应该怎么做。

③总结在本次降低不合格品率的过程中，哪些问题得到了顺利解决，哪些问题尚未被解决。

三、质量改进的组织与推进

（一）质量改进的组织

质量改进的组织有两个层次：首先由管理层即质量委员会从整体角度调动资源来推进改进项目；其次由实施层即质量改进团队（亦称质量改进小组或QC小组）具体完成工作项目。

1. 质量委员会

质量委员会的主要职责是促进、协调和推动质量改进工作，并使其制度化。该委员会通常由高级管理层的一些成员组成。当高级管理层自己担任质量委员会的领导和成员时，委员会的工作效果最佳。

质量委员会主要有以下职责：

①制定质量改进方针。

②参与质量改进，并且制定和改善与绩效相结合的薪金、奖励制度。

③为质量改进团队提供资源。

④对主要的质量改进绩效进行评估并给予公开认可。

2. 质量改进团队

质量改进团队是一个临时性组织，不在企业组织结构图中，且没有固定领导。虽然在全球各地，质量改进团队有不同的名称，如QC小组、质量改进小组、提案活动小组等，其基本组织结构和方式大致相同，通常包括组长和成员。

（二）质量改进的障碍

尽管质量改进拥有严密的组织和明确定义的实施步骤，并在一些企业中取得了明显成果，但大多数企业在实施质量改进时并不尽如人意。有的企业由于不知道如何改进，有的企业则由于某些内在因素阻碍了质量改进的持续实施。在进行质量改进之前，有必要先了解可能存在哪些主要障碍。

①错误的质量水平认知是一个主要的障碍。某些企业，尤其是质量管理做得相对出色的企业，往往会认为自己的产品已经达到了较高的质量水平，

在国内名列前茅，因此认为产品质量不需要改进；即使有改进的空间，如果投入产出比例不高，也没有进行质量改进的必要。但实际情况是，这些企业与全球质量管理领先企业相比，无论是实物水平还是质量管理水平，都存在相当大的差距。这种错误的认知成为质量改进面临的最大障碍。

②一些管理人员认为"高质量意味着高成本"，即提高质量必须以增加成本为代价，也是一个障碍。这些人可能会认为提高质量只能通过增加检验强度、使用价格更高的原材料或购置更精密的设备来实现。但他们被"质量"一词所具有的双重含义所困惑。如果质量的提高基于产品特性的改进（通过产品开发），那么质量的提高的确会造成成本的增加，因为改进产品通常需要投入资本；但如果质量的提高是基于长期浪费的减少，成本通常会降低。

③在权力下放方面存在的错误理解是质量改进面临的一个障碍。虽然所有企业都知道"一个好的管理者应该懂得如何放权"的简单道理，但在质量改进方面，某些企业的表现却不尽如人意。有些管理者试图将所有权力交给下属以便自己有更多时间处理其他事务；或由于对下属或基层员工的能力缺乏信任而无法提供必要的支持和资源，从而使得质量改进活动难以顺利开展。相反，成功的企业则表现出不同的态度，每一个管理者都认真负责质量改进的决策，亲自担负某些不可下放的责任。

（三）持续的质量改进

质量改进过程不是一次性事件，根据进展的情况和取得的结果，持续进行质量改进活动是非常重要的。中国有句古话叫作"滴水穿石"，企业要想获得成功，就要持续进行质量改进，这也是ISO 9000—2015标准中所强调的。而要做到持续改进，必须做好以下几方面的工作：

1. 使质量改进制度化

要使企业的质量改进活动制度化，必须做到以下几点：

①可以将企业年度计划的内容调整，增加质量改进目标，使其成为员工岗位职责的一部分。

②可以实行上层管理者审核制度，如ISO 9000质量管理体系中的管理评审，将质量改进的进度作为审核内容之一。

③可以对技术评定和工资、奖励制度进行修改，以强化质量改进的绩效要素。

④可以对取得的质量改进成果进行表彰和奖励。

2. 上层管理者不宜下放的职责

上层管理者必须全面参与质量改进活动，只参与意识教育、制定目标而把其余工作都留给下属是不够的。下面描述的管理者的职责是"不宜下放的"：

①参加质量委员会的工作，这是最基本的参与方式。

②批准质量目标和方针。越来越多的企业已经或正在建立质量目标和方针，这些目标和方针在公布前必须获得上层管理者的批准。

③提供必要的资源，包括人员、工作条件和环境等，以确保质量改进的顺利实施。

④表彰质量改进的成果，可以通过庆祝活动等方式表达对质量改进的支持。

⑤修改工资及奖励制度，使其包括质量改进的内容，推动员工为质量改进做出贡献。

3. 检查

上层管理者按计划定期对质量改进的成果进行检查是持续进行年度质量改进的一个必要条件。

①检查结果需根据不同情况，采用不同的检查方式，一些关键项目需要详细检查，其余项目可粗略检查。

②质量改进团队的报告提供了大部分检查数据，报告应该明确包括改进前废品损失总量、成本减少预期、实际成本减少、资本投入和利润。

③检查的目的之一是对成绩进行评定，包括对个人和项目的评定，高层主管和经理的评定涉及多个项目的成果。

④表彰和奖励能够激励员工，让他们感到自己的努力得到了承认和赞赏。

⑤质量改进是企业保持竞争力的重要职能，因此质量改进指标必须成为岗位职责和工资奖励的一部分，否则质量改进活动将被忽视。

⑥由于质量改进是企业的新职能，培训需求非常广泛，为所有人提供新的任务和工作，因此需要进行大量的培训。

第五节　质量改进的方法

质量改进中的常用方法非常多，本教材主要介绍排列图、因果图、直方图、检查表、树图和亲和图等方法。

一、排列图

（一）排列图的概念

排列图，也称为帕累托图（Pareto Diagram），可以使用排列图来显示关键的少数问题。质量问题通常可以通过质量损失的形式来表现，大多数损失往往是由少数质量问题引起的，而这些质量问题又是由少数原因引起的。因此，只要明确了这些"关键的少数"，就可以集中资源解决这些关键问题，以避免由此造成的损失。使用排列图法可以有效地展示这些关键的少数问题。

（二）排列图的绘制

①确定要调查的问题并收集数据。

②设计可记录数据的表格，计算总频数。

③制作排列图数据表，包括各项不合格数、累计不合格数、各项不合格所占比率以及累计比率。

④按照数量从大到小的顺序填写数据表格，将多个小项合并成一个"其他"项目，并列在最后。

⑤绘制包含两个纵轴和一个横轴的图表，左侧根据频数标记纵轴刻度，最大刻度是总频数；右侧根据频率标记纵轴刻度，最大刻度是100%；按照频数从大到小顺排各项在横轴上。

⑥使用直方图在横轴上绘制柱状图。

⑦在每个柱状图右上角标注累计值（累计频数和累计频率百分数），使用折线图连接这些点，从而绘制出帕累托曲线。

（三）应用排列图的注意事项

①不同的分类方法会得到不同的排列图。

②排列图通常将累计比率分为三类，A类因素为主要因素，占0～80%；B

类因素为次要因素，占80%~90%；C类因素为一般因素，占90%~100%。

③如果"其他"项占比很大，则分类效果不佳。

④如果数据用金额表示，则最好在纵轴上表示金额。

⑤排列图可以用于确定措施的优先顺序。

⑥通过对比采取措施前后的排列图研究各个项目的变化，以评估措施的效果。

二、因果图

（一）因果图的概念

所谓因果图（Cause and Effect Diagram），是一种分析质量特性（结果）与影响质量特性的因素（原因）之间关系的图。其形状如鱼刺，故又称鱼刺图（Fisbone Diagram）通过对影响质量特性的因素进行全面、系统的观察和分析，可以找出这些因素与质量特性之间的因果关系，最终找出解决问题的办法。

（二）因果图的绘制

①选题，通过分析确定质量特性（结果），因果图中的"结果"可根据具体需要选择。

②组织讨论，尽可能找出可能会影响结果的所有因素。由于因果图实质上是一种枚举法，为了能够把所有重要因素都能列举出，故在构造因果图时，强调通过开"诸葛亮会"，畅所欲言，集思广益。

③找出各因素之间的因果关系，在图上以因果关系的箭头表示出来。将质量特性（结果）写在右侧，从左向右画箭头（主骨），将结果用方框框上；接下来，列出影响结果的主要原因，将其作为大骨，也用方框框上；列出影响大骨的原因，也就是第二层次原因，将其作为中骨；再用小骨列出影响中骨的第三层次原因。以此类推，一直展开到可以制定具体对策为止。

④根据对结果的影响程度，将对结果有显著影响的重要原因用明显的符号标示出来。

⑤在因果图上标出有关信息，如标题、绘制人、绘制时间等。

最后在因果图上标明有关资料，如产品、工序或小组的名称，参加人员、日期等。

（三）应用因果图的注意事项

①确定原因时，应组织大家集思广益，充分发扬民主精神。

②确定原因应尽可能具体。

③有多少个质量问题，就要绘制多少张因果图。

三、直方图

（一）直方图的概念

直方图（Histogram）法就是从总体中随机抽取样本，对从样本中获得的数据进行整理，从而根据这些数据找出变化的规律，以便预测工序质量好坏，估算工序不合格品率的一种方法。直方图是质量管理的一种常用工具。

（二）直方图的作用

①展示出用表格难以说明的大量数据。

②显示了各种数值出现的相对频率。

③揭示了数据的中心、散布及形状。

④推断出数据的潜在分布。

⑤为预测过程提供有用信息。

⑥可以发现"过程是否能够满足顾客的要求"。

（三）直方图的绘制

通过事例对直方图的绘制加以说明。已知车削某零件外圆尺寸 $\phi 10_0^{+0.035}$ mm，为调查车削某零件外圆尺寸的分布情况，在加工过程中抽取100个零件，测得尺寸 $\phi 10_0^{+x}$mm的x值如表5-4所示。

表5-4 直方图原始数据表

单位：μm

零件公差X值									
25.10	25.17	25.22	25.22	25.10	25.11	25.19	25.32	25.43	25.25
25.27	25.36	25.06	25.41	25.12	25.15	25.21	25.36	25.29	25.24
25.29	25.23	25.23	25.23	25.19	25.28	25.43	25.38	25.18	25.34
25.20	25.14	25.12	25.34	25.26	25.30	25.32	25.26	25.23	25.20
25.35	25.23	25.26	25.25	25.23	25.22	25.02	25.30	25.22	25.14
25.33	25.10	25.42	25.24	25.30	25.21	25.22	25.35	25.40	25.28
25.25	25.15	25.20	25.19	25.26	25.27	25.22	25.42	25.40	25.28

零件公差X值									
25.31	25.45	25.24	25.22	25.20	25.19	25.19	25.29	25.22	25.13
25.18	25.27	25.11	25.19	25.31	25.27	25.29	25.28	25.19	25.12

直方图的绘制步骤如下：

①求极差R。原始数据中最大值X_{max}和最小值X_{min}的差值，叫极差。

②确定分组的组数和组距。一组数据分多少个子组，通常根据该组数据的数量多少而定，可参考表5-5。

表5-5　数据数量与分组对应表

数据个数	分组数K
50～100	6~10
101～250	7~12
250以上	10~20

确定分组数K后，确定组距h的公式如下：

$$h=R/K=（X_{max}-X_{min}）/K$$

③确定各组界限。先从第一组起，第一组的上下界限值为$X_{min} ±（h/2）$；第二组的上界限值就是第一组的下界限值，第二组的下界限值加上组距就是第二组的上界限值；以此类推，即可确定出各组的组界。为了避免一个数据可能同时属于两个组，通常规定各组的区间为左开右闭。

④作频数分布表。统计各组的数据个数，即频数f_i。

⑤画直方图。以横坐标表示质量特性，纵坐标为频数（或频率），在横轴上标明各组组界，以组距为底，频数为高，画出一系列直方柱，就得到直方图。

⑥在直方图的空白区域，记上有关数据的资料，如收集数据的时间、数据个数N、平均值X、标准偏差S等。

（四）直方图的类型

直方图的常见类型主要有以下几种：

标准型：正常情况下的左右对称形状。

锯齿型：由于数据分组过多或读数错误导致。

偏锋型：由于单侧公差导致产品尺寸偏离，可能会对操作者的心理产生影响。

陡壁型：由于工序能力不足，在进行全数检查后出现的形状。

双峰型：由于混合两种具有较大均值差异的分布而产生。

孤岛型：数据中夹杂着少量另一个分布的数据。

四、检查表

在质量管理中，强调"用数据说话"，因此需要收集数据。在这里，最根本的一点就是要求数据能够清楚地反映现状。实际收集数据时，方法要简单，数据处理要比较方便。可用检查表来收集数据。一般常用的检查表有以下几种：

（一）不合格项检查表

某产品最终检验的检查表。每发现一个不合格，检验员就画一个标记。通过不合格项检查表，可获得有关质量改进的重要线索。

（二）不合格位置检查表

一般地，常在检查表所附产品草图上标记不合格位置。

五、树图

（一）树图的概念

树图将事物或现象分解成树枝状，如图5-3所示。它就是把要实现的目的与需要采取的措施或手段系统地展开，并绘制成图，以明确问题的重点，寻找最佳手段或措施。

图5-3 树图概念图

在计划与决策过程中，为了达到目标，需要选择一种适宜的手段，考虑下一层的相应手段，将要达到的目标和所需的手段按顺序展开并绘制成树图。这种层层展开的树状图有助于全面认识问题，并找出问题的重点，提出最理想途径实现预定目标。

（二）树图的主要用途

①制订质量保证计划，对质量保证活动进行展开。

②目标、方针和实施事项的展开。

③明确部门职能和管理职能。

④解决企业有关质量、成本、交货期等问题的创意进行展开。

⑤新产品研发过程中设计质量的展开。

（三）树图的绘制

1. 确定具体的目的或目标

要明确应用树图最终要达到的目的或目标。确定目的或目标时应该注意：

①为了能够一目了然，必须把目的或目标以简洁的形式表示出来。

②如果存在限制事项，必须予以指明。

③确定目的或目标时，首先要对已经确定的目的或目标问几个"为什么"，即弄清"为什么要实现该目的或目标"。

④在确认了上一级目的或目标后，还要确认原目的或目标是否恰当。

2. 提出手段和措施

为达到预定的目的或目标，必须集思广益，提出必要的手段和措施。下面几种方法可供参考：

①从水平高的手段和措施开始，按顺序边想边提；

②先提出被认为是最低水平的手段和措施，一边编组，一边按顺序提出较高水平的手段和措施；

③不管水平的高低，按随意想到的方式提出手段和措施。

3. 进行评价

对提出的手段和措施逐一进行评价，每项手段和措施是否适当、可行成需要，调查后方能确认。有限制事项时，要对限制事项进行评价。

评价结果用"○""△""×"表示。"○"表示可行，"△"表示调查之后才能确认，"×"表示不可行。

对带有"△"的手段和措施，必须通过调查才能明确是"〇"（可行）还是"×"（不可行）。在进行评价时，需要特别注意以下几点：

①不要用粗浅的认识进行评价，不能轻易否定别人提出的手段和措施。

②对手段和措施要反复推敲、思考和调查，有许多措施也许初看不可行，但最后证明是可行的。

③越离奇的思想和手段越容易被否定。但实践证明，有些离奇的思想和手段实现后，往往效果更好，因此要慎重。

④在进行评价的过程中，可能会出现新的设想，所以要不断补充和完善。

4. 绘制树图

摊开一张白纸，把绘制的目的或目标卡片放在纸的左侧中间；如有限制事项时，把这一限制事项记在目的或目标卡片的下方。

5. 确认目标是否能够充分地实现

绘制了树图，还要从"手段"出发，确认上一级水平的"手段"（目的）是否妥当。

6. 制订实施计划

根据上述方案制订实施计划，要把树图最低水平的手段具体化，并决定其具体的实施内容、日期和负责人等。

六、亲和图

（一）亲和图的概念

亲和图又称KJ法，是就某一问题充分收集各种经验、知识、想法和意见等的语言文字资料，按彼此的亲和性归纳整理，做到明确问题、求得统一认识、帮助创意和协调工作的一种方法。

（二）亲和图的主要用途

①归纳思想，通过收集现有资料并整理事物之间的相互关系，认识新领域。

②打破常规，摆脱束缚，提出新创意。

③协调和统一认识，小组成员可以分别提出个人意见和想法，编制资料以便逐步达成共识。

④贯彻方针，亲和图可以帮助人们直接互动，理解并贯彻管理人员的想法，使用强迫和命令是得不到好结果的。

（三）亲和图的绘制步骤

①确定课题。

②按照客观事实，找出原始资料和思想火花，收集语言文字资料。

在使用亲和图的过程中，收集资料是重要的一环。语言文字资料的收集方法将随用途与目的的不同而异，如表5-6所示。

表5-6　收集方法的选择

目的	直接观察法	文献调查法	面谈阅读法	头脑风暴法	回忆法	内省法
认识事物	☆	○	○	○	◎	×
归纳信息	☆	◎	☆	◎	◎	☆
打破常规	☆	◎	◎	☆	☆	☆
参与计划	×	×	×	☆	◎	◎
贯彻方针	×	×	×	☆	◎	◎

注：☆常用，◎使用，○不常使用，×不用

直接观察法：直接观察法是指亲自到现场去听、去看、去感受，直接掌握情况，增强感性认识。全面质量管理是根据事实进行管理，十分重视掌握实际，而亲和图法更强调掌握事实的重要性，所以用直接观察法收集语言文字资料是非常重要的。

文献调查法和面谈阅读法：这两种方法包括查阅文献资料、直接征求别人的意见以及启发多数人产生新构思的集体创造性思考方法。征求别人的意见或新构思也只能用这种办法。

头脑风暴法：头脑风暴就是采用会议方式，引导每个参加会议的人员围绕某个中心议题广开言路，激发灵感，在自己的头脑中掀起思想风暴，毫无顾忌、畅所欲言地发表独立见解的一种集体开发创造性思维的办法。

回忆法和内省法：这两种方法又称"个人头脑风暴法"，是指个人就过去的经验进行回忆，探索自己内心状态的办法。采用这种方法时，要边思考边把想到的东西记在纸上，再反复阅读来拓宽思路，获得启发。

可以根据亲和图法的不同用途和目的，收集不同类型的语言资料，如下

表5-7所示。

表5-7　收集资料类型的选择

目的	事实资料	意见资料	设想资料
认识事物	☆	×	×
归纳思想	◎	☆	☆
打破常规	☆	◎	☆
参与规划	○	☆	○
贯彻方针	○	☆	◎

注：☆常用，◎使用，○不常使用，×不用

③将语言文字资料制成卡片。注意不要用抽象化的语言表述，而应尽量采用形象生动的、大家都能理解的语言来表示。否则，如果过于抽象化，这些卡片在下一阶段就会失去作用。

④整理综合卡片。将卡片汇在一起之后，逐张展开，用一定的时间反复阅读几遍。在阅读卡片的过程中，要将那些内容相似或比较接近的卡片汇总在一起，编成一组。

整理卡片时，将无法归入任何一组的卡片孤立地编为一组。

⑤制图。卡片编组整理后，将它们的总体结构用容易理解的图形来表示。

（四）亲和图的应用

通过共同参与讨论，反复观看，结合亲和图专题讨论，在互动过程中达到使用该方法的目的。

第六节　汽车企业质量策划与质量改进实例实践

一、汽车企业质量策划与质量改进实例

（一）SGM公司质量管理现状及存在的问题

1. SGM公司简介及质量管理现状

SGM公司成立于1997年6月12日，从原有位于上海浦东金桥的一个小厂

区，历经十数年的磨砺，发展到如今在全国各地广布生产及研发基地，由原来单一品牌三款车型，到如今已经形成凯迪拉克系列（包括昂科雷、赛威等）、别克系列（包括荣御、君威、君越、英朗、陆尊等）、雪佛兰系列（包括赛欧、乐驰、乐风、景程、迈锐宝、大黄蜂、科鲁兹、科帕奇等）、萨博系列（包括陆地巡洋、欧况等）四大品牌十五大系列、97个品种的产品巨阵，建立了中国第一条具有国际先进水平的"柔性化"生产线，实现不同平台车型的"共线"生产。2005年，获取ISO/TS 16949质量体系认证后，质量管理能力和市场认可度不断攀升，2023年1月至8月，上海通用汽车共销售190596辆，连续6个月夺得单月销量第一的桂冠，总销售量由2022年的第三位跃居第一位，体现出良好的发展趋势。

（1）领先于同行业的质量控制方法

在ON-STAR定位巡航技术、EPV电子控制泊位技术、SCORE电动汽车续航技术、大灯位置传感技术等在各自的细分市场中都处于领先地位，同时从美国通用和德国等汽车自动化技术最为发达的国家和地区购进或移植了大批量自动化装备，在制造工艺技术及关键配合尺寸控制方法等方面始终保有国内汽车行业中的稳固优势，例如：压机折边技术：门盖采用Press Hemming的方式，即同时采用8台压机完成四门两盖折边，这种方式广泛应用于SGM公司各个生产基地，解决了传统车身制造工艺中设备故障率高、尺寸稳定性差的问题，保障了质量的可靠性（参见图5-4）。

图5-4　SGM公司门盖压机折边技术

全自动化总拼技术：采用当今最为领先的两种数模仿真拼接技术分别是：（Moduler Build）总拼台设计理念，完成底板总成与侧围以及车顶的拼焊，Open gate由德国COMAU公司设计的相关模式总拼台并整体移植；Layer Building分层总拼台设计理念，两个Open gate系统能够满足6个gate之间自由切换。此项技术有着生产线柔性化程度高、尺寸定位精度准、运行重复性高、可为引入新车型实现多车型共线生产奠定基础等优势。

Vision传感测量技术：采用国内同行业内具有绝对领先地位的Vision传感测量技术即通过四台机器人携带Vision激光传感器对白车身关键尺寸进行100%在线测量，并将测量值输入线旁的计算机里，数据经处理后输出测点偏差值，一旦超出设定范围立即启动报警流程，实现对白车身尺寸通过性的稳定监控。

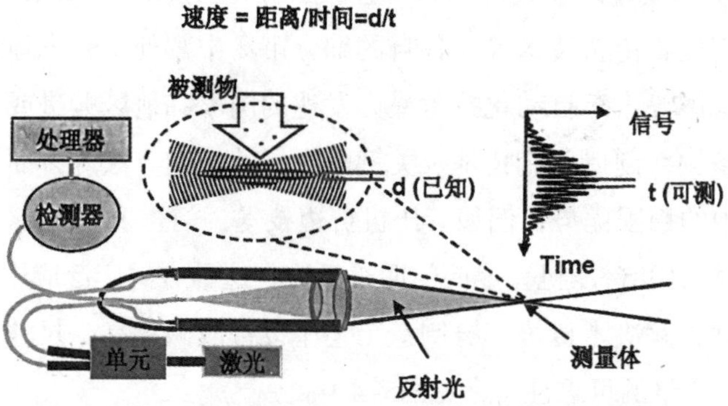

图5-5 SGM公司视频激光传感技术原理

视频捕捉自动补偿系统：车架滚边采用先进的视频捕捉自动补偿系统对滚边机器人进行位置补偿，从而确保每次工作时机器人都能在准确的位置进行操作。其优点是胎模可以自动切换，从而实现多种车型的共线生产。

CMM坐标测量：多有的尺寸控制方法，对白车身分总成及总成进行关键尺寸测量与分析。

PMF检具测量：用于四门两盖的尺寸测量和数据收集，可监控关键尺寸稳定性。

Vision Station测量：由机器人和激光传感器等组成，10096自动化在线收集关键尺寸数据，监控尺寸精准度。

顶盖居中定位（DMD）：车顶安装全部采用与美国通用汽车一致的七轴

机器人上料，首先通过视频捕捉系统对料箱中的顶盖进行位置补偿，抓取顶盖放至对中台，然后再用定位抓手将顶盖定位到车身上。

（2）一体化的质量认证与管理体系架构

2005年9月14日，SGM通过国际著名认证机构挪威船级社（DNV）的认证审核，并正式获得国际汽车行动小组（IATF）认可的通过ISO/TS 16949—2002证书，成为我国第一家通过该国际质量标准的整车制造企业。随后逐步升级质量体系，贯彻精益生产模式，同时积极推行环境管理体系和质量环境管理体系，至今已经通过质量体系（ISO/TS 16949—2009）认证、国家强制性产品（3C）认证、环境管理体系（ISO 14001）认证及职业安全健康管理体系（OHSAS18001）认证。

SGM公司现拥有上海金桥、烟台东岳、沈阳北盛三大生产基地，2012年底湖北武汉生产基地也将投产。公司制定了质量体系整体建设规划来保证各生产基地质量体系的一致性，将上海本部行之有效的ISO/TS 16949质量体系向异地生产基地延伸，通过建立公司整体文件化结构、内部资源共享，内部和外部体系审核统一规划，异地独立认证，依据ISO/TS 16949标准要求建立生产一致性保障流程等创新手段，使各生产基地在同一质量管理体系的框架下运作。以SGM-NORSOM基地的质量体系认证情况为例加以说明，北盛的质量体系是上海通用的体系的延伸，基本构架一致。目前，由DNV和CQC两家机构进行认证。

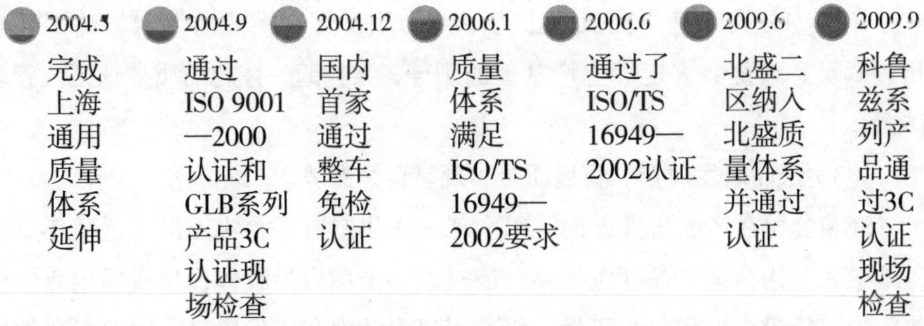

2004.5	2004.9	2004.12	2006.1	2006.6	2009.6	2009.9
完成上海通用质量体系延伸	通过ISO 9001—2000认证和GLB系列产品3C认证现场检查	国内首家通过整车免检认证	质量体系满足ISO/TS 16949—2002要求	通过了ISO/TS 16949—2002认证	北盛二区纳入北盛质量体系并通过认证	科鲁兹系列产品通过3C认证现场检查

图5-6 SGM公司一体化质量认证体系架构

SGM-NORSOM基地从主业务计划到整车产品工艺、项目规划与研发、零部件采购和销售及售后质量保证等均依托SGM质量管理体系构建，其全部过程由SGM公司各相关功能块控制。

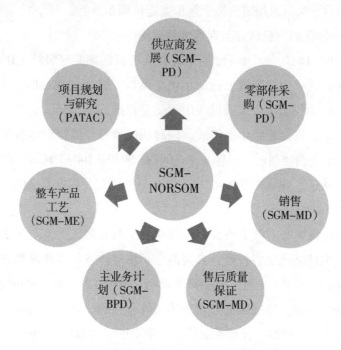

图5-7 SGM质量体系向沈阳北盛制造基地延伸-2

从2005年取得ISO/TS 16949质量体系认证后，SGM公司通过不断实践和创新，逐步把ISO/TS 16949标准融入自身的质量当中，同时依托与美国通用汽车全球一体化产品研发平台，借鉴美国通用汽车质量管理的先进经验，随着ISO/TS 16949质量体系的不断改版更新而逐步推进和升级自身的质量管理体系，SGM公司已基本完成将上海本部的质量管理模式向烟台、沈阳、柳州、武汉、成都、大连等生产基地的延伸，架构起一体化的质量认证及管理体系。

（3）产品研发质量和售后质量表现呈良好态势

SGM公司在产品研发方面，以全球一体化制造平台为支撑，近些年更深入地融入通用全球产品开发体系，通过以本土项目为载体，集成通用海外优势资源，建设全过程自主研发，提升了研发效率和研发质量，同时以科技创新打造细分市场明星产品，工程开发等级不断提高，逐步形成了在造型设计和整车及动力总能开发能力上的领先优势。今后的目标是，着力改善传统动力总成的性能结构、推进新能源技术的开发与应用、寻求创新的低成本本地化解决方案、提升新能源工程开发等级，进一步稳固产品研发与工程开发质量。SGM公司从北美引入RED X分析工具并将其融入质量体系中不断攻破质量难点和解决质量高频、高风险问题，诸如W-CAR窗饰板凸点、V-CAR驻车制动紧、空调启动后泄漏找不到漏点等，促进整个公司在PDCA循环中质量工具应用能力的提高，促进了SGM公司解决质量难点问题和产品质量不断改进的能力。

表5-8　SGM公司2012年售后质量表现

单位：%

战略目标	指标名称	2012年目标值	指标表现	状态
售后质量改进稳步提升	售后质量索赔率	别克：90 挑战：75		稳定
		雪佛兰：45 挑战：43		稳定
		凯迪拉克：55 挑战：53		稳定
		C140：95 挑战：85		波动

引入ISO/TS 16949标准中的质量工具改进售后质量，如运用MSA对产品变差和质量变差进行汇总，根据过程方法中"每个过程都制造一个产品，每个产品都拥有质量，每个质量特性都能够测量"的理论对产品的过程特性和可靠性进行测量，从而预先采取必要的措施，形成APQP要求的产品先期策划方

案和FMEA控制计划，通过FMCA转换、管理层评审、体系审核小组workshop等方式推动FMEA的应用，2011年完成了全部PFMEA由市场部向经销商FMEA的转换工作。SGM公司还通过开展联合多功能QRD小组改进、J. D. POWER项目改进等工作，持续推动了售后质量改进由事后向事前预防的转变，2012年售后质量索赔下降，整体售后质量呈现良好的趋势。

因市场销量节节攀升，整体运营业务指标达标，公司不断加大产品开发力度，加速推进新产品投入速度，2011年年初提出，为了确保10大创新平台在项目早期就导入VOC（客户的声音），SGM公司进一步改进了新项目早期质量管理和深度评审机制，完善了新项目先期质量策划流程，有效转化了产品工程质量和技术规范，为高质量启动新产品线奠定了基础，2012年上市的几款新车，市场反响火爆，也反映了SGM公司总的质量管理策略是行之有效的。

2. SGM公司质量管理存在的问题

全国五大制造基地两个研发中心、海外两个制造基地即将投产、五大品牌近百种产品矩阵、9个月将全进口车型改造国产化率达87%，销售量占全国57%，创造了业界前无古人、后无来者的"SGM速度"、创建了国内第一条"柔性化"生产线、拥有多项领先国内汽车行业的质量控制技术、研发质量及售后质量表现不断提高等辉煌的背后，SGM公司是否可以认为质量管理已然万事大吉到了坐享胜利果实的时候了呢？答案自然是否定的，质量管理受诸多客观因素的影响任何一个企业都不可能做到尽善尽美，SGM公司当然也不例外。

完整的质量管理体系不代表一定完善，质量管理理念和方法员工都理解和接受吗？所有的流程都建立了吗？每个流程都准确适用吗？员工都能按照要求执行吗？质量风险都辨识出来了吗？质量保证和质量成本的控制都到位吗？质量检验方法都有效吗？一定还会存在这样或那样的问题。

下面是通过收集整理SUM公司2011年和2012年上半年质量体系审核问题、多项质量运行指标、实际质量管理案例结合本人多年在SGM公司从事质量管理工作的心得体会和参考质量部同人的一些思考判断总结出当前Sum公司质量管理中存在的几个具有代表性的问题。

（1）质量体系运行有效性不足

①多平台共线生产的质量保证能力有待提高。

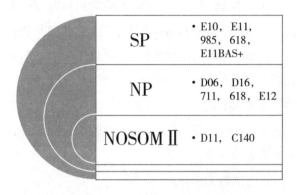

图5-8　SGM公司上海南厂多平台共线生产模式

SGM公司在建立国内首个多平台"共线"的生产线后，满足了产能急速增长需求、降低了单车成本、提升了细分市场占有率等，但由于新车型不断加入，车型种类及零部件过多、工艺过于复杂等原因导致逐渐在质量保证上暴露出很多问题，主要表现在以下几个方面：

线平衡困难：以SGM公司上海南厂为例，光是711较618车型就多近35%的零件，工艺平衡困难，影响产品质量及产量。

岗位技能柔性化差：岗位技能要求过高，培训周期长，师徒带教质量监控不足，多数人员岗位技能不能满足共线生产质量要求。

人员流动过大：非正式员工比例高，人员离职率相对较高且具有突然性，对正常生产及质量保证体系有效运行的冲击很大。

相似零件管理混乱：零件过多，尤其相似、易混零件过多，对物料的排序SPS（点对点物料）的管理混乱造成的质量问题持续增加。

②质量文化建设有效性有待加强。

培训效果不达标：缺少激励和考核机制。

活动难以开展：组织结构不够系统，管理层推动作用不足。

员工参与度低：缺少专业化团队进行规划和号召。

③流程和规范不全面缺少适用性和指导意义。

缺少相关的规定、规范或要求：例如，预处理测试操作规程缺少F-检测方法；密封胶黏度测试操作规程缺少折边胶和裙边胶黏度的测试方法。

部分质量控制要求缺少实际指导意义：例如，紧固轮胎螺母扭矩控制表使用最大点和最小点进行分别控制，轮胎上有5个螺栓，最大点和最小点每次均不固定，控制图失去控制意义；目前现场轮胎扭矩监测，紧固轮胎螺母扭矩控制表使用最大点和最小点进行分别控制，存在同样的问题。

可操作性差：例如，BPD主计划的"学习成长"中，培养具备一定工程能力的高效员工队伍——提升工程师技能，目标值无法跟踪。

新项目文件的发布和传递不能落到实处：产品的开发没有关注新颁布的法律法规要求，新产品的开发验证以及零部件的质量控制存在较多问题，影响公司质量管理体系运行安全。

④关键工艺控制的执行力不足。

关键工艺控制不按照要求执行：PAA24093要求实施以下措施以防止SGM258/201MCE转向高压油管与动力转向泵连接处扭矩在下线后衰减：

a.在车辆下线后，对转向泵高压油管与转向泵处的扭矩，复扳至45Nm；

b.复扳扭矩时，对转向高压油管进行间隙检查，保证转向油管与皮带轮、传动轴的间隙均大于15mm，目前以上两项内容均在排放工位进行操作，但现场只有第1项内容的临检单（编号为2010-12-1-01），未见任何工艺文件对第2项的操作及标准要求进行规定。不符合TS标准中7.5.1.2"工作指导书"的要求；没有将因高频、高风险质量问题的控制措施补充到关键工艺控制过程中等。

（2）供应商外包质量及制造质量监控过程有效性不足

①"现场三方&供应商筛选返修"管理方面。

人员无操作资质，培训实施和监控不够：三方人员无操作岗位培训考核记录；存在不同岗位三方人员自行交换岗位和互相培训情况，有操作上失效并影响产品质量的风险。

三方用检具无效：现场用检查及返修进口发动机扭矩的定扭扳手未经检定，不可以被使用。

操作无指导书指导：现场多个工位的三方&供应商操作没有操作指导书指导，如宁波长华在032工位对A、B、C柱进行筛选、南厂总装底盘工段旁三方供应商筛选并返修进口发动机、扭矩检查及返修、划伤检查、间隙检查等关键质量操作无指导文件。

文件规定的正确性需进一步确认：筛选返工程序中规定的"临时供应商在线返修两个班次以上才需要编制操作指导书的规定"与TS标准有冲突，需进一步确认如何规定。

② "动力工具现场服务供应商"管理方面。

传感器使用范围不正确：传感器49-00106/02的传感器最小只可以标定2N的动力枪，而现场ATLAS却用其标定使用点为0.6Nm的气动枪。

atlas所用传感器没有校准角度的资格，但现场ATLAS却用其校准带转角动力枪。

带转角校准方法无规定：要考虑校准时动力枪的扭矩加转角后是否会超出校准仪传感器的最大范围，以免导致校准失效。

备用枪的存储管理不完善：现场备用枪和备用件放置混乱，不便于寻找某一具体的枪或备件，且备枪柜内的枪和备枪清单有不一致情况。

③ "PS供应商&外包商监控"方面。

检具无相应检定资格：①密封胶使用转子仪监测胶的黏度，检定标签编号为69-00095/01，但在检定报告中显示只检定了转子仪中的低温恒温槽，没有对监测产品主要特性的转子进行检定。②ADT灰粒测试的电子显微镜没有检定标签，灰粒测试仪检定标签有效期超期。

服务商产品检查存在问题：①杜邦提供新颜色黄色油漆，相关的检测记录中没有附着力和擦拭试验的记录。②按控制计划要求对电泳漆每星期做一次附着力试验，实际每月才做一次，检查的有效性有待提高。

部分标准供应商自己制定无整车厂确认：①ADT对要求喷房内灰粒标准及要求均为供应商自己制定，没有得到车间的正式确认。②ADT的缩孔试验供应商自己制定的条件为"顾客要求时"，而实际上更换间接材料时，都要进行缩孔试验。

④ "PCL现场服务供应商"管理方面。

溢库区管理应进一步加强：记录表是每天盘点更新一次，且现场只保留当天的数据表格，无法显示及时的溢库区物料信息。

物料FIFO执行力存在问题：如零件号为13340793的物料，溢库区中最早的批次为7月14日，而库位中使用批次却为8月4日，且库位也无"溢库区有此零件"的标识。

PCL对服务商的考核管理监控不足：PCL对其供应商LCM的月度考核表，审核时只能提供5月份的考核结果，不能提供6—7月份的考核数据。在5月份的考核记录表中也未能体现–10分的考核依据。

⑤"供应商在线服务质量"监控方面。

针对不同的质量问题，多部门都可以安排供应商进行在线的返工/筛选服务，导致对供应商的服务质量的监管不足。

供应商在线服务项目较零散，服务时间长短不一，服务位置不固定，不便于进行监控。

⑥"供应商制造质量"监控方面。

焊接质量和尺寸精度稳定性差：焊接飞溅造成车体表面质量缺陷较多，打磨量大，防飞溅效果差。

CMM和VISION测点布置部分不合理：测量数据不稳定，尺寸精度、准确度和可靠性无法保证。

控制计划有效性差：针对已发生问题制定的质量控制计划执行力差，问题重复发生频次较高，分析解决问题不及时，ISO/TS 16949质量工具应用不到位，高频质量问题攻关能力差。

供应商制造质量检验有效性差：漏检现象严重，缺少对新工艺造成的质量波动的检验流程和要求。

工装老化共线制造能力差：缺少针对因工装老化无法满足共线大容量制造要求而产生质量问题的控制。

（3）质量保证机制有效性不足

①预防质量问题的能力不足。

过程防错能力差：关键过程的潜在失效模式没有准确和全面辨识，例如，缺少对相似、易混淆零件的潜在质量问题预防措施。

防错设备和装置的合理性与有效性低：例如，现有防错工装不能准确辨别对称零件的错装。

防错设备不全面：没有控制焊点防错（包括焊点位置、数量错误）的工装设备。

②关键质量控制措施有效性差。

关键特性的识别不全面、不准确。

变化点及突发质量事故质量控制措施不完善。

③整车质量检验有效性不够。

漏检现象严重：质检人员的执行力和标准化监控不足。

临检措施制定不及时：变化点及突发质量事故的临时检验措施的制定和更新不及时，对此类质量问题的风险控制能力不够。

检验流程和要求不完善：工程更改、新工艺质量波动等没有及时准确传递到质量检验部门，操作指导文件与标准的一致性存在隐患。

（二）SGM公司质量管理问题成因分析

SGM公司依托ISO/TS 16949标准构建了自身的质量管理体系，并通过多年的体系拓展和延伸架构起了各生产基地一体化质量管理体系，在质量控制方法、关键质量技术、产品研发质量、售后质量改进等方面都取得了很大的成效，然而任何一个企业的质量管理体系都不可能尽善尽美，SGM公司在当前的质量管理过程中依然还存在体系运行有效性不足、供应商制造质量及外包质量监控不足和质量保证机制不完善等问题。为了能更为客观地表述形成这些问题的原因，笔者收集整理了2011年和2012年上半年质量体系审核问题、相关的质量运行指标和实际质量管理案例进行归纳和深层次的评估分析，依据数据和事实说话，剖析导致这些问题产生的主要因素及直接影响。

1. 典型体系审核案例分析

通过收集近几年SGM公司质量体系审核问题报告和审核问题整改历史记录中涉及体系运行有效性、供应商制造质量监控及外包质量管理能力、整车质量保证体系完善程度的问题汇总整理出问题共计300项，如图5-9和图5-10，并亲自邀请质量部质量管理体系内审员一同到生产现场对这些问题的运行现状有效性进行复审，并将这些问题按照质量管理主要过程、涉及的部门、问题的性质和风险程度等级进行分类，从中归纳出具有代表意义且重复率高的125项，得出系统性问题24项，执行力问题101项，占有很大的比例，而其中占2010年的高风险项也集中在体系执行力上。再利用SPG（ISO/TS 16949标准中用于统计分析的质量工具）把这些问题的原因进行统计梳理。

单位：问题系数

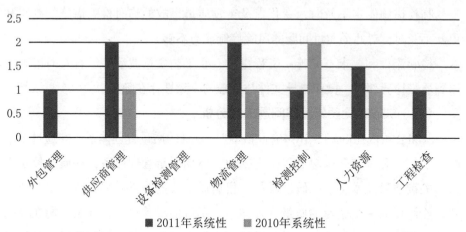

图5-9　体系审核问题分类比较-1

单位：部门问题等级

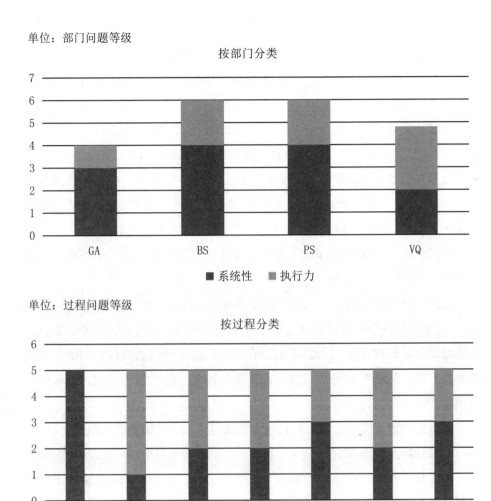

图5-10　体系审核问题分类比较-2

（1）系统性问题是指：因缺少相关规定和要求或者相关的规定不够规范，且同类问题在多个区域发生，直接或间接地导致出现质量管理体系过程失效、过程控制能力和质量保证能力下降的问题或现象。典型的案例有：

审核问题：公司规定每月每个班组每人参加至少20个小时ISO/TS 16949标准课程培训审核培训月报各部门基本达标，但到现场考核员工培训内容时却一问三不知，经查实际参加培训的小时数不足4个小时。

原因分析：培训内容缺乏实用性、形式单一，员工参与热情不高，同时存在为了应付审核，小时数不够，虚报培训学时现象。

结论：体系运行有效性存在隐患，培训效果与预期不符。

（2）执行力问题是指：因有相关的规定和要求但没有执行或执行不到位、相关的规定和规范要求不能充分满足现场管理需求、不能有效执行而对质量管理体系运行过程直接或间接产生影响的现象。典型的案例有：

审核问题：PS I区二工段车间内部PCR-PSIPG2-11-001号GCA左滑门橘皮，措施更改JIS明确接枪方法和培训员工，但JIS里没有明确具体的接枪方法；查油漆H区工艺参数更改记录，特别是线速度更改后相关机器人参数更改的验证不完整；电导率SPC控制图连续三个月没有按时更新描点。

原因分析：相关流程和质量控制措施缺乏指导作用，员工未按质量标准要求执行。

结论：员工执行力差，质量控制流程和要求不规范，体系运行有效性不足。

（3）审核问题：为验证质量活动和有关结果是否符合组织计划的安排，确认组织质量管理体系是否被正确、有效实施以及质量管理体系内的各项要求是否有助于达到组织的质量方针和质量目标，并适时发现问题，采取纠正与预防措施。

①审核问题：在线发现D11 AT车型起动机线束与半轴干涉问题。

原因分析：供应商起动机工程更改，Y方向尺寸减少20mm，导致线束走向发生变化，整车厂员工没有接到工艺更改文件，紧固起动机线束端子的手势不正确，导致线束的端子位置不正确，线束走向错误，与半轴干涉。

结论：供应商私自更改工艺，未经整车厂确认且工程更改信息传递不及时，供应商制造质量标准与整车厂一致性差，整车厂对供应商制造质量监控不足。

②审核问题：供应商PTR更改验证阶段，未按照整车厂PTR流程跟踪PTR实施。

原因分析：只关注验证零件本身的装配，未考虑到对后序装配零件的影响及相关配合的改变。

结论：整车厂对风险评估不足，对供应商质量监控需要加强。

③审核问题：员工为解决紧固零件时易损坏的问题，改变操作手势，未反馈至工程，未得到评估及批准。

原因分析：员工缺少对关键特性和变化点的识别能力，对操作内容的潜在风险了解得不够。

结论：关键质量过程控制不到位，质量保证体系不完善。

④审核问题：SGM-NORSOM PS连续半年质量指标不达标，经查高频问题重复发生，没有相应控制措施及跟踪改进计划。

原因分析：该高频质量问题为对称零件错装，目前PS工装没有对此易错装零件的防错装置。经查，在SGM公司还有很多同类原因造成的质量问题指标不达标。

结论：过程防错能力差、关键特性的识别不准确、不全面，质量保证有效性差。

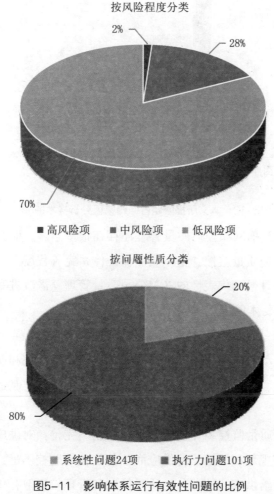

图5-11　影响体系运行有效性问题的比例

图5-11中所提的风险程度是指：对系统性问题和执行力问题所造成或可能造成的后果的严重程度进行辨识，再按照问题影响体系有效运行的严重程度分成高、中、低三个风险等级。而经统计本文所论的三类问题都集中在了体系审核问题的中风险等级区域里，在本次成因分析所整理的125项问题中，重复出现且所占比例无论是系统性问题还是执行力问题都接近30%（见图5-12所示）。深色部分为本文所提出的三类问题，浅色部位为此次案例成因分析的样本总数。

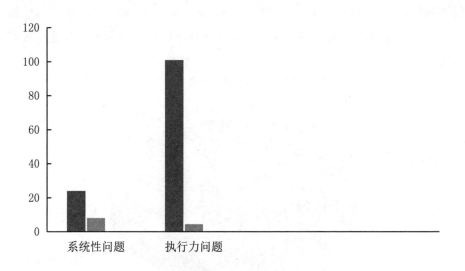

图5-12　本文所提问题占问题成因分析样本的30%

评估结论：当前SGM公司质量管理还存在很多问题，而其中体系运行有效性、供应商制造质量监控、整车质量保证体系完善程度三类问题是这些问题中重复率最高且最具代表性的SGM公司质量管理急需改进和加强的问题，究其根本成因主要体现在：

体系运行有效性不足：质量意识和质量责任感还不强，整体执行力较差，管理层的推动和监控作用体现不明显，质量基础培训和质量文化活动开展的效果不理想，体系审核对体系运行的推动力度不够，制造过程的能力有待提高。

供应商制造质量监控和外包质量管理机制不完善：对供应商制造质量的标准和要求不够规范和严谨，对供应商工艺变化的监控不足，对供应商在线服务人员及外包给供应商的业务的质量控制和管理较松散，供应商质量监控机制有待完善。

质量保证能力不足：过程防错能力差、防错措施和设备不能满足质量保证的要求，关键特性的识别不准确、不全面，质量检验有效性特别是变化点临检措施更新不及时，关键质量过程控制不到位，质量保证有效性差。

2. 质量运行指标分析

对公司级质量指标达标情况及质量表现的分析，是客观分析质量管理过程中存在问题的重要手段，可据此判断哪个质量过程不受控，哪个质量过程影响了质量体系的稳定运行等，下面是参考SGM公司2010年至2011年上半年整体质量业务运营状态报告，运用ISO/TS 16949标准质量工具中的统计分析工具和方法分别对体系运行能力、供应商制造及外包质量监控能力、整车质量保证能力三个指标进行的成因分析。

（1）体系运行能力指标分析

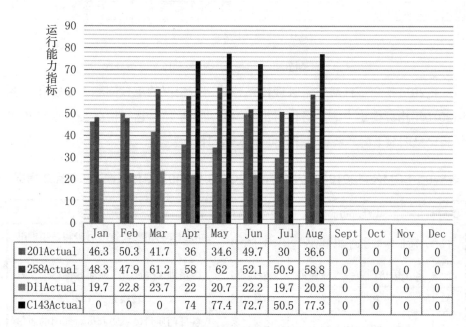

	Jan	Feb	Mar	Apr	May	Jun	Jul	Aug	Sept	Oct	Nov	Dec
■201Actual	46.3	50.3	41.7	36	34.6	49.7	30	36.6	0	0	0	0
■258Actual	48.3	47.9	61.2	58	62	52.1	50.9	58.8	0	0	0	0
□D11Actual	19.7	22.8	23.7	22	20.7	22.2	19.7	20.8	0	0	0	0
■C143Actual	0	0	0	74	77.4	72.7	50.5	77.3	0	0	0	0

2011年质量体系运行表现

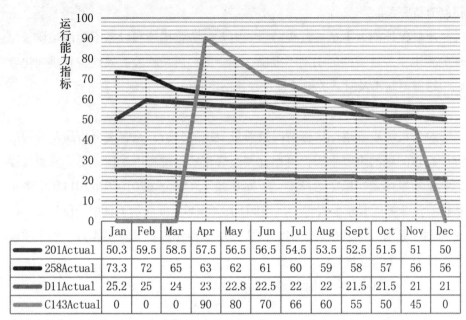

	Jan	Feb	Mar	Apr	May	Jun	Jul	Aug	Sept	Oct	Nov	Dec
201Actual	50.3	59.5	58.5	57.5	56.5	56.5	54.5	53.5	52.5	51.5	51	50
258Actual	73.3	72	65	63	62	61	60	59	58	57	56	56
D11Actual	25.2	25	24	23	22.8	22.5	22	22	21.5	21.5	21	21
C143Actual	0	0	0	90	80	70	66	60	55	50	45	0

2010年质量体系运行表现

图5-13　SGM公司2011与2010年质量体系运行表现

将2011年全年针对质量管理体系整体运行情况的审核问题汇总整理，参照2010年指标得出上表，可以看出SGM公司质量体系运行情况2011年与2010年相比呈明显下降趋势，几乎全年都未达到目标要求。

表5-9　SGM公司2012年上半年有关ISO/TS 16949质量体系推进工作完成情况

序号	工作内容	计划完成时间	实际完成状态
1	质量体系基础知识培训	5月30日	培训专员出差，各部门协调，培训准备工作未完成
2	各工段培训效果考核评审	6月15日	因培训未完成，考核向后推迟一个月
3	工位PFEMA转换	6月30日	转换完成70%
4	各部门质量体系自查	7月15日	各部门质量体系协调员对部门的质量体系运行情况进行自审基本未完成

表5-9是SGM公司2012年上半年有关ISO/TS 16949质量体系推进工作的完成情况，从中可以看出很多工作都出现滞后现象。主要集中在质量业务计划未按期完成、FMEA由工程向工位转换工作未按计划时间实现、员工质量基础

培训小时数不达标、培训考核成绩不达标等执行力问题。

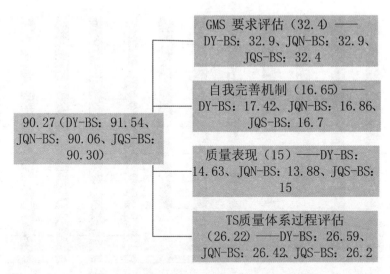

图5-14　SGM公司体系审核自查评分结果

目前，国内ISO/TS 16949质量体系认证与审核最权威的机构是DNV和CQC认证公司，他们为了能够更为有效地对已获取质量认证的汽车企业的质量管理体系运行能力进行评审，推出了"体系审核差异分析"的评估考量体系。该评分体系主要将企业质量体系运行过程分成：自我完善机制、质量表现、TS质量体系过程评估和质量要素评估4个模块，每个模块内还会细分很多子模块，总的评分原则是总分150分，4个模块各占25%，得分越低代表体系运行越稳定越有效，反之，则表明该企业体系运行能力不足，部分过程不受控等。大部分汽车企业包括丰田、日产等一般得分均在90～95分，差些的企业在105～110分。从图5-14我们可以看出SGM公司体系总体运行是基本稳定的，但该评分体系另外一个重要评估指标是四大模块的平衡，从这个角度看SGM公司在运行要素评估（领导的管理作用、团队协作执行力、审核的推动作用）和过程评估（过程制造能力、过程检验能力、过程控制能力、过程评价能力等）这两项上得分偏高，不难看出，正好印证了本文所提出的体系运行有效性不足的问题。

（2）供应商制造及外包质量监控能力指标分析

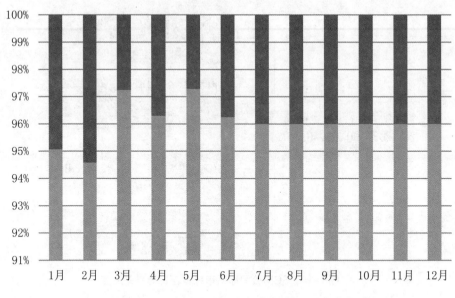

图5-15　SGM公司2012年上半年供应商质量不合格率

图5-15反映了2012年上半年除1—2月份以外因供应商零件质量造成的质量缺陷数均超标，说明相应的供应商零件质量控制措施失效，而图5-16是在线WDPV（在线零件质量事故汇总），可以看出，PPV1和PPV2这两类关键功能项指标均未达标，且占整车质量缺陷的比重也很大。得出分析结论：整车

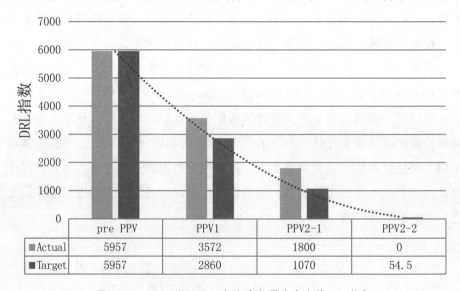

	pre PPV	PPV1	PPV2-1	PPV2-2
Actual	5957	3572	1800	0
Target	5957	2860	1070	54.5

图5-16　SGM公司2012年上半年供应商在线DRL指标

厂对供应商制造质量的监控不足，对零件质量标准和要求不规范，供应商制造标准与整车厂要求不一致等导致因零件质量不稳定造成的质量事故重复发生。

PPV是指供应商零件在整车中的功能等级。

PPV1是造成车辆无法启动及重大功能丧失项。典型问题：因供应商供应的零件水管最薄、最厚处尺寸处于极限偏差，壁厚不均分，内壁波浪形分布，导致密封不良且安装水管卡箍时未将卡箍羊角方向改善水管贴合度，AT车型卡箍羊角在9点方向（正确位置应在节温器棱线上）造成发动机节温器处有发动机冷却液残留，车辆点火后前舱过热导致熄火。说明供应商零件制造工艺尺寸稳定性偏差大。

PPV2是违法国家相关法律法规可能引起重大事故的功能项，典型问题：二级供应商2号注塑模具滑块松动，导致合模线高度偏上限，与对手零件配合后易出现微漏，后续安排的现场供应商服务人员没有严格执行质量要求对模腔号进行筛选，就按不区分配置的模具上线造成在线APD（气密性）测试失败，制动液壶泄漏，车辆丧失制动功能。可以得出分析结论：对供应商制造质量的稳定性和尺寸准确度等控制力度不够，对外包业务的质量管理较为松散。

图5-17是SGM公司2012年上半年质量检验部门因疏漏没有检查出供应商质量问题而产生的优先于其他等级质量问题的指标，可以看出因漏检造成的质量事故也为之不少（图5-17中PPH是指每1000辆车中有一辆车漏检造成的

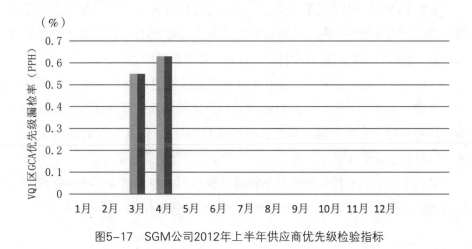

图5-17　SGM公司2012年上半年供应商优先级检验指标

漏检率），这反映SGM公司针对供应商制造质量的检验有效性和控制措施都有待加强。

（3）整车质量保证能力指标分析

IPTV（千辆车故障数）是用来评估产品实物质量表现的质量指标，在SGM公司应用于统计质量最高优先级问题，即用来考量存在或已引起强烈客户抱怨、严重功能项丧失的质量最高等级风险问题。其数据可以表现某一质量管理或控制过程是否受控。从图5-18中可看出，2012年5月未达标，IPTV超出目标线很多说明该月发生严重质量事故。

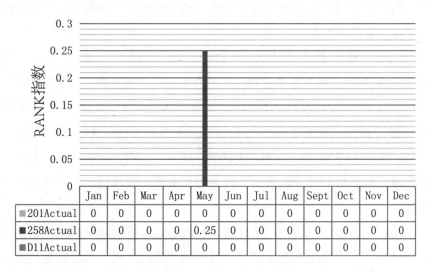

图5-18　SGM公司2012年上半年IPTV指标达标情况

A/B RANK（A/B类质量缺陷数）其风险等级仅次于IPTV，着重在于反映同一类问题的重复发生率。从图5-19中可以看出除了3月份以外其他四个月均未达标，说明有同类问题的控制措施失效，导致重复发生。

DR/DRL（在线质量交检合格数）该质量指标的值越低说明质量问题越多，其侧重表现的是质量缺陷量的积累和类别的细分。可以更加直观地反映某一质量问题存在的周期。根据2008—2011年度整体DR/DRL的质量表现情况，可以明显看出SGM公司始终在这一指标表现上在走下坡路。

对以上三个具有代表性质量指标按月保持的监控与超标原因的分析，可以较为客观和准确地表述一个具有通性的、质量管理存在问题的潜在成因。

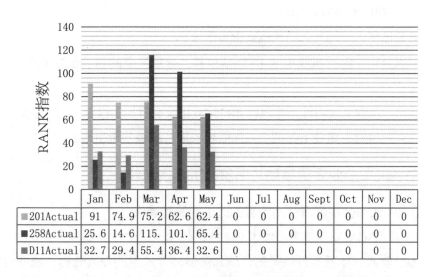

图5-19 SGM公司2012年上半年A/B RANK指标达标情况

（4）IPTV超标原因分析

问题描述：GF6变速箱变扭器油封漏油。

原因分析：TC油封清洁度问题导致泄漏（TG HUB倒角在装配过程中与衬套产生刮擦，产生铝屑）。TC油封在TC装配过程中被损坏导致泄漏。

由于GA变速箱拼装工具定位问题，导致飞轮无法转动，拆下变速箱时会将TC带在TC二次拼装过程中损坏油封。变速箱油封设计有问题，油封耐低温性能差。

分析结论：漏检，后续追溯检验措施失效，质量检验有效性不足。

（5）A/B RANK超标原因分析

问题描述：里程表内从动齿失效，里程表、车速表不走。

原因分析：导向块尺寸标准要求10.1～10.22mm，而实际尺寸控制在10.11～10.22mm。

从动齿轮尺寸标准要求9.78～9.9mm，而实际尺寸控制在9.78～9.86mm。

未使用工装检具防错，导致产品公差被压缩。

从动轮与导向块不匹配，功能丧失。

分析结论：缺少相应的工装或量检具防错装置，未进行过程防错控制，关键质量控制能力不足。

（6）DR/DRL超标原因分析

问题描述：半轴与起动机线束批量干涉。

原因分析：起动机线束端子PIN端位移，导致线束的端子位置不正确，Y方向尺寸减少20mm。

起动机工程更改后的质量风险和特性变化没有辨识，没有相应控制措施。

线束安装的容错性下降的潜在失效模式没有准确分析出来。

二、汽车企业质量策划与质量改进实例总结

（一）SGM公司质量管理问题的改进对策和建议

1. 提高SGM公司质量管理体系运行有效性

通过前面对体系运行效果的评估和薄弱环节成因的深入分析，梳理出四个层面来提升体系运行有效性，分别是推进质量文化建设、管理层的支持、更新和扩展体系审核流程和提升制造过程质量，具体的措施和对策如下。

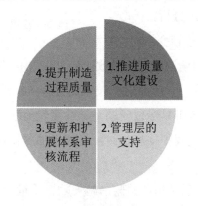

图5-20　体系运行有效性提升的四个途径

（1）推进质量文化建设

体系运行能否稳定有效，很大程度上取决于执行力的好坏，而执行力不是一种能力，确切地说是一种质量意识转变和质量责任感增强后的主观意愿，而想让全员都形成一种维护体系运行和质量管理的自发行为，首要的是向员工灌输和培养一种理念，并将其融入企业文化的大氛围中，有句话叫，意识决定成败，此话不为过，让员工始终树立居安思危的紧迫感和如履薄冰的危机感，认清企业发展中面临的挑战，增强全员的责任感和使命感是企业推进质量文化建设的根本目的。因此，针对质量意识转变开展提升员工责任

感的活动，应该是公司质量文化建设的重心。

针对上一章分析的当前SGM公司在质量文化建设中针对质量意识改进活动的不足，建议开展以下的活动来加以改进和完善：

①建立专业化、专职化质量文化建设团队：构建质量文化建设框架。建立专职的质量文化建设组织和部门，招募或培养一批具有专业化素养的质量文化建设推进团队。规划出行之有效的质量文化活动方案，此外，领导层要积极推动，质量理念可以通过培训获得，虽然会是一个较漫长的过程，但文化建设工作最关键的在于持之以恒，要在领导层的推动下，要把握几个要点：全面性、唯一性、适用性、相容性、经济性。使质量文化建设活动真正有效地发挥影响企业全员行为，融入企业文化中，提升全员执行力的作用。

②开展不同形式的质量文化宣传活动制作"质量方针"和"质量价值观"的动态"屏保"进行宣传。在员工活动的公共区域，粘贴"质量方针"和"质量价值观"的宣传海报。在员工休息区和会议室摆放"质量价值观"的摆台。

③开展各项"质量文化"竞赛活动，增强全员的质量文化意识。

④生产工艺和制度梳理竞赛。关键工艺梳理各部门对关键工艺对应要求进行梳理并开展对关键工艺中措施落实情况的跟踪。

⑤新项目"Lesson learn"评比竞赛。各相关部门总结项目的"lesson learn"，形成清单，并将lesson learn的项目融入新项目中，预防问题的重复发生。从数量、质量、影响、效果等多维度，评选优秀的案例。

⑥"轮岗工"质量知识问答竞赛。针对SGM汽车下半年新增"轮岗工"较多的情况，开展"轮岗工"质量知识竞赛，如TS 16949常识等，旨在通过竞赛增加新"轮岗工"的质量技能和质量意识，促进轮岗工快速融入SGM的质量文化和质量体系。

⑦开展针对各项质量活动的表彰活动。

质量预防奖：以工段为单位，在PFMEA应用、防错应用，以及反馈方面表现突出的团队。

质量建议奖：开展全员的质量建议收集，并进行汇总评选。

质量进步奖：通过夺金牌活动的开展，切实提高员工的热忱，推动产品质量稳步提升。

质量攻关奖：在部门内部开展的质量攻关活动（跨部门的质量攻关项目在QC活动中申报），解决了产品质量问题，并取得了显著效果的项目。

优秀组织奖：质量月活动中，在策划组织及宣传等方面，工作表现出色，并取得优异成绩的部门和个人进行表彰。

⑧开展岗位技能评比竞赛。提升岗位技能、质量知识储备，调动全员积极性，增加团队凝聚力。例如，正反案例对比竞赛：培训效果更为直观、醒目、形象，使员工印象深刻。

⑨网格化培训：结合各体系特点和生产车间的需求，强化培训工作的覆盖性和针对性。例如：通过正反案例对比，形成现场培训教材，通过经验教训的总结，提醒员工遵照标准化操作，形象地指导员工理解体系内容，推动更好实施。具体如下：

进行分级培训，加大培训工作的覆盖面，并培养更多的培训师。

优化理顺培训课程，使培训更有针对性，增强培训效果。

车间管理人员参与授课，通过分级培训，保证员工对管理工具的正确理解与使用，并培养更多的培训师。

举办竞赛、征文等活动，加强员工对体系内容的理解。

创建共享平台，建立教材库，为现场提供培训材料。

⑩成立质量管理与质量文化推进小组，成立一个围绕企业的经营战略、方针目标和现场存在的问题，以改进质量、降低消耗、提高人的素质和经济效益为目的组织起来，运用质量管理的理论和方法开展活动的小组。小组活

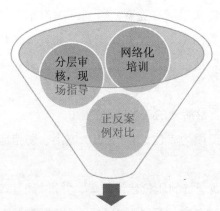

通过多种形式培训，强化体系提升的基础

图5-21　通过培训提升体系运行

动的目的、作用如下：

开发智力资源，发掘员工潜能，提高人的素质、增强员工的团结协作精神；

实现全员参加管理，提高管理水平；

改进质量、降低能耗、提高经济效益；

提高顾客满意度等。

小组特色：

自主性——自己工作范围内，自愿组成小组，实行自主管理；

广泛的群众性——各级人员均可参加，3~7人；

高度的民主性——不分职位与技术等级高低，与行政班组有一定区分；

严密的科学性——遵循科学的工作程序和方法，分析问题、解决问题，用数据说明事实。

每一步骤都有严格的描述方法和游戏规则，严格遵循PDCA循环的程序、步骤，用数据、统计图表、统计工具说话。

小组活动的原则：

"小"：小课题、小项目，避免片面追求"大而全"课题；

"实"：集体智慧，活动切实，效果明显；

"活"：活动形式灵活多样，对小组成员有吸引力；

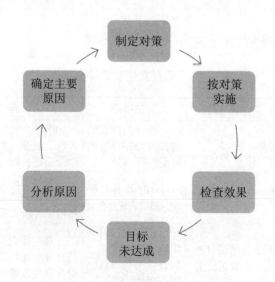

图5-22　质量文化推进小组活动流程

"新"：思想观念、活动形式、成果总结、发表等要不断创新，不墨守成规。

企业质量文化影响企业所有员工的行为。要形成全员、全过程、全组织的大质量观，增强团队协作去控制质量，才能促进质量管理体系有效运行。贯彻公司新质量方针，打造卓越的质量品牌，完善业务链各环节的质量保证体系。借鉴国家卓越绩效评价模式，全面引入GB/TS 19580国家卓越绩效标准，创新建立有理论基础的、量化的、可操作性的质量文化成熟度评估体系；在全体员工中营造追求卓越的氛围。具体操作方法是引入卓越绩效成熟度评估体系。卓越绩效成熟度评估体系是借鉴卓越绩效标准和实施指南并结合公司管理层的要求和业务实践建立的一个质量保障体系评估准则。该体系分为两大部分：质量文化意识成熟度——质量意识评估体系（占40分），质量文化实践成熟度——质量保障体系评估体系（占60分），合计100分。其评估打分的依据是：

①GB/T 19580—2004卓越绩效评价准则；

②GB/Z 19579—2004卓越绩效评价准则实施指南；

③ISO/TS 16949—2009质量体系标准；

④部门质量目标完成情况和质量表现；

⑤质量体系自我完善机制的运行能力表现；

⑥各部门质量文化建设活动达标情况；

⑦领导作用和推进质量文化活动结果的表现。

表5-10　质量文化实践评分原则

序号	评估项目	评估方式	评估指标	评分说明
1	过程质量控制	TS 16949标准	按部门涉及的过程符合TS标准的程度进行评分	借鉴卓越绩效评分方法，以方法、展开、实施、改进各个维度全面评价TS过程的成熟度
2	质量表现（结果）	BPD体系	BPD指标达标率，质量表现含金量	按年度BPD达标率和质量表现结果评分，尤其关注召回和质量溢出等重大质量问题
3	质量体系自我完善机制	体系自我改进能力	年度部门自查实施按计划实施，自查结果与审核结果一致性	部门建立自我完善机制，部门自查实施状态及结果对比，以提升自我改进能力

该体系可应用于公司所有部门，与质量自我完善机制的评分有机结合作为落实质量文化的重要组成部分，评价指标可量化，适用业务链各环节，并且结果具备对比性，通过每年测评，编制报告，提出公司和各部门质量文化建设的持续改进方向。

（2）管理层的支持

①工厂各级管理层支持现场的质量管理。

高级经理作为体系的负责人。

工厂管理层参与体系检查。

管理层关注现场的改进状态。

②完善管理层质量例会制度。形成三级质量例会制度，拉动各方资源推进质量改进。形成由各级管理层参与的质量例会机制可以对解决质量问题起到积极的推动作用：以问题解决为导向的和谐氛围，对在线可控制的设计及供应商质量问题由制造牵头解决。整车质量从单一在线检查/响应拓展到系统性过程监控，强化过程预警能力。对高关注问题加强对供应商审核，并安排在工厂质量例会上汇报。

③推动"多平台共线生产模式平衡"困难问题解决。

工位设置：合理的工位设置，给予必要的预留工位。

人员配置：多平台共线生产模式下，适当的人员超配。按1：20左右配备轮岗工，对于跨班组柔性要求高的维修、返修及VQ（驾车）、GCA等岗位超配。

人员到岗计划：确保有足够的培训时间。精简值班经理，每班增加2个岗位（DY/NP/SP），加大现场管理力度，同时缓解D/G岗的轮休问题。南厂2023年项目少，为应对13年项目高峰，有计划地安排到北厂项目及VQMC做针对性培训。

产能损失：适当的产能损失规划，给予适当设备、物流异常停机时间。

项目启动前期车辆在线不做非正常工艺返修，车辆离线做全尺寸测量，充分暴露问题。

（3）更新和扩展体系审核流程

①提升体系审核水准，挖掘体系审核问题深度，重视和加强体系审核员队伍建设：通过引进和内培方式组建具有专业水准的审核团队，提高体系管

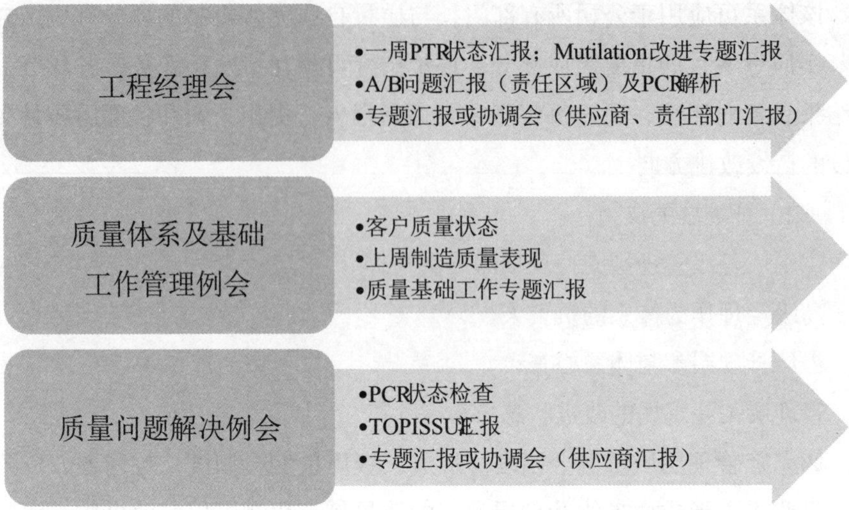

图5-23 三级质量例会架构

理质量。

②建立质量体系量化评价考核制度：将体系审核情况纳入公司月度质量分析会通报，并与责任部门绩效挂钩。

③强化以问题和风险导向的内部审核：针对重点问题组织专题审核，以便更深入地发现潜在的不符合项。检查质量体系运行的效果以及质量体系文件的有效性、充分性。原因分析要充分、具体，在采取纠正措施时要做到举一反三，防止类似问题重复发生。

④实行管理评审：输入内容要符合ISO 9000—2000标准的要求，评审要针对输入进行，并根据输入对质量体系的适宜性、充分性和有效性进行综合评价。

⑤分层审核现场指导：通过分层审核，推进现场管理的体系化、规范化。

工厂总监每月审核，利用精益理念查找问题并与员工交流。

车间经理每月审核，督促并指导工段/班组的分层审核，统一对分层审核内容的理解。

工段长每周审核，指导班组实施，提高分层审核的有效性。

班组长每天审核，指导员工标准化工作的实施，体现各体系工具的有效使用。

各级分层审核问题通过清单进行交流并跟踪，确保问题的改进。

开展质量体系部门自查工作，加强审核的有效性，加大审核的覆盖面和样本量。减少质量问题，完善质量体系，对上半年的质量体系部门自查。

活动进行总结，归纳自查的相关经验和教训，并改进自查方案，制定下半年的自查计划和评估方案。

（4）提升制造过程质量

①优化设备管理：提高员工的维修技能，维护设备良好的运行状态，降低设备故障率，提高设备有效利用率，提高设备停机响应能力，保障制造过程的稳定。

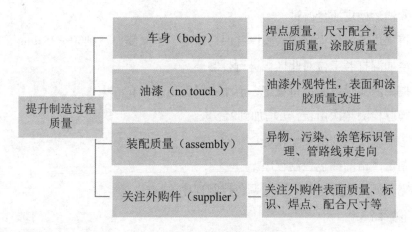

图5-24　提升制造过程质量

②划伤&飞溅质量改进。

把高频、关键的划伤或飞溅的部位识别出来。

对具体部位制定相应的控制办法。

把控制办法和内容分解到具体工位来控制。

③车身配合改进–过程控制。

加强对A Metrics的监控。

对C Metrics和整车关联性进行分析。

系统分析OCF、TAC、整车测量之间的尺寸关系。

加强对关键零件和关键工艺控制工位的监控。

④油漆表面杂质质量改进。

在前处理电泳时，增加磁棒清洁的频次。

在中涂喷房前增加静电吹风装置。

增加烘烤房升温段清洁的频次。

增加领导层对脏粒高发区的抽检次数。

利用灰粒测试仪进行灰粒监控。

目前未使用雪橇吹扫装置，可在中涂TACK OFF入口处增加此装置。

⑤可见区域涂胶质量改进。

定期更换刮胶工具：1次/月调整至2次/月。

加强多余胶检查：除员工自检外，班长将多余胶列为重点项目。

提高刮胶质量，并保持稳定。

⑥油漆橘皮质量改进。

将橘皮差区域提高中涂膜厚并保持稳定，中涂膜厚达到30—35μm。

增加湿打磨工位对此区域进行打磨。

提高清漆膜厚并保持稳定，清漆膜厚需达到45μm以上。

膜厚检测频次由1台/班增加到2台/班。

⑦油漆颜色匹配质量改进。

制定严格的颜色控制程序。

完善调漆间停产复工后的调色控制程序。

⑧管路改进。

在PFMEA中明确失效后果和控制方法。

在JIS文件中明确管路与其周边的距离要求。

在JIS文件中明确管路走向规定。

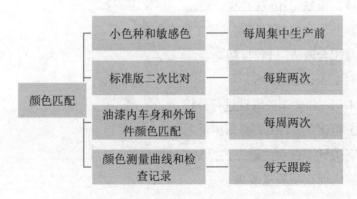

图5-25　油漆颜色匹配控制流程改进

每月进行一次管路评估。

将管路评估中发现的问题，明确标准，完善现场工艺文件。

⑨色标改进。

识别涂色标的类型。

制定总装车间色标标准。

明确涂色标的标准要求并写入JIS文件中。

对色标操作状态，由现在每月检查一次改为每周检查一次。

2. 加强供应商制造质量及外包质量管理监控能力

（1）规范供应商质量控制标准

①规范供应商制造质量标准与整车厂标准的一致性整车厂与供应商共同组织一次全面的工艺文件、质量相关标准与操作一致性的核对工作：

针对D11、258、201MCE分别进行专项管路及线束走向评审，确保检查标准和现场安装的一致性。

针对D11、258、201MCE进行文件与MPP，文件与数模的一致性评审，确保文件描述的准确性。

对供应商制造人员进行JIS/PFMEA的再次培训，尤其是关键要素及失效模式的培训，并与整车厂生产工段共同完成PFMEA的核对检查，使其切实了解自己工作的潜在失效模式。

不管是项目还是生产阶段，发生与MPP不一致的优化或更改，需及时反馈至DRE及ME，并跟踪MPP更改进度，直至文件与MPP保持一致。

定期组织整车管路评估，让工程师熟悉不同工段负责零件安装后的装配关系，在今后的PTR实施中，与PTR零件相关工段的负责工程师共同跟踪PTR的实施过程，提高风险辨识能力，组织每周召开PTR的实施情况REVIEW会议，以免发生疏漏。

重新对PFMEA进行审核及培训，让员工了解到操作的潜在风险。并对管路标准进行梳理，完善工艺文件。加强分层审核标准化操作检查力度，发现问题及时整改，若有好的操作方案及时更新文件，并反馈更改相关MPP。

开展GMS、质量体系管理、质量问题攻关以及供应商管理的workshop活动。活动内容可包括GMS手册解读、制造防错研讨，质量问题攻关项目确定、周边供应商预评审等项目。

②建立与整车厂相一致的控制措施标准：

从保持供应链环节一致性的角度出发，整车企业的质量管理体系建设需向供应商质量管理体系建设延伸，ISO/TS 16949标准不仅适用汽车整车企业，更适用于服务于整车企业的所有零部件企业，依据"与供方互利"的质量管理原则，将整车厂比较完善的控制措施向供应商移植和渗透，可以更好地控制并评估供应商的质量管理水平和能力。

可以参照ISO/TS 16949标准中的（TS－060－001）"供应商开发与质量提高程序"的要求，遵循QSTP（质量、服务、技术、价格）原则，来建立与SGM公司相一致的供应商质量控制保障流程，从而提升SGM供应商的选择、定点及管理的能力。

图5-26　SGM整车质量一致性保障流程

③提高整车厂对供应商焊接质量和尺寸精度稳定性的监控：

明确操作工对每个焊点负责，班组长、工段长、值班长对班组、工段、班次内的焊点负责，对工艺和人员变化按流程严格执行，提高员工的质量意识。强化焊接质量检查，班组长、工段长、焊接工程师每日巡查并在班次例会汇报检查情况。

严格执行焊点计数，分层审核加强对焊点计数单的检查，确保不漏焊点，每班次各班组下一台分总成班组长抽检焊接质量（数量、位置、质量）。

班组长抽检来料焊接质量，建立问题清单，及时交流反馈供应商质量问题，严格控制供应商质量。每月与SQE召开来料质量例会，并组织不定期走访供应商。总结月质量情况，并分类筛选TOP问题，作为下月重点解决目标问题。

前后端制作简易工装，在线抽检前后端配合。不断改进CMM及VISION测点布置，监控在线质量。严格执行报警流程，全员参与质量控制和质量改进。

④供应商制造过程中外露焊点质量改进：

准确识别供应商外露焊点并将其分解到每个具体的供应商进行控制。

调整焊接电缆，保持焊接手势垂直，使焊枪对中，打磨毛刺。

优化焊接参数。

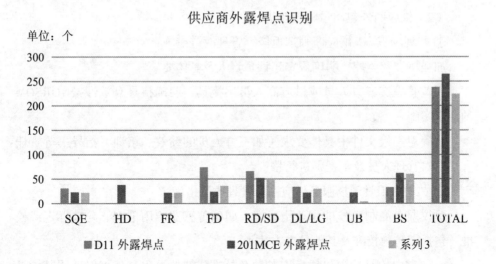

供应商外露焊点识别

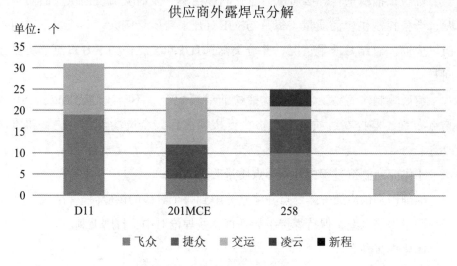

图5-27 供应商外露焊点质量改进

（2）供应商外包质量管理改进

① "现场三方&供应商筛选返修"管理改进措施：

加强培训及监控，明确规定培训负责人及具体要求。

规范管理交三方人员或供应商人员用检具，明确检具有效性按NORSOM的规定实施。

明确对三级文件中具体要求（如三方人员的绩效、培训、指导书等责任人）并对管理人员及工程师进行培训。

② "动力工具现场服务供应商"管理改进措施：

建议服务商制定校准作业指导书，明确传感器使用范围、各项标定或校准（包括带转角校准及其他校准方法）。

Atlas需向检具检定机构标定其转角校准传感器，出具证书以证明其检具有效性。

建议GA加强对ATLAS和COOPER的监控，如加强分层审核、现场备用枪的存放和管理、TPM等。

③ "PS供应商&外包商"管理改进措施：

在检具上粘贴正确的检定标签并将检定证书的复印件保留在现场。

建议对所有产品要求进行确认，并保留确认的记录。

建议能将频次不高的检测项目单独做出表格，不要和高频次的检验表格放到一起，以免遗漏。

建议对供应商的要求明确在文件中，并经双方签字确认。

④ "PCL现场服务供应商"管理改进措施：

举一反三加强FIFO管理，加强执行力，加强监控。

完善溢库区的记录管理，及时反映库存情况。

发现的5个问题中4个在以往的审核中出现过，所以建议PCL对供应商在各方面的执行力进行监控和管理。

⑤ "供应商在线服务人员"管理改进措施：

对供应商现场服务人员在线临时操作，统一由 SQE现场工程师通知供应商进行现场操作。其他部门如有需求，需向SQE提交《不良品筛选/返修申请单》，由SQE统一安排，归口管理。并按《不良品筛选/返工规程》中的要求"在线筛选/返修工作超过两个班次，由相关SQE在一个工作日内提供操作指导书，作为返修人员在线操作指导"。

有SQE对供应商进行培训，明确所有返修/筛选的指令均由SQE发出，无特殊情况，执行其他部门的指令均视为违规操作，将对供应商进行处罚。

SQE整理现场服务人员状态，并进行分类管理。在管理层质量例会上对现场服务人员的管理方案进行汇报。

供应商服务人员在制造区域生产线旁做100%的临时特殊检查或操作，由生产班组长对服务人员进行考勤和监控，防止服务人员擅自脱岗，影响产品质量。

3. 完善质量保证体系控制措施

（1）提升关键特性识别能力

ISO/TS 16949标准中对"关键特性"的定义是指对能够使整车制造质量产生直接影响或可能造成重大质量事故，一旦失效会造成整车重要功能丧失或引起顾客强烈抱怨的需要采取特殊手段进行控制的质量活动及过程。

它是直接影响一个汽车企业制造质量水平和质量管理能力的因素。根据前面问题成因分析得出的结论，目前影响SGM公司质量保证体系运行能力不足的一个主要因素是关键过程质量控制能力差。那么如何解决这个问题呢?从"关键特性"的定义可以看出它是关键质量过程里面非常重要的一个环节，提升关键特性的识别和控制能力就可以很大程度地加强关键过程的质量控制能力，从而进一步完善SGM公司的质量保证体系。因此，本人通过对SGM公司NORSOM

基地的大量调研、统计和分析找出了目前在关键特性控制上的几个薄弱项，包括高RPN项、KCDS、历史、缺陷、选装件和关键设备这几个过程，针对性地给出了相应的改进对策并在生产现场对措施的有效性进行了验证，制造部和质量部同人反馈确实可以对关键制造质量的控制起到推动作用，具体的措施如下：

制定关键特性识别方案：

生产工段（Mfg.group）	工程（engineering）	维修（maintenance）
· 历史缺陷的统计； · 兄弟工厂类似缺陷收集 · 选装件、相似件的统计 · 本序操作对后序的影响 · 非QCOS点静态扭矩收集（GA） · 新产品新工艺变化点收集 · 关键工艺和关键设备筛选（BS）	· KCDS内容的统计 · 根据KCDS清单和生产工段的统计，对JIS/PFMEA/CP进行审核 · 高RPN项目统计 · 非QCOS点静态扭矩控制线计算（GA） · 新产品新工艺变化点培训 · 关键工艺和关键设备的确定（BS）	· 评估关键设备失效对生产品质的影响 · 制定应急方案

图5-28 关键特性识别方案

形成关键特性控制系统：梳理出关键特性控制清单，运用SPC对关键特性进行统计分析，实现目视监控。对关键设备和关键工艺参数进行 SPC分析，并应用分析结果促使问题解决。

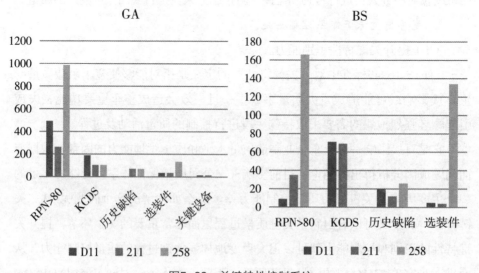

图5-29 关键特性控制系统

大幅增加关键特性清单中PFMEA高RPN值项：制造过程中重点关注的失效模式由RPN＞100扩展至RPN＞80，制订措施进行过程控制。

改进扭矩管理，对非QCOS点扭矩进行监控：依据以往车型经验和评估，将部分紧固点上升到QCOS系统增加停线功能和静态扭矩监控。制订非QCOS扭矩点控制规定，对其进行静态扭矩收集，计算监控线，每月连续三台进行扭矩测量。

加强工艺变化点控制：分析工艺变化点，将PFMEA落实到工段班组，重新制定并修订SOS/JIS等操作指导文件。

编制《焊接强化检查计划》：当遇到生产工艺、人员发生重大变化（如节拍提升、班次间人员轮换等）或长时间停业、重要设备新维护等情况，可通过焊接强化检查和班组内所有焊点凿检抽查来降低由于以上变化产生的风险。

制作功能检具：制作前后部功能尺寸检具，用于监控白车身前后部的功能尺寸。制作关键零件柔性检具，用于辅助监控非正常生产时供应商关键特性零件尺寸状态。

图5-30　用于关键特性控制的功能检具

有效运用GSIP（工位诊断工具）：运用工位诊断工具，查找改进机会，完善工位PFMEA，对RPN TOP问题定期检查。

借助QSB平台巩固BIQ基础：夯实BIQ LEVEL3基础，借助QSB平台拉动各地制造区域供应商资源，推进BIQ LEVEL4关键质量控制等级提升。

（2）提升质量检验的有效性

①完善《临时检验流程》。QA联合QE对现有的临检项目进行评审及梳理，确认临检项目满足输入要求。

修订《临时检验流程》，细化完善PAA和夜班QE发放临检单的描述。①在"问题来源"中填加"PAA要求的项目"。②在"夜班QE发放临检单"的情况，更改为"如遇QA工艺人员不上班（夜班和周末加班生产）时，QE人员可以与VQ值班经理进行评估后，将填写完整的《临时检查项目单》复印件直接发放VQ，并在下一工作日QE与QA交流相关信息。

将评估单及相关的依据（如PAA等）交QA存档。

QA工艺工程师将对现场临检执行情况进行评审确认。

将修订的《临时检验流程》对相关人员进行培训。

②加强对"漏检"的控制：

建立VQ长期关注SIL，结合SOT、分层审核以及标准化标定工作，考核员工让员工长期关注问题频发的外饰配合区域结合AUDIT巡检优化工作，拉动PS改进。

（3）完善预防质量问题和潜在失效模式的能力

①PFMEA（潜在失效模式控制）应用改进。

完成工艺PFMEA向工位PFMEA转换工作。

建立PFMEA应用知识考核制度。

对PFMEA的编写进行评审，提升PFMEA应用的有效性。

推行工位PFMEA的分层审核，增加各级管理层对PFMEA的关注和理解。

②完善变化点管理。对制造相关的全过程变化点的识别、风险控制等使之目视化，以减少和避免由于变化的控制不当而引起的各种问题的发生，减少浪费，提高关键工艺控制质量。

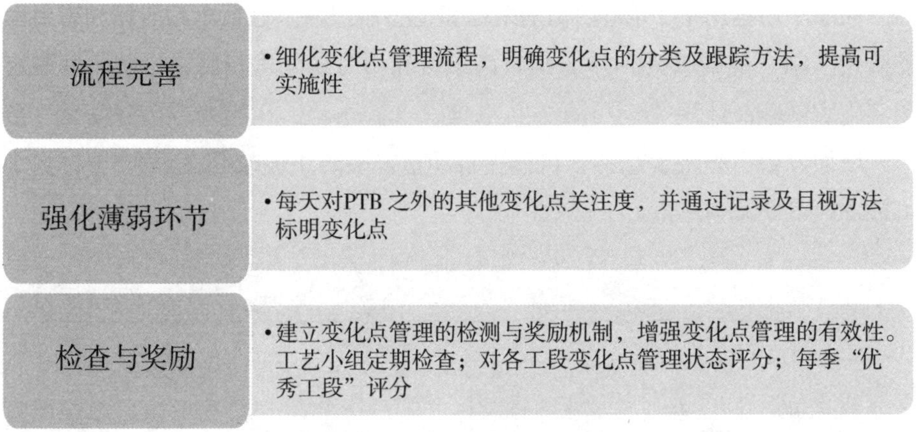

流程完善	•细化变化点管理流程，明确变化点的分类及跟踪方法，提高可实施性
强化薄弱环节	•每天对PTB之外的其他变化点关注度，并通过记录及目视方法标明变化点
检查与奖励	•建立变化点管理的检测与奖励机制，增强变化点管理的有效性。工艺小组定期检查；对各工段变化点管理状态评分；每季"优秀工段"评分

图5-31　变化点管理方案

③完善防错工作的流程。提升防错应用的有效性和效率，减少加工废品、提高产品质量并降低制造成本，科学有效地践行"三不原则"。

防错装置是指安装在设备、工装和工具上能够防止操作者犯错甚至控制操作无法犯错的自动防错装置。防错装置是实现"不生产不合格品""不流放不合格品"的有效工具。防错装置不仅要考虑它的操作、成本和效果等问题。关键还要评估所设置的防错装置是否能真正发挥其强制防止出现不良品的作用。

对现有防错措施进行分类，添补现有SGM公司防错措施的不足。

建立防错实施流程及防错实施验证方案。

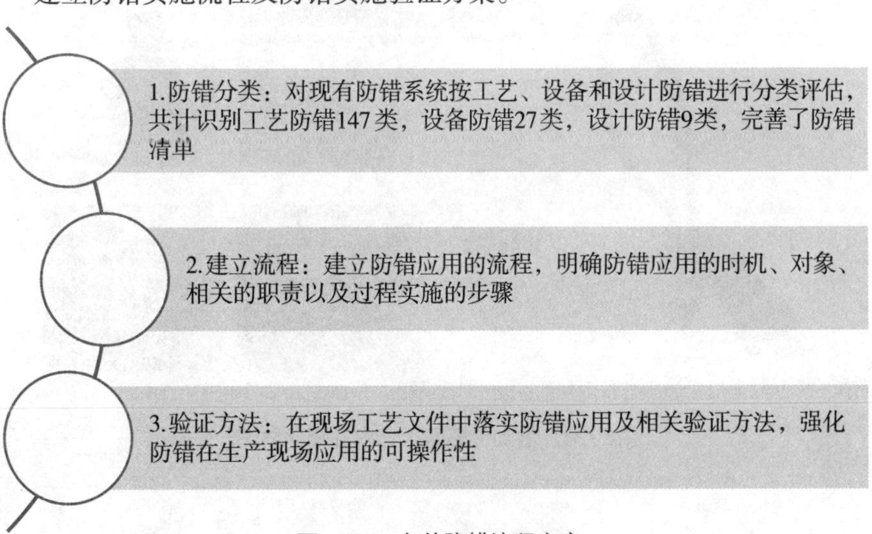

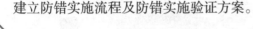

1.防错分类：对现有防错系统按工艺、设备和设计防错进行分类评估，共计识别工艺防错147类，设备防错27类，设计防错9类，完善了防错清单

2.建立流程：建立防错应用的流程，明确防错应用的时机、对象、相关的职责以及过程实施的步骤

3.验证方法：在现场工艺文件中落实防错应用及相关验证方法，强化防错在生产现场应用的可操作性

图5-32　完善防错流程方案

　　油漆车间运用AVI等车辆识别系统和传感器扫描来进行车型防错和密封闷盖防错控制，根据PFMEA中分值较高项目和历时缺陷进行防错更新，并制定和实施防错验证计划。

　　增加设备声光报警功能：机器人自动报警来防止玻璃胶失效在5分钟内未将玻璃取下安装到车上。

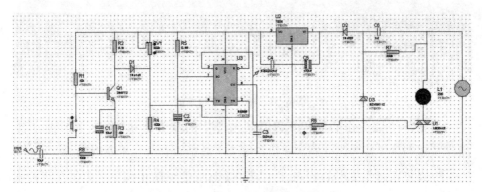

图5-33　设备声光报警原理与防错

　　增加对称零件的防错方案：通过在工装增加防错销和传感器来辨别对称零件错装。

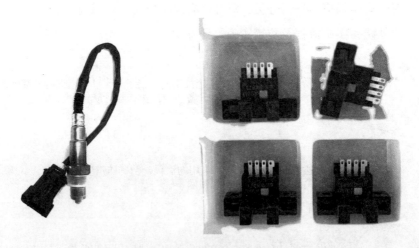

图5-34　增加传感器区分对称零件防错

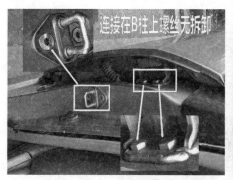

图5-35　增加焊枪导向槽确保焊点位置防错

增加AVI系统和传感器系统防错方案：通过在雪橇上的AVI系统识别车型信息，通过增加传感器来保证底板上工艺孔塞数量。

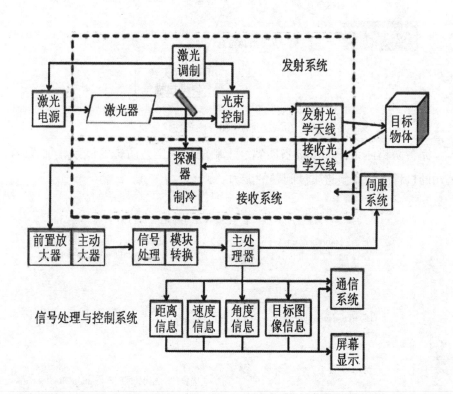

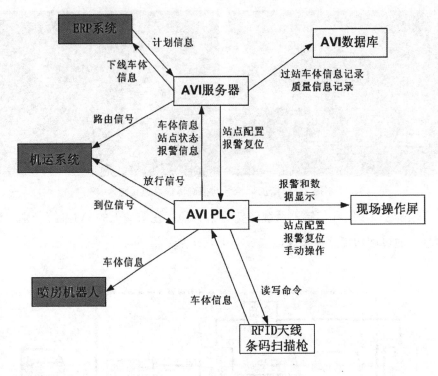

图5-36 增加AVI和传感器技术防错

完善防错体系：形成设备防错、上料防错和工艺防错的体系，加强SGM公司的过程防错和预防质量问题的能力。

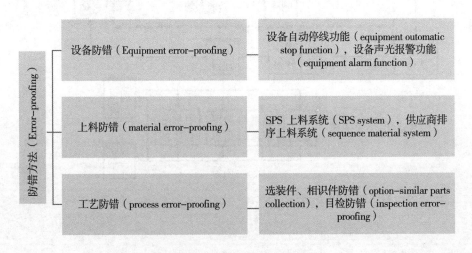

图5-37 形成过程防错体系

第六章

六西格玛管理

第一节　六西格玛管理概述

一、西格玛水平的含义

西格玛（Sigma）是希腊字母"σ"的读音，用于表示数据的分散程度。σ水平是将质量特性的平均值、标准差与要求的目标值、允许波动的范围联系起来并进行比较。质量特性的目标值为顾客要求的理想值，允许波动范围是指顾客允许的质量特性的波动范围，其界限由上、下规格限表示。σ水平就是规格界限内所包含的2σ（$\pm\sigma$）的个数。σ越小，即过程质量特性的分布越集中于目标值，则σ水平越高，此时过程输出质量特性落到上、下规格限以外的概率就越小，缺陷的可能性越小。σ越小，过程满足顾客要求的能力就越强。过程输出质量特性的分布中心与目标值重合只是理想状态。过程平均值与目标值存在的偏移量（也称为"漂移"）不超过$\pm1.5\sigma$，偏移可引起过程输出缺陷率增大。表6-1体现的是在无偏移和考虑了$\pm1.5\sigma$偏移的情况下，不同σ水平下的缺陷率。

表6-1　不同σ水平下的缺陷率

σ水平	缺陷率/ppm	
	无偏移	1.5σ偏移
1	317400	697700
2	45400	308733

σ 水平	缺陷率/ppm	
	无偏移	1.5 σ 偏移
3	2700	66803
4	63	6210
5	0.57	233
6	0.002	3.4

事实上，σ 水平提供了一种测量评价过程绩效的指标，它衡量的是过程输出缺陷率的大小。σ 水平与缺陷率之间是一一对应的。

也就是说，一个过程如果达到了 6σ 水平，那么它的缺陷率仅为 3.4ppm，即百万分之三点四左右。一个 3σ 水平的过程，其产生的缺陷是 6σ 水平的 196000 倍！过程的缺陷率越低，σ 水平越高。

二、六西格玛管理的意义

六西格玛管理是关于降低过程缺陷的。在六西格玛管理看来，正是过程中存在这样或那样的缺陷，导致了过程效率低下，成本增加，周期延长，从而导致了顾客不满意。而降低缺陷可以有效地提升过程的效率和效益，提升过程的绩效。

需要指出的是，六西格玛管理所关注的缺陷已不仅仅局限在产品的质量缺陷上。任何过程，包括管理活动在内，只要它的输出或者结果不符合要求，就被视为缺陷。比如，顾客要求产品的交付期不超过 5 个工作日。而在交付给顾客的 100 批订货中，有 25 批超过了顾客要求的交付期，则该交付过程的缺陷率达到了 25%，其 σ 水平为 2.15σ 左右。又如，企业希望其应收账款在 10 个工作日内收回，而目前只有 42% 的应收账款能够准时收回，那么账款准时收回的缺陷率为 58%，其 σ 水平仅为 1.3σ。

六西格玛管理是依据众多质量管理大师的理论而展开的，特别是质量管理大师戴明等人提出的"波动理论"，对六西格玛管理影响重大。按照质量管理大师们的观点，波动是客观存在的，它存在于任何事物中。世界上没有任何两个实体具有相同的测量结果。波动可以是非常小的，以至人无法感觉到它的存在。波动也可以是很大的。如果过程的波动较大，超过了其允许的范围，则会产生缺陷。可以这样说，出现缺陷的直接原因是过程输出的波动太大了。那么，过程波动又来自哪里呢？任何事物都是某些过程的结果或者输出，而输出的波动来源于过程的输入和过程本身。

戴明提出了过程输入、输出以及表征它们的闭环关系的SIPOC模型，即任何过程都是由供方（S-Supplier）-输入（I-Input）-过程（P-Process）-输出（O-Output）-顾客（C-Customer）等要素构成的。而SIPOC的闭环关系告诉人们：过程输出（O）的任何改变都将依赖于一个或多个供方、输入或过程活动（SIP）的改变；如果所有SIP是稳定的，则过程输出将是稳定的；改变过程输出则意味着SIP必须发生改变；如果过程输出与SIP之间的关系违背了上述规律，则表明该过程是不完备的，即SIP或过程输出中有遗漏的因素，这同时也表明，该过程存在改进机会以及提升组织对过程认知程度的机会。过程在SIP和O之间的闭环关系，提供了确定过程输入、输出间的相关性以及可能的因果关系的方法。

按照戴明的理论，如果过程输出的波动相对于顾客要求来说过大了，产生缺陷了，那么一定是SIP存在不完善之处。因此，可以这样说，过程的波动在某种程度上反映了企业在技术和管理上对过程的把握和控制能力，是过程能力的一种表现。因此，可以通过测量过程波动的大小，反映一个组织对过程的掌控能力。而西格玛水平恰恰表达的是相对于顾客要求来说过程波动的大小，是企业技术水平和管理能力的一种表达。

"没有测量就没有管理"，测量得出"缺陷"则是消灭"缺陷"的前提。只要建立起过程输出应达到的标准，那么按照这样的标准去衡量就一定会发现，在过程中有许多达不到标准的"缺陷"存在，而这些缺陷恰恰是过程改进的机会所在。在六西格玛看来，识别出缺陷是改进的前提，只有测量得出缺陷，才能谈得上消灭缺陷。当人们从质量、成本、周期、顾客满意等方面测量出过程的缺陷所在，那么随着围绕降低这些缺陷的改进活动的开展，这些缺陷的持续降低，经营绩效必然会持续增长。

六西格玛管理是通过对过程持续的突破性改进，不断提高顾客的满意程度，并持续地降低成本来提升组织的盈利能力和竞争力水平。之所以将这种管理方法命名为"六西格玛管理"，其目的是体现其核心理念，即以"最高的质量、最快的速度、最低的价格"向顾客或市场提供产品和服务。正像六西格玛管理专家罗纳德·斯尼（Ronald Snee）指出的那样，六西格玛管理是"寻求同时增加顾客满意和企业经济增长的经营战略途径"。而另一位六西格玛管理专家汤姆·皮兹得克（Tom Pyzdzk）则指出："六西格玛管理是一种全新的管理企业的方式。六西格玛主要不是技术举措，而是管理举措。"

三、六西格玛管理的基本原则

（一）关注顾客

六西格玛管理强调关注顾客。按照六西格玛管理的原则，过程业绩的测量应从顾客开始，通过对顾客之声（VOC）的调查和分析，以及质量功能的展开（QFD），将顾客要求转化为过程的关键质量（CTQ），并通过SIPOC模型分析，来确定六西格玛项目。

（二）依据事实管理

六西格玛管理从识别影响经营业绩的关键指标开始，收集数据并分析关键变量，可以更加有效地发现、分析和解决问题。改进一个流程所需要的所有信息都包含在各种数据中，六西格玛管理强调使用支持决策的相关数据并用它们来指导决策过程。

（三）关注过程

六西格玛管理强调，任何工作或活动都可以视作过程，包括经营管理活动在内。无论把重点放在产品和服务的设计、业绩的测量、效率和顾客满意度的提高上，还是把重点放在业务经营上，六西格玛管理都把过程视为成功的关键载体。六西格玛活动的最显著突破之一是使得最高管理者确信"过程是构建向顾客传递价值的途径"。

（四）主动性的管理

六西格玛管理主张在问题发生之前采取积极措施防止问题的发生，而不是"事后救火"式的处理和被动应付。在六西格玛管理中，主动性的管理意味着制定明确的目标并经常进行评审，设定明确的优先次序，重视问题的预防而非事后补救，探求做事的理由而不是因为惯例盲目地遵循。六西格玛管理综合利用各种工具和方法，以动态的、积极的、预防性的管理风格取代了被动应付的管理习惯。

（五）无边界合作

推行六西格玛管理，需要加强自上而下、自下而上和跨部门的团队工作，改善组织内部的协作，并与供应商和顾客密切合作，达到共同为顾客创造价值的目的。这就要求组织打破部门间的界限，甚至组织间的界限，实现无边界合作。

（六）追求完美，容忍失败

组织不断追求卓越的业绩并在运营中全力实践，但在追求完美的过程中，难免会遇到失败，这就要求组织有鼓励创新、容忍失败的文化氛围。通用电气的成功和安然公司的破产，其主要原因之一就是，通用电气在追求完美的同时能够容忍失败；而安然公司盛行"只许成功，不许失败"的企业文化，导致员工掩饰错误的情形普遍存在。

四、六西格玛管理给企业带来的益处

实践证明，推行六西格玛管理对企业有以下好处：降低成本、提高生产力、增加市场份额、维护客户、缩短生产周期、降低错误率、完善企业文化，并改进产品或服务。

第二节　六西格玛管理指标

六西格玛管理是在组织业绩度量的基础上开展起来的。六西格玛管理中的度量对象和度量方法不同于传统的做法，其中有若干种用于业绩度量的指标，本节将介绍一些常用的指标。

在六西格玛管理的业绩度量中，常用的术语如下：

关键质量特性（Crtical to Quality，CTQ）：是指满足顾客要求或过程要求的关键产品、服务或过程特性。

规范上限和规范下限（USL/LSL）：分别是指顾客可接受的产品、服务或过程特性的最大值和最小值。

目标值（Target）：是指从顾客的角度出发，关键质量特性应达到的理想值。

缺陷（Defect）：是指未满足顾客要求或规定要求的任何事件。

单位（Unit）：是指对其计数缺陷的物和事，如一件产品、一份打印文件、一次电话服务等。

缺陷机会数（Opportunity）：是指可能产生缺陷之处的数量。例如，一块线路板上有100个焊点就有100个缺陷机会数，一份表格上有10个需要填写的栏目就有10个缺陷机会数。

一、DPMO的意义与统计方法

DPMO即百万机会缺陷数，它是英文Defects PerMillion Opportunity的缩写。在统计和计算DPMO时，先要明确什么是缺陷以及什么是缺陷机会。正如前面所阐述的那样，缺陷是指产品或服务或输出没有达到顾客要求或超出规格规定。缺陷机会是指产品或服务或输出可能出现缺陷之处。

如果统计出了过程输出的缺陷数和缺陷机会数，就可以计算机会缺陷率DPO（Defects Per Opportunity），即每个样本量中缺陷数占全部机会数的比例。其计算公式为：

$$DPO=缺陷数/（产品数×机会数） \tag{6-1}$$

在六西格玛管理中，常常将DPMO折算为σ水平Z。DPMO对应于过程输出质量特性超出规格限的比率，可以通过对正态分布中规格限外的部分求积分而获得。此时，标准正态分布中的分位数点Z，就是过程的σ水平。但六西格玛管理中常用的Z换算表是计有±1.5σ漂移的，此时的西格玛水平换算表如表6-2所示。在该例中，DPMO=2100ppm可以通过查表6-2得出，此时该生产过程的西格玛水平Z为4.35σ左右。

表6-2　西格玛水平换算表

西格玛水平（σ）	缺陷率/ppm	西格玛水平（σ）	缺陷率/ppm	西格玛水平（σ）	缺陷率/ppm
0.00	933193	1.00	691462	2.00	308537
0.05	926471	1.05	673645	2.05	291160
0.10	919243	1.10	655422	2.10	274253
0.15	911492	1.15	636831	2.15	257846
0.20	903199	1.20	617911	2.20	241964

续表

西格玛水平（σ）	缺陷率/ppm	西格玛水平（σ）	缺陷率/ppm	西格玛水平（σ）	缺陷率/ppm
0.25	894350	1.25	598706	2.25	226627
0.30	884930	1.30	579260	2.30	211856
0.35	874928	1.35	559618	2.35	197663
0.40	864334	1.40	539828	2.40	184060
0.45	853141	1.45	519939	2.45	171056
0.50	841345	1.50	500000	2.50	158655
0.55	828944	1.55	480061	2.55	146859
0.60	815940	1.60	460172	2.60	135666
0.65	802338	1.65	440382	2.65	125072
0.70	788145	1.70	420740	2.70	115070
0.75	773373	1.75	401294	2.75	105650
0.80	758036	1.80	382088	2.80	96800
0.85	742154	1.85	363169	2.85	88508
0.90	725747	1.90	344578	2.90	80757
0.95	708840	1.95	326355	2.95	73529
3.00	66807	4.05	5386	5.10	159
3.05	60571	4.10	4661	5.15	131
3.10	54799	4.15	4024	5.20	108
3.15	49471	4.20	3467	5.25	89
3.20	44565	4.25	2980	5.30	72
3.25	40059	4.30	2555	5.35	59
3.30	35930	4.35	2186	5.40	48
3.35	32157	4.40	1866	5.45	39
3.40	28717	4.45	1589	5.50	32
3.45	25588	4.50	1350	5.55	26
3.50	22750	4.55	1144	5.60	21
3.55	20182	4.60	968	5.65	17
3.60	17865	4.65	816	5.70	13
3.65	15778	4.70	687	5.75	11
3.70	13904	4.75	577	5.80	9

西格玛水平 （σ）	缺陷率/ppm	西格玛水平 （σ）	缺陷率/ppm	西格玛水平 （σ）	缺陷率/ppm
3.75	12225	4.80	483	5.85	7
3.80	10724	4.85	404	5.90	5
3.85	9387	4.90	337	5.95	4
3.90	8198	4.95	280	6.00	3.4
3.95	7143	5.00	233		
4.00	6210	5.05	193		

注：本表考虑了 ±1.5σ 偏移

DPMO可以用来综合度量过程的质量。例如，某产品部件是由若干零件组成的，每一种零件都有不同的要求，因此，它们在生产过程中各自的缺陷机会也不同。但是，不管是哪种零件，都可以统计其出现缺陷的数量和缺陷机会的数量，然后用总的缺陷数量除以总机会数，就可以得到DPMO。用DPMO可以比较不同的产品符合要求的程度，以及其实现的过程能力。

二、DPU的意义与统计方法

DPU即单位缺陷数，是指平均每个单位上的缺陷数，是过程输出的缺陷数与该过程输出的单位数的比值。只要统计出了缺陷数和单位数，就可以计算DPU：

$$DPU = \frac{D}{U} \qquad (6-2)$$

在许多情况下，人们可以统计得到过程输出的缺陷数，但无法统计出缺陷机会数，或者说只能得到一些计点型数据。例如，在100个登记表中，有5个填写错误之处。这时计算该流程的DPU则比较方便。可以根据统计得到DPU换算：该流程的DPU为0.05。由泊松分布可得到流程的σ水平或Z值。其换算过程如下：

$$Y = P(x=0) = e^{-DPU} \qquad (6-3)$$

$$p(d) = 1 - Y = 1 - e^{-DPU} \qquad (6-4)$$

式中Y为流程的一次合格率，p（d）为缺陷率，e为指数函数，DPU为单位缺陷数。

在计算得到p（d）后，可通过查西格玛水平换算表（见表6-2）找到对应的Z，即为其对应的σ水平。

三、RTY的意义与统计方法

RTY即流通合格率，是英文Rolled Throughput Yield 的缩写。它描述的是由一系列过程所构成的大过程的一次提交合格率。构成过程链的每个子过程的一次合格率记为FTY，则各个子过程的FTY的乘积，就是由这些子过程串联构成的大过程的RTY，可以用式（6-5）表示：

$$RTY=FTY_1 \times FTY_2 \times FTY_3 \times \cdots \times FTY_n \qquad (6-5)$$

用FTY或RTY测量，可以反映过程由于不能一次达到顾客要求而造成的报废和返工返修以及由此而产生的质量、成本和生产周期的损失。流通合格率是一种能够找出隐蔽工厂的"地点和数量"的测量方法。

四、西格玛水平Z与整个过程能力指数CP/CPK

在许多情况下，可以直接通过测量和统计过程输出的平均值μ和标准差σ，来计算过程的σ水平。通常有以下一些计算方式：

仅有单侧上规格限时

$$Z= \frac{USL-\mu}{\sigma} \qquad (6-6)$$

仅有单侧下规格限时

$$Z= \frac{\mu-LSL}{\sigma} \qquad (6-7)$$

有双侧规格限时

$$Z_{USL}= \frac{\mu-LSL}{\sigma} \quad Z_{LSL}= \frac{\mu-LSL}{\sigma} \qquad (6-8)$$

此时，双侧规格限下综合的σ水平Z_{bench}还需通过总缺陷率进行折算。Z_{USL}为上规格西格玛水平，Z_{LSL}为上规格西格玛水平，LSL为单侧上规格极限，USL为单侧下规格极限，μ为平均值，σ为标准差。

第三节　六西格玛管理方法

六西格玛管理的魅力不仅在于它强调了测量对于管理的意义，同时还提出了一套科学严谨的用以支持过程绩效改进的方法论。

这套方法论基于戴明、朱兰等质量管理大师的理论，从识别过程输入与输出的相关关系入手，找到对输出波动具有较大影响的关键因素，从而完善对过程的认知程度和控制水平。在六西格玛方法论中，被广泛认同并使用的是用于对现有过程进行改进的DMAIC方法，以及对新产品和新的业务过程进行开发设计的DFSS方法。

一、DMAIC方法

DMAIC方法是由定义（Define）、测量（Measure）、分析（Analyze）、改进（Improve）和控制（Control）五个步骤构成的过程改进方法，也被称为过程改进五步法。DMAIC方法将过程改进分为上述五个阶段或五个步骤，每一个阶段都需要完成该阶段的特定工作，并达到该阶段的特定要求。一个典型的DMAIC过程各个阶段的主要工作内容与常用工具方法如表6-3所示。

表6-3　DMAIC过程各个阶段的主要工作内容与常用工具方法

阶段	主要工作	常用工具和技术	分析工具和技术
定义阶段D	确定顾客的关键需求，并识别需要改进的产品或过程，将改进项目界定在合理范围内	SIOPC	顾客仪表板
		CT分解[①]	VOC/VOM[②]
		流程图	QFD[③]
		排列图	FMEA[④]
测量阶段M	通过对现有过程的测量，确定过程基线以及期望达到的目标，并对测量系统有效性做出评价	运行图	过程能力分析
		直方图	因果图
		流程分析	测量系统分析
分析阶段A	识别影响过程输出Y的输入X_S，通过数据分析确定影响输出Y的关键因素X_S，即确定过程的关键影响因素	箱线图	假设检验
		散步图	方差分析
		多变量图	回归分析
		点图	试验设计
改进阶段I	寻找优化过程输出Y，并且消除或减小关键因素X_S影响的方案，使过程的缺陷或变异（或称为波动）降低	试验设计	测量系统分析
		田口方法	FMEA
		响应面发	过程改进

阶段	主要工作	常用工具和技术	分析工具和技术
控制阶段C	使改进后的过程程序化，并通过有效的监测方法保持过程改进的成果	防错方法	控制图（SPC）[5]
		标准操作（SOP）	控制计划

注：①CT分解是一种树图分析方法，用于确定关键要求。

②VOC/VOM：Voice of Customer和Voice of Market，顾客与市场调查方法。

③QFD：质量功能展开。

④FMEA：失效模式与影响分析。

⑤SPC：统计过程控制技术。

在DMAIC方法中，每一个要解决的问题都要充分地分解和定义，要明确什么是"缺陷"，以及对它的评判标准与测量方法，这是D阶段的主要目的；在明确了缺陷的定义与测量的基础上，在M阶段，需要通过收集过程的输出的测量数据，评价过程的实际表现，并在此基础上明确改进方向；在A阶段，需要在测量的基础上分析问题产生的根本原因，而每一个分析的结论，必须要有数据支持，体现"依据数据和事实决策"的管理原则；而I阶段和C阶段则是在正确地识别出了"根本原因"的基础上，有针对性地形成有效的改进和控制方案。

在运用DMAIC方法分析和解决问题的过程中，每个阶段都有明确的输入和输出要求，各阶段的工作辅以若干分析和解决问题的科学工具，如统计工具等，用以帮助获得阶段结果。在DMAIC方法中，经常用到的工具方法有：质量功能展开（QFD）、因果矩阵分析、FMEA、SIPOC分析、QC老七种工具、方差分析（ANOVA）、回归分析、试验设计（DOE）、SPC控制图技术等。

二、DFSS方法

DFSS称为六西格玛设计，它是Design for Six Sigma的英文缩写。与DMAIC不同的是，DFSS关注的是新产品或新的业务过程的开发，并通过产品或业务过程的优化设计，从源头上保证其具有较高的符合顾客要求的能力。

设计质量（包括产品设计和过程设计）决定了固有质量。以机械工业产品为例，从产品研制的时间序列来看，产品设计、工艺设计、生产控制等不同阶段对产品质量的影响是不同的。其中，影响最大的首先是产品设计，其次是工艺设计，最后是生产控制。产品图样和技术规范一旦形成，固有质量就基本形成；其后的工艺设计是为了保证设计要求的实现；生产控制则是为了保证制造的符合性，一旦产品的固有质量达到了，则通过生产控制几乎没有进一步提高产品固有质量的可能。DFSS方法则是通过提升设计质量而保证产品或过程具有较高的固有质量或固有西格玛水平。

目前DFSS的模式较多，比较有代表性的有通用电气公司使用的DMADV方法，以及美国ASI的著名六西格玛专家乔杜里提出的IDDOV过程。

与DMAIC相类似，DMADV将过程或产品的设计过程分解为五个阶段，分别是定义、测量、分析、设计和验证。而IDDOV则是将设计过程分解为识别、定义、研发、优化和验证。

不论是DMADV还是IDDOV，每个阶段都有明确的过程输出和要求，每个阶段又以若干工具方法为支持，以实现每个阶段的目标，并达到要求。以IDDOV模式为例，识别（Identify）阶段的主要目的是识别市场机会和顾客需求，VOC/VOM技术、QFD以及QC新七种工具等将有助于这一阶段目标的实现；定义（Define）阶段的主要工作是确定顾客需求，并将这些需求准确地转换成设计要求，QFD等工具方法将是不可或缺的支持工具；研发（Develop）的主要工作是设计展开，而公理性设计、TRIZ（创造性解决问题的技术）、FMEA、DFX（面向X的设计）将有助于本阶段工作的实施；优化（Optimize）阶段的主要工作是进行设计优化，包括设计参数和容差的优化以及产品或过程的稳健性设计。这个阶段的常用工具方法包括：试验设计（DOE）、田口方法等；验证（Verify）阶段是对设计的验证，以及在此基础上对设计方案的改进，这一阶段各种统计分析工具的应用将有助于设计效果的预测以及有效地识别设计改进的信息等。总之，DFSS是一整套不同于常规设计的方法，它以顾客需求为导向，以QFD为纽带，深入分析和展开顾客需求，综合应用TRIZ、DOE、参数设计、容差设计以及FMEA等设计分析技术，并以此更好地把握顾客的需求，提升固有质量。不仅如此，DFSS也是企业提升创新能力、加快创新速度的强有力的管理工具。

当然，DMAIC方法和DFSS方法是相辅相成的。企业可以针对不同的问题和解决问题的需求，选用不同的方法。

近几年来，六西格玛管理方法在实践中得到了进一步发展。六西格玛管理与精益管理结合，形成了精益六西格玛（Lean Six Sigma）方法，使六西格玛方法在用于缩短周期、消除流程的浪费等方面的应用进一步拓宽，成为实现企业战略目标的重要工具。精益六西格玛将精益管理的减少浪费的管理理念、工具和方法与六西格玛的由顾客驱动的追求卓越绩效和持续改进的管理理念，以及通过消除过程波动降低缺陷和提高质量的六西格玛工具与方法有机结合起来，形成企业实现经营绩效突破的精益六西格玛理念、文化和方法体系的集成。精益六西格玛吸收了两种管理模式的优点，但它不是精益管理和六西格玛的简单相加，而是二者的互相补充和有机结合。精益六西格玛管理保留了六西格玛管理的基本框架。比如，DMAIC的五步法，以及通过项目的形式有效地组织绩效改进活动等，同时它还保留了六西格玛管理中关于各级管理角色，特别是黑带及绿带的组织方式，将由优秀人才领导的全员参与的绩效质量最大限度地组织起来。在方法论上，精益六西格玛强调了从识别顾客要求以及关键质量（CTQ）入手，强调了以数据与流程分析为基础，将典型的六西格玛工具，比如质量功能展开（QFD）、失效模式与影响分析（FMEA）、因果矩阵与因果图分析、方差分析（ANOVA）与回归分析、试验设计（DOE）等，与精益管理中的价值流分析（VSM）、约束理论、单件流拉动式生产、快速换模、防错、全面生产维护（TPM）等工具，有机地结合到结构清晰的精益六西格玛方法中。特别是VSM的引入，强化了从价值创造的角度系统识别流程中的非增值和浪费，使改进过程更加系统化，有力地支撑了顾客满意和企业目标的实现。通过实施精益六西格玛管理，可以减少业务流程的波动，提高过程的能力和稳定性，提高过程或产品的稳健性；可以减少在制品数量，减少库存，降低成本；可以缩短生产节拍，缩短生产准备时间，准确快速地理解和响应顾客需求；可以有效地利用资源；可以提高顾客满意度，提高市场占有率；可以有效地提升企业的竞争力。

第四节　六西格玛管理的组织

在企业成功实践过程中，六西格玛管理逐渐形成了一套独特的组织模式。六西格玛是由企业的最高管理层推进实施的，由六西格玛倡导者或领航员、六西格玛资深黑带、黑带和绿带等关键角色领导和协调参与者实施的一项管理活动，围绕企业经营绩效的持续提升而展开，并以六西格玛项目的形式组织。

一、六西格玛管理中的关键角色

六西格玛管理作为一种管理方式、一项系统的改进活动，必须依靠组织体系的可靠保证和各管理职能的大力推动。因此，导入六西格玛管理时应建立健全组织结构，将系统培训的优秀人才安排在六西格玛管理活动的各相应岗位上，规定并赋予明确的职责和权限，从而构建高效的组织体系为六西格玛管理的实施提供基本条件和必备资源。

（一）六西格玛管理层次

实施六西格玛管理的组织系统，其管理层次一般分为三层，即领导层、指导层和执行层。领导层通常由最高管理者、倡导者、项目保证人以及财务主管等组成六西格玛推进委员会；指导层由组织的资深黑带或从组织外聘请的咨询师组成；执行层由执行改进项目的黑带、绿带组成，这些关键角色的职责如下：

1. 企业最高管理者（Chief Executives officer CE0）

六西格玛管理是由企业最高管理者推动的。其在六西格玛管理中负有以下职责：

①建立企业的六西格玛管理愿景。

②确定企业的战略目标和企业业绩的度量系统。

③确定企业的经营重点。

④在企业中建立促进应用六西格玛管理方法与工具的环境。

2. 倡导者或领航员（Champion）

六西格玛管理倡导者也被称为领航员。是企业实施六西格玛管理的关键角色，一般由最高管理团队中负责六西格玛管理推进的成员担任，其负有以下职责：

①负责六西格玛管理推进规划和总体部署，包括制定六西格玛管理推进规划，明确阶段性工作方向与目标等。

②负责六西格玛基础性管理活动的组织与构建，包括六西格玛组织架构

和管理职责的落实、六西格玛人员培训与认证管理、六西格玛项目管理等。

③提供六西格玛实施资源、建立相关考核和激励机制等。

④消除六西格玛管理推进中的组织障碍。

⑤向最高管理团队报告六西格玛管理工作的进展等。

3. 项目保证人（Sponsor）

项目保证人也被称为部门倡导者或部门领航员，是对各部门六西格玛项目实施负有管理职责的领导人。其主要职责如下：

①根据企业倡导者或领航员的部署，开展本部门的六西格玛管理推进工作，特别是六西格玛项目实施工作，确保本部门六西格玛项目的实施与总体规划和阶段性工作目标一致。

②负责本部门绿带和黑带的选择和部署。

③负责本部门六西格玛项目的选择，并为其配备绿带和黑带，组建项目团队。

④监督六西格玛项目的进展，为项目的实施消除障碍。

⑤向倡导者或领航员报告本部门六西格玛管理及项目工作的进展。

4. 资深黑带（Master Black Belt，MBB）

资深黑带又称为大黑带或黑带大师，他们在企业推进六西格玛管理的过程中起着承上启下的关键作用。一般来说，他们是六西格玛管理专家。其负有以下职责：

①向倡导者或领航员提供企业六西格玛管理部署与实施建议。

②协助倡导者或领航员选择并确定企业重要的六西格玛项目。

③培训黑带和绿带，确保他们掌握适用的工具和方法。

④为黑带和绿带的六西格玛项目提供指导。

⑤协调和指导跨职能的六西格玛项目。

⑥协助倡导者或领航员以及管理层选择和管理六西格玛项目。

5. 黑带（BlackBelt，BB）

六西格玛黑带是六西格玛管理中的"关键的场上队员"。在一些企业中，他们是专职的，并具有一定的技术与管理工作背景。在任职期间，他们需完成一定数量的六西格玛项目并为企业带来相应的经济效益。其负有以下职责：

①领导六西格玛项目团队，实施并完成六西格玛项目。

②向团队成员提供适用的工具与方法的培训。

③识别过程改进机会，并选择最有效的工具和技术实现改进。

④向团队传达六西格玛管理理念，建立对六西格玛管理的共识。

⑤向倡导者或领航员以及管理层报告六西格玛项目的进展。

⑥将通过项目实施获得的知识传递给企业的其他人员。

⑦培训绿带，并为绿带提供项目指导。

6. 绿带（Green Belt，GB）

六西格玛绿带是企业中经过六西格玛管理方法与工具培训的、结合自己的本职工作完成六西格玛项目的人员。他们一般是黑带领导的项目团队的成员，结合自己的工作开展涉及范围较小的六西格玛项目。

（二）六西格玛项目团队

六西格玛项目团队（Six Sigma Team）。六西格玛项目通常是通过团队合作完成的。项目团队由项目所涉及的有关职能（如技术、生产、工程、采购、销售、财务、管理等）人员构成，一般由3~10人组成，并应包括对所改进的过程负有管理职责的人员和财务人员。

二、六西格玛管理的推进过程

推进六西格玛管理需要一个不断深化的过程，需要不断完善管理基础，不断在更深的层面上支持六西格玛管理的开展，并且从中获得更大的回报。以通用电气公司六西格玛管理的实践为例，从1996年引入六西格玛管理以来，通用电气公司的六西格玛管理已经推行了20多年。20年来，通用电气公司不断深化六西格玛管理的推进体系，使之成为其管理战略和组织文化不可或缺的部分，成为通用电气的一种工作方式，成为企业的基因。

一般来说，推进六西格玛管理体现在下述三个方面：

（一）开展六西格玛项目工作

六西格玛管理是以实施六西格玛项目为其主要载体的。正是通过不断地实施六西格玛项目，企业中的每一个人都参与到绩效改进活动中来，实施六西格玛方法。接受六西格玛管理理念，并使之成为一种工作方式。

一般说来，可按经营层、运营层、作业层的层级框架部署和组织六西格玛项目。应根据企业经营目标及经营战略的考虑，识别并梳理出企业级的六西格玛项目，这些项目对企业经营或战略目标的实现具有较为直接的影响，在企业最高管理团队的支持下，协同各相关职能部门与资源。组织这些重大六西格玛项目的实施。通常，由企业的资深黑带担任企业级六西格玛项目团队的负责人。他们运用六西格玛管理方法并通过团体项目的工作，将这些重大六西格玛项目进一步分解为一系列六西格玛黑带项目，并通过黑带项目群的实施，系统性地实现组织经营绩效的突破，使六西格玛管理成为支持组织在战略目标实现的重要工具。

六西格玛黑带项目通常直接支持组织或部门关键绩效指标（KPI）的改进，对组织绩效改进的支持力度较高。一般来说，六西格玛黑带项目涉及的流程范围较大，通常需要经过黑带项目团队的工作将其分解到关键的作业流程上，即分解到关键问题点上，再由这些关键点上的改善活动——子项群的实施，最终实现黑带项目目标。而绿带项目通常在这些问题点上展开，它通常是黑带项目的重要子项。

六西格玛绿带除了作为六西格玛黑带项目团队的重要成员，负责完成黑带项目梳理分解出的重点六西格玛绿带子项外，还可以根据其负责的部门和作业环节的绩效改进需要，设立六西格玛绿带项目。通常，六西格玛绿带项目范围较小，并且与绿带们的日常工作密切相关，是工作流程层面的改进项目。

许多成功开展了六西格玛管理的企业不断创造出适用于本企业的六西格玛或精益六西格玛方法，并构建以六西格玛或精益六西格玛为主线的，将组织现有的改进活动整合到六西格玛管理中来的项目体系，以此实现在优秀人才带领下全员参与的持续改进活动。

（二）培训培养六西格玛管理骨干

六西格玛管理非常重视人员的培养，特别是对六西格玛黑带和绿带的培养。在许多成功实施了六西格玛管理的企业，接受过完整的绿带培训并能够成功地组织绿带项目的人员，占企业管理和技术人员的50%以上；接受过完整的黑带培训并能够成功地组织黑带项目的人员，占员工总数的3%以上。

表6-4列出的是典型的黑带培训课程的方案。

表6-4 黑带培训课程的方案

第一周	第二周
六西格玛管理综述和DMAIC路径图	假设检验和置信区间（F分布、t分布）
过程例定	相关性
质量功能展开（QFD）	多因素分析和回归
失效模式与影响分析（FMEA）	团队评估
组织的效益概念	
概率与数理统计基础	
过程能力	
测量系统分析	
第三周	第四周
方差分析（ANOVA）	控制计划
试验设计（DOE）	防差错技术
全因子设计	团队建设
部分实施因子设计	最终练习
平衡区组设计	
响应曲面方法	
多元回归	

（三）构建持续推进六西格玛管理的基础

事实上，一般企业现有的管理体系并不都支持六西格玛管理活动的开展，包括企业现有的各个管理层面的承诺与领导力、企业的绩效测量体系、支持持续改进活动的奖励与激励机制、人员的技能素养与对六西格玛方法的接受程度、企业的管理信息系统建设等。因此，随着六西格玛管理的不断深入，企业需要不断完善其管理基础，以支持六西格玛管理持续深入地开展。随着这些基础性工作的不断完善，企业收获的不仅是成功的六西格玛项目，同时也是更完善的管理体系。

引入六西格玛管理对任何企业都是一种挑战。在推进六西格玛管理的过程中，企业需要学习新方法，克服各种阻力，培育自己的专业人员，应对内外环境的变化等。所有这一切决定了成长为"六西格玛企业"不是一蹴而就的，而是需要经历一个不断深入的推进过程。一般说来，需要经过导入期、加速期、成长期和成熟期等不同的推进阶段。

导入期的重点是将六西格玛管理方法成功地引入企业中来。通过培养企业自己的首批绿带和黑带，成功地实施1～2批六西格玛项目，赢得一些"短期战役"的成功，使六西格玛管理在企业中"软着陆"。

加速期的重点是在取得了初步成功经验的基础上，加大推进力度，包括扩大项目选择范围以及加大绿带和黑带的培养力度等。许多企业是以生产制造环节或日常管理活动中遇到的典型问题为切入点，开始选择和实施六西格玛项目的。在加速期，六西格玛项目的选择范围常常需要突破传统意义上的质量改进范畴，将更多的过程绩效改进的议题纳入六西格玛项目选择的范围内。同时，在这一时期，企业需要加大绿带和黑带的培养和部署力度，使绿带和黑带人数达到一定比例。

成长期的重点是深化六西格玛管理工作。在这一时期，特别需要适时地在业务流程层面或系统层面组织和实施六西格玛项目。一些企业在这一阶段开展了精益六西格玛管理或战略六西格玛管理，以期取得业务流程改进的系统性成果。

成熟期的标志是六西格玛管理已经完全融入了企业的管理活动之中，已经成为人们的一种工作方式，在文化层面对企业产生了深刻的影响。只有达到了这一时期的企业，才能称得上是"六西格玛企业"。

随着六西格玛管理的不断深入，企业将逐步获得越来越多的回报。在导入期，这些回报是由一些初步开展的项目带来的，可能是对一些局部性问题的突破；而在加速期和成长期，这些回报将是关于质量、成本和周期的系统性的突破；而那些进入了成熟期的企业，收获的不仅有能用经济效益衡量的收益，还包括企业文化层面的收益，这些企业将成为具有强大的竞争能力而且长盛不衰的组织。

三、成功实施六西格玛管理的关键因素

六西格玛管理在一些企业中得到了成功的实施，但也存在失败的教训。美国质量协会（ASQ）在调查了成功的经验和失败的教训后，总结出成功推进六西格玛管理的关键因素，包括：

①高层管理者的承诺是必备的基础，它是主要的文化转变。

②六西格玛必须与现有的方法、战略、测量和实践进行整合，六西格玛必须是企业指导经营的一个完整的部分。

③定量分析和统计思想是关键的概念，应基于数据进行管理。

④必须将持续的努力用于了解顾客和市场上，知识收集和分析是十分关键的。

⑤六西格玛方法要求在一个合理的时间内得到显著的回报，成本节约需要实际验证。

⑥需要经过充分培训并且由成功的经历证明了他们的信誉的梯队，将领导力扩展到企业的每一个层次。这个梯队由大黑带、黑带和绿带构成。

⑦需要建立绩效跟踪、度量和报告系统，监控过程进展。应将六西格玛方法与企业的目标和计划联系起来。一般说来，企业现有的绩效跟踪、度量和报告系统不尽完善。

⑧企业的奖励和认可体系应该在每一层面上持续地支持对成功实施六西格玛的人员进行认可。奖励体系尤其需要进行重新设计。

⑨一个成功的企业应经常在内部庆祝成功，因为"成功滋养成功"。

⑩为了进一步增强企业的形象，提升员工的自信和自尊，一个成功的企业应广泛地宣扬六西格玛方法的成就，扩展其可行性，并与其他企业分享它的指导原则和实践。

第五节　汽车企业六西格玛管理实例实践

一、汽车企业六西格玛管理实例

（一）M汽车零配件公司简介

M汽车零配件公司是全球领先的汽车零部件供应商，拥有335家工厂、96个产品中心和工程中心，在28个国家有业务。公司超过16万名员工，致力于创新和为客户提供卓越价值。该公司专注于整车工程和代工制造，生产车身、底盘、外饰、座椅、动力总成、电子设备、主动驾驶辅助、镜像、闭锁和车顶系统，具备多领域的电子和软件工程能力。为客户提供卓越的价值是该公司的使命，致力于成为最佳雇主、道德负责任的企业和股东的长期合作伙伴。

M汽车零配件公司的经营理念的基础是强大的企业精神文化"公平企业"。正因为M汽车零配件公司承认员工参与和承诺是业务成功的基础，这种独特的文化才得以发展壮大。M汽车零配件公司非常看重持续改善员工关系，承诺提供能鼓励创新、员工参与和团队合作的安全工作环境。

M汽车零配件公司持续关键的首要工作之一是在全球实现一致的世界级制造。为精湛工艺和全面质量感到骄傲是公平企业不可分割的一部分。在M汽车零配件公司，管理层和员工以合作伙伴的形式，共同为实现卓越和成功的运营承担责任。

为加强和保持M汽车零配件公司的长期愿景和成功，M汽车零配件公司持续专注满足我们最重要的利益相关人的需求——客户、股东和员工。

在M汽车零配件公司，三足鼎立代表出现利益竞争时，合理平衡利益相关人需求的重要性。

（二）实施六西格玛前存在的问题

M汽车零配件公司由于其质量成本较高，在行业内竞争新项目时不具备优势，订单量得不到增加。M汽车零配件公司5年来只生产2款型号的产品，订单量为每年30万台，每年利润仅为500万美元，盈利状况堪忧。

M汽车零配件公司在产品质量管理过程中的问题：

①企业内部报废率较高。

②质量成本过高。

③一次通过率较低。

为了降低运营成本，提高利润水平，M汽车零配件公司专注于分析客户的需求和想法，通过引进先进的六西格玛质量管理系统来改进产品质量，提高产品合格率，使顾客满意。

（三）实施六西格玛的必要性和可行性

1. 实施六西格玛的必要性

众所周知，热处理中产生形变是不可避免的，且影响因素非常复杂，除了热处理过程产生形变，其他因素如原材料金相组织及机加工过程等也会对工件的形变产生影响，导致变形控制十分棘手。对于原因如此多样性，复杂的课题，运用传统的8D方法不能全面快速地分析问题、解决问题，此时六西格玛方法就彰显出来了它的优势。

2. 实施六西格玛的可行性

M汽车零配件公司配备蔡司三坐标、霍梅尔光学机、齿轮齿形齿相分析仪、轮廓和粗糙度仪、校直机、马波斯在线测量仪、跳动测量仪、光学显微镜、硬度计等测量设备和物理化学试验设备，为六西格玛原因分析及问题解决、DOE试验设计都提供了齐备的物质资源。

另外M汽车零配件公司非常看重员工的培养，承认员工参与和承诺是业务成功的基础，鼓励员工参与、创新、团队合作。完善的年度培训计划，定期开展如五大工具如控制计划（Control Plan），潜在失效模式分析（FMEA），生产件批准程序（PPAP），产品质量先期策划（APQP），统计过程控制（SPC）培训，质量控制七大工具，数据处理分析工具如Q-DAS、Minitab的培训和审核培训VDA6.3、IATF、CQI-9，以及六西格玛绿带，黑带的培训。M汽车零配件公司不仅能给员工提供良好的工作环境，还尽力地为员工提供学习基础知识，掌握理论技能的机会，实现理论和实际的结合，教学相长。领导层的支持和参与促进了六西格玛在M汽车零配件公司存活的可行性。

（四）M汽车零配件公司实施六西格玛的保障

M汽车零配件公司六西格玛项目是在六西格玛推进委员会的监督倡导下，由六西格玛执行倡导者领导，部门六西格玛协调员和六西格玛经理一起保证六西格玛在M汽车零配件公司试点并深化。六西格玛总监担任项目倡导者，六西格玛组织结构由倡导者、公司管理层、项目成员、过程拥有者、六西格玛绿带、黑带和黑带大师组成。

执行倡导者是M汽车零配件公司业务部门的六西格玛领导者，负责培训并确定新的黑带和绿带，协调和分配培训项目及带级候选人，并为黑带及绿带提供资源，完成倡导者培训。

项目领导者是项目课题的领导者，初步风险评估及内外部结果沟通，确保项目符合顾客的时限要求，赋予黑带/绿带及团队组长新的项目课题，监控并关注当前的项目，消除项目实施中的障碍，要求/协助项目结果的持续性，协调及传达内部和外部项目状态，培训倡导者，并在项目关闭前确认签字。

黑带大师辅佐倡导者/咨询师管理，平衡项目阶段评审，协助项目/方法论选择和项目范围界定，辅助认证黑带和绿带，以促进符合标准化要求，在项目关闭前确认签字。

团队组长组织项目团队，过程或课题的拥有者，确认逃逸点并维持产品交付，完成绿带培训，六西格玛项目关闭前确认签字。

黑带掌握所有方法，具备充足的时间，依照标准提交项目，支持绿带。

绿带运作小项目，可作为黑带子项目，依照标准提交项目。

财务审计员评估财务和定性的项目效益，收集供应商/客户索赔的成本信息并传递给采购，在六西格玛项目关闭前签署。

项目团队来自部门专家协调并实施项目的结果，物流专家主导处理不合格及满足要求的材料，STF专家向供应商传达相关问题和推动纠正措施，PD专家对与问题有关的设计向客户提供信息并给予支持，质量专家给出初始风险评估和数据分析。

M汽车零配件公司制定了六西格玛项目管理流程，目的在于规范六西格玛项目的管理过程，让六西格玛在M汽车零配件公司得到更加有序的推进。

六西格玛项目管理流程关注的问题的范围是由内部或外部顾客定义的；由内部或外部供应商产生的；由内部组织如QEHS所应义的；在产品开发，投产阶段或各生产阶段所发现的；在审核过程中发现的。

六西格玛项目流程关注的问题解决的一般规则是一旦问题被提出，以下几个方面要作为选择纠正措施方法的标准来考虑：

1.问题要被确认。供应商和客户问题要由质量部门验证，量化和风险评估。内部问题也要被验证，量化和风险评估。

2.问题所有者（制造/设计/供应商技术支持）的确定要基于初始问题信息，并在项目实施过程中被更新。

3.过程步骤"建立团队"和"问题描述"对所有纠正措施都是必需的。

纠正措施方法的选择由黑带大师来支持并需遵循以下标准：

项目选择的标准：这个问题是否是重复发生的事件？项目的范围可缩小吗？是可测量的吗？有过程可控吗？项目是否达到客户满意度？如果上述全"是"，这个是很好的六西格玛项目。

对于六西格玛项目管理，为了明确各阶段责任人及其职责范围，M汽车零配件公司制定了详细的管理流程，方便相关责任人执行。

定义阶段，一般需要在一个月内完成。执行倡导者选择潜在项目并将项目分配，并确定项目范围和目标；项目领导者完成项目的定义阶段并召开项目启动会议；黑带大师参与项目的选择以监督确保项目符合标准并确保项目启动会议按标准操作；团队组长为项目领导者推进项目提供支持；财务审计负责评估项目收益。

测量阶段，一般需要两个月完成。项目领导者收集数据，并对数据进行分析及过程能力分析；黑带大师确认数据真实有效；团队组长协助项目领导者收集数据。

分析阶段，一般需要两个月完成。项目倡导者对六西格玛项目的根本原因及可能的改善措施进行评估；黑带大师确保根本原因及改善措施的评估是合理的；团队组长也要确认根本原因并对改善措施的可行性进行评估。

改进阶段，一般需要两个月完成。执行倡导者确保项目达到项目目标；项目领导者执行项目的改善并评估改善效果；黑带大师确认改善效果，如果项目合格则进入控制阶段，如果不合格要求项目领导者重新执行改善措施并评估改善效果；团队组长如果不认可改善措施则要求项目领导者重新执行改善，如果认可项目进入控制阶段。

控制阶段，一般需要两个月完成。执行倡导者评估项目结果如计划一样合理；项目领导者制定控制计划并总结经验教训；黑带大师协助项目领导者并签字认可；团队组长了解项目信息并签字认可；财务审计更新项目收益。

二、汽车企业六西格玛管理实例总结

利用改善项目来实践六西格玛可为企业降低成本，提高业绩，也有利于六西格玛黑带及绿带成长。M汽车零配件公司实施六西格玛管理的核心工作也是项目实践。

由于M汽车零配件公司近期签订了一个新的项目，其产品质量会给客户留下直观的印象并直接影响到后续新项目的洽谈，并且此项目在试运行阶段报废率居高不下，特本文以此"降低齿轮轴跳动不良"的六西格玛为案例分析，运行六西格玛DMAIC方法和流程图、鱼骨图、测量系统分析、过程能力分析、假设检验、DOE试验设计和控制图等六西格玛工具，提高齿轮轴跳动不良。阐述六西格玛DMAIC方法的运用。

（一）齿轮轴跳动问题界定

1. 问题描述

M汽车零配件公司齿轮轴供应商在新项目的PT阶段锻造了200个齿轮轴，齿轮轴经M汽车零配件公司滚花键和铣齿工艺后，进行热处理加工。热处理工艺中不可避免地会使齿轮轴发生热处理变形，于是需要进行校直，以纠正部分变形。经统计，在这批样件校直后，有37%样件存在跳动不良缺陷，只能报废处理。按汽车零配件工厂每年计划产11.2万台总成测算，齿轮轴37%跳动不良的报废损失成本为：179200元/年，齿轮轴跳动不良报废率非常高，质量不稳定，造成了成本的提高，材料的浪费。齿轮轴不良还会导致厂内后续组装前置驱动系统齿隙不良的问题，从而影响NVH测试，造成整个总成的返工及垫片、轴承等其他需拆解下来的零部件的报废。

2. VOC转化为CTQ

表6-5　VOC转化为CTQ

造成后果	VOC	CTQ
校直报废率高，影响生产效率和人力成本，损耗材料	齿轮轴跳动不合格	减少齿轮轴跳动不良

3. 现状及目标

M汽车零配件公司齿轮轴跳动不良校直后现状37%，目标降到5%。

4. 改善进度

为确保六西格玛项目顺利有序展开，根据项目APQP各个试制阶段安排及结合类似案例进展速度，利用甘特图制定项目计划表，见表6-6项目计划表。

表6-6　项目计划表

项目计划表（2017-9-1至2018-4-30）										
职务名称	开始时间	完成时间	9月	10月	11月	12月	1月	2月	3月	4月
定义阶段	2017-9-1	2017-9-31								

职务名称	开始时间	完成时间	9月	10月	11月	12月	1月	2月	3月	4月
			项目计划表（2017 – 9 – 1至2018 – 4 – 30）							
测量阶段	2017 – 10 – 7	2017 – 11 – 31								
分析阶段	2017 – 12 – 1	2017 – 12 – 31								
改善阶段	2018 – 1 – 5	2018 – 2 – 28								
控制阶段	2018 – 3 – 1	2018 – 4 – 30								

5. 定义问题

（1）关键问题发生源（产品、特性、功能）

产品：齿轮轴

特性：跳动

功能：传动不良

（2）关键质量特性（CTQ$_s$）

Y：跳动报废率≤5%

可量化或可测量的物出变量（Y$_s$）

齿轮轴跳动≤0.04

6. 评估收益

硬件节约：按M汽车零配件工厂每年计划产11.2万台总成测算，齿轮轴跳动不良率37%降低至5%，减少零件报废损失，减少零件制作的人工检验成本，节约的直接成本为179200元/年。

软件节约：提高整体生产环节直通率，提高装配稳定性，降低质量风险。

7. 项目团队

六西格玛项目组建，核心就是跨部门功能小组团体协作。M汽车零配件公司跨部门功能小组涉及质量、制造、热处理、供应商管理等各部门优秀工程师，经过六西格玛培训，大家各司其职，分工协调，如下表6-7项目小组成员所示：

表6-7　项目小组成员

姓名	职务	任务
YY	班长	质量保障
AA	工人	质量责任人
BB	供应商管理工程师	供应商质量管理
CC	热处理工程师	热处理质量管理
DD	质量管理工程师	全面质量管理
XX	财务	配合改善效益核算

（二）齿轮轴跳动测量

1. 项目范围

首先从宏观流程图展示出齿轮轴工艺总体架构，从宏观范围中再缩小范围并集中目标焦点，找出目标流程。从中找出影响齿轮轴跳动不良的目标流程：供应商提供的毛坯齿轮轴和机加工过程，包括热处理工艺。

2. 鱼骨分析法

有哪些可能的原因导致跳动不良呢？运用鱼骨分析并列出所有可能的原因，轮轴跳动不良的原因有哪些。

通过齿轮轴跳动不良因素分析图识别出关键因子X1原材料带状组织等级对跳动不良的影响；X2原材料贝氏体存在对跳动不良的影响；X3热处理淬火温度对跳动不良的影响；X4热处理搅拌速度对跳动不良的影响；X5摆放数量对跳动不良的影响；X6加工转角对跳动不良的影响；X7热处理后校直位置对跳动不良的影响和测量方面的影响；X8热处理炉内区域对跳动不良的影响；X9校直机测量不准确的影响。

3. 测量系统分析

DMAIC是一种基于数据的过程能力改进方法，数据质量在很大程度上决定了项目是否成功。如果数据测量得不准确，将对测量结果产生很大影响，失去指导意义。因此，必须考虑数据的测量系统，执行测量系统分析（MSA）。

M汽车零配件公司测量齿轮轴跳动的关键测量设备就是校直机，校直机不仅是测量跳动的测量设备，对于跳动不合格的工件还有校直的功能，从而校正一定程度的热处理变形。因此，评估校直机的测量系统重复性及再现性，具有极其重要的意义。因为检验员拿取工件时定位准确性会影响校直机的检测结果，考虑到与人员因素也有关系，所以M汽车零配件公司采用3×3×10的原则，10个工件分别由3个检验员进行测量，每个工件测量3遍，得出测量设备的重复性再现性是7.96%，符合小于10%的要求；ndc=17，符合大于5的要求，则判定测量系统可接受。

从而得出结论：校直机重复性再现性合格，使用该测量设备检测没有问题。

4. 确定现状校直前的过程能力

过程能力是由偶然因素造成的变差决定的。当过程处于稳定状态时，产品99.73%的计量质量特性值覆盖在$\mu \pm 3$的范围里，即有99.73%的产品落在六西格玛范围内，这差不多涵盖了所有产品。

M汽车零配件公司对现况过程能力分析，结果过程能力分析，$P<0.05$，非正态分布。Cpk=−0.18，不满足大于1.33的要求，表示过程能力不足。平均值53.3μm，其平均值已大于标准值40μm。通过直方图可以看出跳动值分布很宽泛，平均值已经超出规格上限，整体数据远远偏离中心值。

齿轮轴校直后，跳动不良率降为37%。

从已知结论中可得出，校直之前跳动均值为53.29μm，校直之后跳动均值为41.86μm，跳动值有明显改善。接下来，通过进一步对比初始跳动和校直后跳动值分析得出，初始跳动超过60μm，报废率约占总报废率的97%。也就是说，跳动值越大越不可能校直过来，报废率越高。因此，不能只依靠校直来拯救跳动不良，改善初始跳动不良尤其重要。参考以下表6-8跳动不良数据统计表：

表6-8　跳动不良数据统计表

项目	1组	2组	3组	4组	5组
报废数量（个）	0	1	16	20	37

（三）齿轮轴跳动影响因素分析

分析阶段是DMAIC各阶段中最不好预测的阶段。项目团队所使用的方法在一定程度上取决于所涉及的问题和数据的特征。DMAIC利用循环分析法实现对原因的探究。该循环从数据的测量开始，并通过分析过程提出原因的初步猜测或假设；然后收集和关注更多数据与其他可见的证据，以进一步判断这些推测或者假设；分析循环继续进行，各种假设不断得到确认或拒绝，直到通过严格的数据分析明确问题的真正原因。

1. 数据收集计划

对于齿轮轴跳动不良因素分析图中分析出的所有可能降低齿轮轴跳动不良率的因子制定相应的数据收集方法，通过一定实验分析或假设检验，来分析这些关键因子对跳动不良率的影响。如表6-9降低齿轮轴跳动不良率的数据收集计划表所示：

表6-9　降低齿轮轴跳动不良率的数据收集计划表

降低齿轮轴跳动不良率的数据收集						
	淬火温度	搅拌速度	摆放数量	带状组织	较直位置	贝氏体
1						
2						
3						
4						
5						
6						
7						
8						

2. 影响齿轮轴跳动的因子分析

（1）淬火温度对齿轮轴跳动值的影响

根据热处理专家的多年实践经验得出，淬火温度是改善热处理变形的关键因素，根据先前M汽车配件公司类似产品和多年热处理工艺参数调试经验，对淬火温度分别调整成860℃和850℃进行对比试验分析，通过双比率假设检验，评价淬火温度的降低是否可以改善跳动不良的问题。首先检验两组数据的正态性，结果均为正态分布。

设淬火温度为860摄氏度的不合格率为P_1；

淬火温度为850摄氏度的不合格率为P_2；

此时要检验的假设为：H_σ：$P_1=P_2$　H_a：$P_1\neq P_2$；

由所给出的备择假设，利用大样本的正态近似性，得出在a=0.05水平上的拒绝域为{|Z|≥1.96}。实验结果，淬火温度为860摄氏度的齿轮轴，220件跳动不良报废率21.8%；而淬火温度为850摄氏度的齿轮轴，280件跳动不良报废率11%。请参考如下表6-10淬火温度双比率假设检验运行结果：

表6-10　淬火温度双比率检验和置信区间

样本	X（个）	N（件）	样本P
1	48	220	0.218182
2	31	480	0.110714

差值=P（1）–P（2）

差之估计值：0.107468

差值的95%置信区间：（0.0416703，0.173265）

差值=0（与≠0）的检验：Z=3.20，P=0.001

Fisher精确检验：P=0.001

通过双比率假设检验，得出结论，P=0.001，小于给定的a=0.05，因此拒绝原假设，两种淬火温度有显著差异。

（2）搅拌速度的双比率假设检验

热处理工艺中可能影响到热处理变形的另外一个因素为搅拌速度。通过分析热处理过程中设置搅拌速度为700rpm和600rpm两种不同程度的搅拌速度，来分析是否可以改善跳动不良的问题。搅拌速度的双比率假设检验是将搅拌速度设定为700rpm时，一组样本量为100件的齿轮轴进炉进行热处理实验；再将搅拌速度设定为600rpm时，一组样本量也为100件的齿轮组热处理后，计算跳动不良的报废率。

首先检验两组数据的正态性，结果均为正态分布。下面进行假设检验：

设搅拌速度为700rpm的不合格率为P_1；

搅拌速度为600rpm的不合格率为P_2；

此时要检验的假设为：H_σ：$P_1=P_2$，H_a：$P_1\neq P_2$，由所给出的备择假设，

利用大样本的正态近似性，得出在a=0.05水平上的拒绝域为{ |Z |≥1.96}。

实验结果，搅拌速度为700rpm的齿轮轴，100件跳动不良总报废率37%；而搅拌速度为600rpm的齿轮轴，100件跳动不良总报废率35%。请参考如下表6-11搅拌速度双比率假设检验运行结果：

表6-11　搅拌速度双比率检验和置信区间

样本	X（个）	N（件）	样本P
1	37	100	0.370000
2	35	100	0.350000

差值=P（1）-P（2）

差之估计值：0.107468

差值的95%置信区间：（0.113018，0.153018）

差值=0（与≠0）的检验：Z=0.29，P=0.763

Fisher精确检验：P=0.883

通过双比率假设检验，得出结论，P=0.883，大于给定的a=0.05，因此无法拒绝原假设，两种搅拌速度无显著差异。

（3）摆放数量对齿轮轴跳动值的影响

热处理工艺中影响热处理变形还有一个关键因素是每次进炉的数量。数量的多少会直接影响热处理的均匀程度和热处理的效果，从而影响齿轮轴变形量。摆放数量的双比率假设检验是将样本量为100件的齿轮轴每一批50件进炉进行实验，计算报废率。将另一组样本量为100件的齿轮轴每一批40件进炉进行实验，计算报废率。

首先检验两组数据的正态性，结果均为正态分布。下面进行假设检验：

设摆放数量为50件的不合格率为P_1；

摆放数量为40件的不合格率为P_2；

此时要检验的假设为：H_σ：$P_1=P_2$　H_a：$P_1 \neq P_2$

由所给出的备择假设，利用大样本的正态近似性，得出在a=0.05水平上的拒绝域为{|Z |≥1.96}。

实验结果，摆放数量为50件的齿轮轴，100件跳动不良报废率37%；而摆放数量为40件的齿轮轴，100件跳动不良报废率18%。通过双比率假设检验评价摆放数量对齿轮轴跳动值的影响。请参考如下摆放数量双比率假设检验运行结果：

表6-12 摆放数量双比率检验和置信区间

样本	X（个）	N（件）	样本P
1	37	100	0.370000
2	18	100	0.180000

差值=P（1）-P（2）

差之估计值：0.107468

差值的95%置信区间：（0.0690685，0.310932）

差值=0（与≠0）的检验：Z=3.01，P=0.003

Fisher精确检验：P=0.004

通过双比率假设检验，得出结论，P=0.004，小于给定的a=0.05，因此拒绝原假设，两种摆放数量有显著差异。

（4）校直位置对齿轮轴跳动值的影响

热处理工艺中被怀疑到会影响热处理变形的另一个因素是校直位置的影响。如果在齿轮轴上校直的位置不易压动，或者校直的位置在槽边，受毛刺影响，会对校直结果产生一定的影响。所以，通过避开一些不利因素，改变校直位置，加大支撑间距，躲开带有毛刺的槽，使校直时更易压动，从而改善校直后跳动值。

M汽车零配件公司通过双比率假设检验评价校直位置对齿轮轴跳动值的影响。

校直位置的双比率假设检验是将一组样本量为100件的校直位置改善前的齿轮轴进行热处理实验，计算报废率。再将另一组样本量为100件的校直位置更改后的一批齿轮轴进行热处理实验，计算报废率。

首先检验两组数据的正态性，结果均为正态分布。下面进行假设检验：

设校直位置改善前的不合格率为P_1；校直位置改善后的不合格率为P_2；

此时要检验的假设为：H_σ：$P_1=P_2$ H_a：$P_1 \neq P_2$

由所给出的备择假设，利用大样本的正态近似性，得出在a=0.05水平上的拒绝域为{|Z|≥1.96}。

实验结果，校直位置改善前的100件齿轮轴，跳动不良报废率为40%；而校直位置改善后的100件的齿轮轴，跳动不良报废率为35%。请参考如下假设检验运行结果：

表6-13　较直位置双比率假设检验和置信区间

样本	X（个）	N（件）	样本P
1	40	100	0.400000
2	35	100	0.350000

差值=P（1）-P（2）

差之估计值：0.107468

差值的95%置信区间：（0.0840105，0.184011）

差值=0（与≠0）的检验：Z=0.73，P=0.465

Fisher精确检验：P=0.559

通过双比率假设检验，得出结论，P=0.559，大于给定的a =0.05，因此无法拒绝原假设，校直位置改善前后无显著差异。

（5）贝氏体对齿轮轴跳动值的影响

M汽车零配件公司要求供应商毛坯齿轮轴材料不含贝氏体。在对供应商来料进行检验时，抽取三件毛坯齿轮轴含有贝氏体，不合格。因此要求供应商制定改善措施，消除贝氏体。毛坯齿轮轴供应商给出改善方案为淬火炉工艺优化，提高淬火问题，加长淬火时间。改善后，抽取三件进行来料检验，通过对毛坯切割显微镜金相分析后结果显示改善有效，于是，M汽车零配件公司对含有贝氏体的毛坯齿轮轴和不含贝氏体的毛皮齿轮轴分别厂内加工通过双比率假设检验，热处理后评估其对跳动不良报废率的影响。

贝氏体的双比率假设检验是将来料检验有贝氏体，一组样本量为100件的齿轮轴进炉进行热处理实验；再将一组样本量为150件的齿轮轴其来料检未发现贝氏体，热处理后，计算跳动不良报废率。

首先检验两组数据的正态性，结果均为正态分布。下面进行假设检验：

设含有贝氏体的一批不合格率为P_1；不含有贝氏体的一批的不合格率为P_2；

此时要检验的假设为：H_σ：$P_1=P_2$　H_a：$P_1 \neq P_2$

由所给出的备择假设，利用大样本的正态近似性，得出在$a=0.05$水平上的拒绝域为$\{|Z| \geq 1.96\}$。

实验结果，含有贝氏体的一组齿轮轴，跳动不良报废率为35%；而不含有贝氏体的一组的齿轮轴跳动不良报废率20%。

（6）带状组织对齿轮轴跳动值的影响

M汽车零部件公司对供应商毛皮来料的要求是毛坯齿轮轴材料中带状组织为4级。于是，对一批供应商来料进行来料检验，从一批来料抽取3件进行来料检验，检验出毛坯齿轮轴带状组织为5级，不符合要求。M汽车零配件公司要求毛坯齿轮轴的供应商制定改善措施。供应商改善后，M汽车零配件公司又对改善后的来料进行3次检验，结果显示毛坯齿轮轴材料中带状组织为4级。于是，对带状组织为5级的毛坯齿轮轴和带状组织为4级的毛皮齿轮轴分别于厂内加工，热处理后评估其对跳动不良报废率的影响。

M汽车零配件公司通过双比率假设检验，评价带状组织对齿轮轴跳动值的影响。双比率假设检验是将来料检验带状组织为5级，一组样本量为150件的齿轮轴进炉进行热处理实验；再将一组样本量为220件的齿轮轴其来料检带状组织为4级，热处理后，计算跳动不良报废率。

首先检验两组数据的正态性，结果均为正态分布。下面进行假设检验：

设带状组织为5级的不合格率为P_1；带状组织为4级的不合格率为P_2；

此时要检验的假设为：H_σ：$P_1=P_2$　H_a：$P_1 \neq P_2$

由所给出的备择假设，利用大样本的正态近似性，得出在$a=0.05$水平上的拒绝域为$\{|Z| \geq 1.96\}$。

实验结果，来料检验结果带状组织为5级的一组齿轮轴跳动不良报废率为20%；而来料检验带状组织为4级的一组的齿轮轴报废率为19%。

通过双比率假设检验，得出结论，$P=0.894$，大于给定的$a=0.05$，因此无法拒绝原假设，带状组织为4级还是5级无显著差异。

（7）通过重新定位纠正工件的变形

热处理工艺过程会不可避免地对齿轮轴产生变形的影响，至于齿轮轴是如何变形的，变形的方向和形状是怎样的，可以通过实验来评估。因此，对齿轮轴定义5个点进行测试，评估热处理后齿轮轴的变形方向。

实验随机选取33件齿轮轴，热处理后，对每件齿轮轴5的测试点检验出跳动值，并通过单值移动极差图进行分析。单值移动极差图适用于难以或不可能将测量值分成子组时，监控过程水平（均值）和过程变异（移动极差），以及检测是否存在特殊原因。

点1的控制平均值为32.15μm。

点2的控制平均值为52.8μm。

点3的I–MR控制平均值是52.7μm。

点4的I–MR控制平均值是48.7μm。

点5的I–MR控制平均值是24.76μm。

通过测试齿轮轴上5个点，每个点的33件测量数据得知，平均值最大的跳动位置为点2，因此着重分析点2的过程能力和变差。

判断过程能力前，先来判断点2的正态性：p-value>0.05，则为正态分布。

点2跳动值的过程能力分析，可见点2离中心值偏移量较大，并且分布比较宽。过程能力达不到1.33，一半以上的测量数据都超过上控制线。

通过结论分析，可以看出5个点的最高值，75%四分值，中值，25%四分值，最低值的分布情况。

经过以上数据分析结果，可以评价出热处理后齿轮轴的变形方向。

通过重新定位的方法，可以将偏离水平线的基准校正到水平线，从而减少跳动不良的报废率。

（8）转角设计对齿轮轴跳动值的影响

机加工工艺中被怀疑到会影响热处理变形的一个因素是转角的设计。转角设计得越简单，越能减少应力的集中，从而减少齿轮轴变形量和裂纹。如果转角设计过于复杂，热处理淬火时应力集中，校直机校直时给予齿轮轴一定的压力齿轮轴则会产生裂纹。M汽车零配件公司认为可以试图通过简化转角设计，从而减少淬火时应力的集中，降低齿轮轴跳动不良率。

M汽车配件公司通过双比率假设检验评价加工转角设计对齿轮轴跳动值的影响。加工转角设计的双比率假设检验是将加工转角相对复杂的一组样本量为100件的齿轮轴进行热处理实验，计算报废率。再将另一组样本量为125件的加工转角设计更改后相对简单的一批齿轮轴进行热处理实验，计算报废率。

首先检验两组数据的正态性，结果均为正态分布。下面进行假设检验：

设加工转角复杂的不合格率为P_1；加工转角简单的不合格率为P_2；

此时要检验的假设为：H_σ：$P_1=P_2$ H_a：$P_1 \neq P_2$

由所给出的备择假设，利用大样本的正态近似性，得出在$a=0.05$水平上的拒绝域为$\{|Z| \geqslant 1.96\}$。

实验结果，加工转角相对复杂的跳动不良报废率为11%；而加工转角改善后相对简单的跳动不良报废率为13.6%。

通过双比率假设检验，得出结论，$P=0.894$，大于给定的$a=0.05$，因此无法拒绝原假设，加工转角设计简单与否无显著差异。

（9）热处理区域升温速度对齿轮轴跳动值的影响

热处理是一种金属热加工工艺，材料在固态下被加热、保温和冷却，以获得所需的结构和性能。当物体由于外部因素（受力、湿度、温度场变化等）而变形时，在物体各个部分之间发生内部相互作用力来抵抗此外部因素的作用，并企图使物质从变形后的位置恢复到变形前的位置。M汽车配件公司热处理淬火区域分A、B、C、D四个区域，A、B、C、D区域分布A，B区域的淬火升温速度要比C、D区域的升温速度快。

通过将60件齿轮轴分3批进炉，每个齿轮轴上刻上号码分别放置在A、B、C、D不同区域进行热处理，热处理后记录其跳动值，并与所处淬火区域进行对比，评估淬火区域A、B、C、D是否对跳动不良有影响。

第一批进炉进行热处理的18件齿轮轴，通过不同热处理区域的跳动值对比显示，分布在热处理C、D区域的齿轮轴跳动平均值为34μm，而分布在热处理A、B区域的齿轮轴跳动平均值为53μm，通过分析可知放置在C、D区域的齿轮轴比放置在A、B区域的齿轮轴跳动值小很多。

第二批进炉进行热处理的30件齿轮轴，不同热处理区域的跳动值对比2显示，分布在热处理C、D区域的齿轮轴跳动平均值为40.8μm，而分布在热处理A、B区域的齿轮轴跳动平均值为51μm，通过分析可知放置在C、D区域的齿轮轴比放置在A、B区域的齿轮轴跳动值小很多，趋势也稳定很多。

第三批进炉进行热处理的32件齿轮轴，不同热处理区域的跳动值对比3显示，分布在热处理C、D区域的齿轮轴跳动平均值为41.2μm，而分布在热处理A、B区域的齿轮轴跳动平均值为56.1μm，通过分析可知放置在C、D区域的齿轮轴比放置在A、B区域的齿轮轴跳动值小很多。

由此可以看出，控制升温速度对热处理变形有很大影响。当温度升高时，材料的屈服能力会降低，若升温速度过快，应力不能大量释放，可屈服点已下降了很多，产品在大于屈服点的应力作用下发生变形。若加热缓慢，屈服点可慢慢下降，应力也慢慢被释放。残余应力在快速加热和缓慢加热到同一温度时的应力是不一样的，随之加工的产品结构状态也不一样。如上述实验所示，处在C、D区域的齿轮轴由于热处理升温速度比处在A、B区域的齿轮轴要慢，所以应力就越小，齿轮轴跳动值越好。因此，可以通过改善热处理升温速度不一致，一部分区域升温过快的方法来改善热处理过程中造成的变形，从而提高齿轮轴跳动值。

3. 试验设计

在齿轮轴热处理过程中，经过因子的初步筛选，影响跳动不良的因子有3个：淬火温度、搅拌速度和热处理进炉数量。3个因子在一定范围内可调，通过对各个候选参数进行配比实验，从而评估出多重因素中单个因素和几个因素对输出的影响，判断因子的主效应及交互效应是否是显著的，在何种生产条件下能够取得最好的跳动值。

A：淬火温度（简称为温度），低水平取850℃，高水平取860℃。

B：搅拌速度（简称为速度），低水平取600rpm，中水平取700rpm，高水平取800rpm。

C：热处理进炉数量（简称为数量），低水平取40件，高水平取50件。

见下表6-14齿轮轴跳动报废率全因子试验计划矩阵：

表6-14　齿轮轴跳动报废率全因子试验计划矩阵

序号	1	2	3	4	5	6	7
因子	标准序号	运行序号	点类型	区组	温度A（℃）	速度B（rpm）	数量C（件）
1	1	1	1	1	850	600	40
2	2	2	1	1	850	600	50

序号	1	2	3	4	5	6	7
因子	标准序号	运行序号	点类型	区组	温度A（℃）	速度B（rpm）	数量C（件）
3	3	3	1	1	850	700	40
4	4	4	1	1	850	700	50
5	5	5	1	1	850	800	40
6	6	6	1	1	850	800	50
7	7	7	1	1	860	600	40
8	8	8	1	1	860	600	50
9	9	9	1	1	860	700	40
10	10	10	1	1	860	700	50
11	11	11	1	1	860	800	40
12	12	12	1	1	860	800	50

DOE试验分析为系统性的试验设置，评估多重因素中的单个因素和若干个因素对输出的影响，它能排除其他所有因素，只留下有统计意义的因素。齿轮轴跳动报废率的各项计算，完成了数据的初步分析，即DOE分析五步法的第一步拟合设定模型的任务。这时，全模型也只有因子：因子A温度、因子B数量、因子C速度。首先将全部备选项列入模型。在MINITAB17软件中从统计-DOE-因子-分析因子设计入口，选定全模型后，在运行窗口中可以得到计算结果。

先看ANOVA表中的总效果对应主效应项的P值为0，表明本模型总的来说是有效的。从ANOVA表之前得到的报废率的估计效应和系数是各项主效应及各交互效应的结果。从显著性来看，因子A（温度）、B（数量）和AB（温度×数量）对应的P值都小于显著性水平0.05，因此可以判定这三项效应是显著的，其余项皆不显著。从标准化效应的帕累托图中也可以证明这一点。

DOE分析五步法的第二步是进行残差诊断。目标是根据残差状态诊断模型的适用性。残差诊断包括四个步骤：

①观察残差重点考察在此散点图中，各点是否随机地在水平轴上下无规则地波动着。

②观察残差重点考察散点图，残差是否保持等方差性，即是否有"漏斗

型"或"喇叭型"。

③观察残差的正态性检验图，看残差是否服从正态分布。

④观察残差对于以各自变量为横轴的散点图，重点考察此散点图中是否有弯曲趋势。

DOE分析五步法的第三步是确定模型是否需要改进。考虑采取措施的主要依据是基于数值计算结果和残差诊断结果。若残差诊断的四个图都是正常的，则表明模型是正常的。DOE分析五步法的第四步是分析解释选定的模型，是在拟合选定模型之后输出更多的图形和信息，且作出有意义的解析。主要包括下列三方面：

①因子温度和数量对于响应变量报废率的影响确实是很显著的，而因子速度的影响确实是不显著的，为了使报废率取值更小，应该让温度和数量尽可能小。

在报废率交互效应图中能够看出，因子温度和数量的交互作用对于影响变量报废率的影响是显著的（因子的两条线不平行），而其他交互效应对响应变量报废率的影响是微不足道的（因子的两条线平行）。

②进一步确认响应变量如何受所选择的那些主因子和交互作用项的影响，以及怎样的变化规律。温度和数量的交互作用对于响应变量报废率的影响是很显著的（等值线弯曲、曲面偏离平面）。

③实现最优化。根据具体问题的望大、望小或望目，在整个实验范围内求出最佳值。响应优化器是一款功能强大的工具，可自动提供最优设置。通常，可以在选定响应变量后设定最优的目标。本问题属于望小型。这时，在对最优的目标选择上，取望小，在"设置"中，只需填写上限及望目两项接口。取上限为11（这个值是在做过的实验中实现过），取望目为5（这个值是在做过的实验中没实现）。

当淬火温度取850摄氏度，热处理进炉数量取40件，搅拌速度取600rpm时，报废率会达到平均最小值7.38%。

DOE分析五步法中的第五步判断是不是已经达到目标。主要是把预期的最佳值与实验目标进行比较。若远离目标，则需安排新一轮实验，通常是接近本次获得的或预计得到的最佳点，重新选择实验的各因子和实验水平，继续进行因子设计DOE或回归设计，以便得到更好的结果。若已基本实现，则需验证试验以确保后面按照最佳条件生产可达到预期结果。

本实验已基本达到目标，预计的最佳值与原实验目标相符。

4. 齿轮轴跳动改进

（1）制订改进的措施和计划

根据分析阶段的结论，制定如下表6-15改善措施计划：

表6-15　改善措施计划示例

改善问题	改善区域	具体改善措施
热处理	热处理区域	改善淬火油槽，加铁丝网，阻断油冲击，提高淬火均匀度

（2）小批量计划

M汽车零配件公司通过六西格玛项目来降低跳动不良率，在确定改善方案之后，进行小批量试生产，收集了20个改善后的连续型数据与20个改善之前的数据，使用控制图做比较，通过比较发现改善后的数据均值有明显降低且波动明显减小，改善后的报废率也明显降低，跳动值全部小于0.04mm，已控制在报废率5%以下，达到预期效果。因此，改善方案是有效的。

5. 齿轮轴跳动控制

控制是六西格玛DMAIC流程的最后一个阶段，至关重要。控制阶段是项目小组巩固改进成果的重要一步。控制阶段的主要目的是对人们的工作方式形成长期影响并加以保持，避免回到旧的习惯和程序。控制的目的是保持项目的有效性并不断改进。若没有控制阶段的不懈努力，改进的成果很容易回到改善前的状态，破坏小组所取得的成果，从而损害了六西格玛管理的实施。控制阶段包含三个要素：过程改进结果的文件化，建立过程控制计划，持续的过程测量和控制。

（1）改进过程文件化

通过过程改进，组织以及取得一定的成效，这是应当将改进成果维持下去。控制阶段主要输出包括：过程控制体系、程序文件、作业标准、数据记录、控制图和失控行动方案。

M汽车零配件公司在控制阶段用到的控制方法是控制图。控制图是生产过程中对产品采用的预防措施，一般能避免或减少浪费和损失。将过程从静态控制转化成实时的动态跟踪控制是控制图的最主要的特征，控制图很直观地回顾过去、分析现状并预测未来的质量状态，是一种动态方法，能直接研究质量特性数据的统计规律。

对于降低齿轮轴跳动不良报废率在控制阶段，M汽车零配件公司采用不合格品率控制图（P图），因为报废率为计数型数据。

通过六西格玛改善齿轮轴热处理变形跳动不良报废率，生产过程使用控制图监控报废数量，如结果所示，报废率控制在5%以内，CPK达到0.58，六西格玛改善后从1提高到3.25，达到预期控制的效果。

（2）建立过程控制计划

为了实现对过程的有效监控和控制，需要建立系统的过程控制计划。

M汽车零配件公司将影响热处理工艺的淬火温度变为850摄氏度，搅拌速度设定为600rpm规定到热处理过程控制计划中，监控过程有效实施。

（3）持续的过程测量和控制

在实施六西格玛DMAIC期间，团队运用测量来定义问题、统计缺陷、分析变化的原因，并衡量改进的成功程度。在控制阶段，团队依然必须努力专注于测量，并且有必要重新检查需要测量的关键点。

（4）经验教训

通过"降低齿轮轴跳动不良报废率"项目，M汽车零配件公司全面掌握机加工及热处理技术，校直及跳动评价。

近年来，我国汽车工业飞速发展，2019年我国汽车产销分别为2572.1万辆和2576.9万辆。随着互联网、人工智能、电动化等新技术的兴起，汽车工业进入了快速变革时期，新一轮科技革命推动着传统汽车工业的转型升级，传统汽车制造的价值链面临格局重塑，智能网联汽车、新能源汽车正逐步成为未来汽车的全新定义。汽车工业的高速发展和快速变革，给汽车企业质量管理带来了新问题。汽车企业质量管理涉及方方面面，涉及冲压工艺、车身焊装工艺、涂装工艺的质量管理；涉及汽车企业集团、分公司、工厂、车间、工段、工位等多层级的质量管理；还涉及零部件及供应商质量管理、整车生产质量管理、生产过程质量管理、质量改进；等等，总之汽车企业质量管理种类繁多，过程复杂，从而带来质量管理的复杂性。并且随着智能化、信息化等新技术在汽车生产中的应用，也带来了质量管理的新问题。质量管理要与智能化、信息化技术精密结合。汽车企业竞争激烈，各大汽车厂商千方百计提高企业竞争力，特别是从质量管理体系入手，不断完善、修正、改进、优化质量体系。

第七章

汽车企业质量生态文明体系

汽车企业质量管理数字化是通过新一代信息技术与全面质量管理融合应用，推动质量管理活动数字化、网络化、智能化升级，增强产品全生命周期、全价值链、全产业链质量管理能力，提高产品和服务质量，促进汽车制造业高质量发展的过程。

汽车企业质量生态文明体系的建立必须围绕一条主线，把数字能力建设作为推进质量管理数字化发展的主线，加快数字技术在质量管理中的创新应用，优化重构质量管理业务流程，打破不同管理层级、企业间的合作壁垒，赋能企业多样化产品创新、精细化生产管控、高附加值服务开发、个性化体验提升，快速有效地应对不确定性变化，不断构建差异化竞争优势。汽车企业质量生态文明体系的建立必须加快三大转变，加快重塑数字时代质量发展理念，推动质量管理范围从企业质量管控向生态圈协作转变，加强对产品全生命周期、产业链供应链乃至生态圈协作质量的管理；推动质量管理重点环节从以制造过程为主向研发、设计、制造、服务等多环节并重转变，深化质量数据跨部门跨环节跨企业采集、集成和共享利用，促进质量协同和质量管理创新；推动质量管理关注焦点从规模化生产为主向规模化生产与个性化、差异化、精细化并重转变，积极协同生产模式和组织方式创新，主动适应动态市场变化需求。汽车企业质量生态文明体系的建立要把握四项原则，注重价值牵引和数据驱动。把提升发展质量与效益作为出发点和落脚点，深化全过程全链条数据挖掘，驱动质量变革。注重深化实践和创新应用。发挥数字化系统作用，深化推广质量管理理论方法和实践活动，依托信息化平台在全产业链、价值链推动质量管理创新应用。汽车企业质量生态文明体系的建立要完善覆盖全产业链、生态圈的质量协作机制，把握安全和发展的关系，加强企业信息安全保护。针对有关汽车企业质量管理中所存在的问题，根据经典质量管理体系理论和多年的汽车企业质量管理经验和实践，提出基于汽车企业质量文化、汽车企业质量品牌、汽车企业质量管理绿色制造、汽车企业质量管理执行力等汽车企业质量生态文明体系。

第一节 汽车企业质量管理的现状和存在的问题

一、汽车企业质量管理的现状

汽车企业质量管理，也就是企业进行有组织、有目标的质量管理活动，包括对人员、技术、质量活动、跟踪改进等多个环节，人员管理环节需要通过相关管理部门来实现，负责质量管理目标的制定。技术支持则采用仪器手段对质量偏差进行检查，质量活动是为提高产品质量开展的系统活动，通过举办质量管理日、质量提升计划等，在提升企业质量文化的同时，还可以建立激励体制。跟踪与改进是通过技术手段对质量进行追踪与分析，通过不断改进来提升产品质量。汽车企业质量管理体系存在着组织、资源和运行系统，为科学完善的管理体系，是企业产品质量达到要求的必要保障。体系内的要素主要有质量目标、组织机构、岗位职责等，可以为保证质量管理利用公司内的资源，明确组织关系与责任，保证产品质量达到出厂要求，还需要更多的技术支持与质量活动，将上述质量控制内容构成有机体，形成完善的质量管理体系。企业在生产经营过程中会寻求多种手段来不断减少生产成本，提高客户对产品的满意度，需要持续改进与优化产品质量。企业质量管理体系改进是一个持续的过程，"无尽的"质量改进是质量管理的基本信念。通过提高每个环节的质量，在形成工作的过程中做出产品，不断提高服务质量，从而使企业保持竞争优势。因此，建立起质量管理体系，才能保证为客户提供质量达标的产品，需要由多个质量控制单元构成，构成部分也就是此体系的基本要素。

二、汽车企业质量管理存在的问题

目前国内汽车企业主要采用ISO/TS 16949质量体系，ISO/TS 16949质量体系最初是为了对国际汽车系统进行规范管理而制定的，很多汽车企业都应用该质量体系，并不断完善该质量体系。但汽车制造是特殊行业，采取通用的标准很难满足要求，汽车企业质量管理种类繁多、过程复杂，从而带来质量管理的复杂性。并且随着智能化、信息化等新技术在汽车生产中的应用，也带来了质量管理的新问题。

汽车企业质量管理存在的问题。

（一）现在质量管理体系中较少具体体现汽车企业质量文化和质量品牌的建设

汽车企业对于质量文化的研究依旧不够充分，研究方向偏向于理论研究。较少在质量体系中体现汽车企业质量文化和质量品牌，没有对质量文化和品牌提出考核、量化的指标。

（二）供应商零部件质量管理存在较多问题

汽车制造所需要零部件多达上万种，除关键部件和需要采取特殊工艺零件外，约有80%来自外部采购，零部件供应商的管理特别重要，现有对零部件的管理采用约束法，缺乏质量文化建设，经常造成汽车企业与零部件供应商的对立。

（三）对质量管理体系日常质量管理和执行力不够

汽车企业由于过程管理的不规范，在出现质量问题时，会存在相关部门推诿的问题，对质量管理体系概念理解不深。质量执行力即质量管理执行力。质量管理是指质量方面指挥和控制组织的协调活动。质量管理，通常包括制定质量方针和质量目标以及完善和保证质量策划、质量控制、质量保证和质量改进的实现。执行力指的是有效利用资源、保质保量达成目标的能力，指的是贯彻战略意愿，完成预定目标的操作能力，是把企业战略、规划迁移转变为效益、成果的关键。企业决策层对质量管理执行力认识不够，质量人员在质量监控中对于执行的形式不够明确，不清楚零件的合格等级；缺乏企业质量执行力文化建设等。

（四）缺乏应有的考核激励措施

企业对员工的业绩表现没有进行合理的考核，没有激励起员工积极性，员工的质量管理意识较为薄弱，使得质量管理出现问题。

（五）质量管理较少体现绿色制造的概念

绿色制造技术是指在保证产品的功能、质量、成本的前提下，综合考虑环境影响和资源效率的现代制造模式。目前质量管理体系较少涉及绿色制造的内容。

（六）企业采用现代信息化、智能化技术对企业进行质量管理投入不够

质量管理体系文件众多，质量标准各异，并且不同部门应用的质量管理文件格式有着很大的差异，没有对图纸、文件进行及时更新，也没有对更新状态进行追踪。需要采用现代化的信息化、智能化手段对质量文件和质量管理体系进行升级。

第二节　汽车企业质量生态文明体系及其构建

汽车企业质量生态文明体系是基于汽车企业多年的质量管理实践和经验，并依据质量管理相关理论，提炼、总结、创新而来。秉承企业精神，基于质量管理体系ISO/TS 16949、GB/T 19001—2016/ISO 9001—2015；针对汽车企业现在质量管理体系中较少具体体现汽车企业质量文化和质量品牌的建设、对质量管理体系日常质量管理和执行力不够，质量结果呈现不够量化，基于样本的审核难以体现总体，质量管理体系过程主体的主观能动性和成长进步难以体现等问题，创造性地提出质量生态文明体系。

质量生态文明体系包括四个方面：质量生态环境、质量生态意识、质量生态责任、质量生态持续如图7-1所示。质量生态环境主要指质量制度保障、质量文件制定，并对质量结果进行量化；质量生态意识旨在提升员工的"四个意识"，提升员工的主观能动性和责任心，从源头上预防和减少质量问题的产生，建设质量文化，对质量文化进行量化；质量生态责任是质量的执行力，是对质量系统的具体监控，质量担当系统；质量生态持续是质量节约系统，通过对质量数据的动态管理，确定质量改进的主动性。质量生态环境是

保障，质量生态意识是前提，质量生态责任是担当，质量生态持续是动力，是质量生态文明的关键。整个质量系统的运行是基于采用现代化、信息化收集的数据流，并采用双随机（评价人和评价对象随机抽取）加质量生态系统动态积分（质量生态系统积分每天动态记录，定期评比）的方式进行，质量生态文明体系的运行是从质量生态文明工位到质量生态文明车间到质量生态文明公司逐级实施，上下联动。从质量制度文件的完善到质量嗅觉的敏锐，到质量安全的担当，再到质量资源的节约遵循PDCA原则，推动质量环境持续改进。

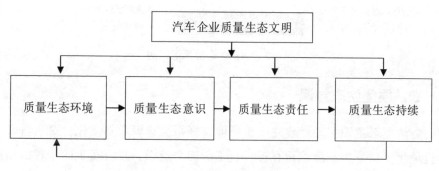

图7-1　质量生态体系框架图

一、质量生态环境

质量生态环境主要指质量制度保障、质量文件制定，对质量结果进行量化、对质量文化进行量化、对质量执行力进行量化、对质量改进和质量主动性等进行量化。确定每一个质量管理的环节都有合理的质量文件和质量制度，并且对每一个环节进行量化。对公司的采购供应链（采购部、供应商）、制造区域（工位、车间）、技术质量、销售/售后、质量部、技术部等有关质量流程的单位制定质量文件和制度，并进行量化。质量生态系统由公司过程所有者开展评价，实施动态认证；质量制度保证系统通过质量制度文件梳理及回顾，确保质量保障制度健全；从质量制度的建立到工艺的传递到现场工艺落实到质量持续改进，采用双随机（评价人和评价对象随机抽取）加质量生态系统动态积分（质量生态系统积分每天动态记录，定期评比）的方式进行定期监测和评价，通过对质量结果、质量文化、质量主动性和成长进步及质量持续改进等进行评价和积分，综合评价和积分好的给予绩效奖励，综合评价较差、积分较少的将会被质量生态文明体系所淘汰，从而促进质量制度保障系统持续改进，如图7-2所示。

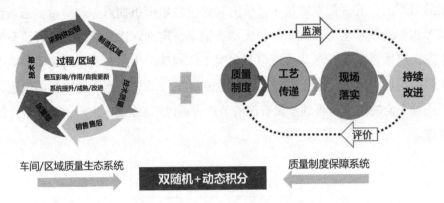

图7-2　质量生态体系运行图

二、质量生态意识

质量生态意识主要是建立质量环境友好系统建设质量文化，对质量文化进行量化。质量生态意识旨在提升员工的四个意识，提升员工的主观能动性和责任心，从源头上预防和减少质量问题的产生。四个意识指主人翁意识、底线意识、改进意识和责任意识。底线意识是基础，主人翁意识是动力，责任意识是核心，改进意识是可持续发展的重要保证。制定工位质量生态意识评价规则量化各个工位的质量生态意识状态。构建质量环境友好系统，旨在实现工位质量意识自我更新提升，保障产品质量输出。以工位为例，阐述质量生态意识，如图7-3所示。从底线意识到主人翁意识到责任意识再到改进意识循环，采用动态跟踪管理系统进行评价。具体内容如下：

工位基本要求及底线意识：①熟练掌握并坚守工位质量标准；②理解并坚持工位质量控制要点；③熟练掌握并坚定执行工位标准化作业；④熟练掌握并坚定执行工位产品质量检查。

工位主观能动性：①工位自检、互检执行的有效性；②对相关工序质量标准的掌握程度；③工位的执行情况；④分公司质量主题的学习及掌握情况。

工位担当：①主动识别质量风险及抑制情况；②解决问题或改进质量表现情况；③质量工具使用及质量成果输出情况；④主动开展岗位技能提升。

工位持续改进：①工位"三不"原则执行有效性；②工位前馈、反馈质量问题落实情况；③工位质量报警及跟踪落实情况；④纠错落实和跟踪执行情况；⑤工位边界样本的准确性及使用情况。

图7-3　质量生态意识图

三、质量生态责任

质量生态责任是质量的执行力，是对质量系统的具体监控，质量当担系统，细化质量目标，严格执行质量制度。以工位为例说明质量生态责任，质量生态责任旨在打造一个质量安全担当系统，目的在于监控现场质量问题，并将问题落实到工位，对工位做出评价。响应Ⅳ级工厂要求：缺陷不逃离工位，将问题抑制在工位内，督促工位发现问题进行整改，进而提升产品质量表现，如图7-4所示。

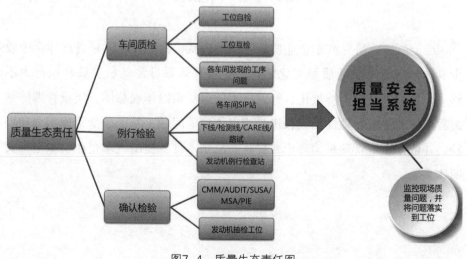

图7-4　质量生态责任图

四、质量生态持续改进

质量生态持续是质量节约系统，通过对质量数据的动态管理，确定质量改进的主动性，质量文化意识。以工位为例说明质量生态持续改进，质量生态持续旨在打造一个质量资源节约系统。以降低工位质量资源消耗为前提，从源头控制资源的消耗，以提升工位质量输出能力为目标，提升工位能力的同时促进工位潜力。使工位达到质量优异，成本领先的文明工位。质量生态持续图如图7-5所示。

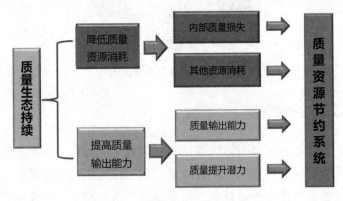

图7-5　质量生态持续图

第三节　总结

综上所述，研究汽车企业质量管理的现状，针对现在质量管理体系中较少具体体现汽车企业质量文化，对质量管理体系日常质量管理和执行力不够，质量结果呈现不够量化，针对样本的审核难以体现总体，质量管理体系过程主体的主观能动性和成长进步难以体现等问题，基于质量管理实践和经验，并依据质量管理相关理论，提炼、总结、创新提出汽车企业质量生态文明体系。

第四节　汽车企业质量生态文明体系实例实践

质量生态文明体系包括四个方面，质量生态环境、质量生态意识、质量生态责任、识质量生态持续。质量生态文明体系的质量生态环境、质量生态意识主要是预防，强调缺陷预防，减少变异和浪费，持续改进，增强顾客满意，提高市场竞争力。质量生态文明体系包括全面生产维护，通过为组织增值的机器、设备、过程和员工，维护并改善生产及质量体系完整性的系统。质量生态文明体系的价值和可信度：更加关注体系认证与供应商质量绩效之间的联系，关注提高运营绩效和客户反馈（客户记分卡），提高了认证门槛，期望通过审核来体现影响供应商绩效的体系的弱点，目标是在他们发生之前避免问题。质量生态文明体系是基于风险的思维的体系，不确定性的影响是指偏离预期，可以是正面的或负面的，不确定性是一种对某个事件，甚至是局部的结果或可能缺乏理解或知识的信息的状态，通常风险表现为参考潜在事件或两者组合，通常风险以某个事件的后果组合（包括情况的变化）及其发生有关可能性的词语来表达，"风险"一词有时仅在有负面结果的可能性时使用。为了确保将基于风险的思维贯穿于整个组织，最高管理者需要积极参与，其职责包括：进行应急计划评审；识别过程拥有者并向其提供支持；参与产品安全相关的上报过程；确保实现顾客绩效目标和质量目标；实施公司责任措施；包括反贿赂方针、员工行为准则及道德准则升级政策。风险管理对更改管理的要求包括：评估现有操作更改的制造可行性；评价初始产品批准之后的设计更改；对影响产品、制造过程、测量、物流、供应货源、生产量或风险分析的更改的控制计划进行评审；对影响产品实施的因素进行控制，包括由组织、顾客或任何供应商所引起的更改；此类更改包括永久更改和临时更改；根据过程更改发生的情况调整内部审核频率。可以使用特定的汽车核心工具来捕获并分析风险，力求在产品制造或机械安装之前便缓解风险。要在汽车行业中生存，便需要持续改变以解决内部和外部问题。组织需要有一个用于评估更改风险并采取适当措施的过程。

（一）汽车企业质量生态文明体系实例

质量生态文明体系基于公司质量管理体系，是公司的一项战略性决策，标准所规定的要求是产品要求的补充。它可以指引我们更好地满足顾客要求，达到更高的经营和制造水平。采用数字化和信息化手段设计出质量生态环境、质量生态意识、质量生态责任、质量生态持续，四个模块相互独立又相互影响，又各具特色，四个模块独立发展，又聚力而为，最终形成一个完整的体系。质量生态文明体系在某公司已经运行多年，在质量管理方面起到关键、有效的作用，受到公司客户、供应商的好评，特别受到公司一线人员的认可和欢迎。

1. 质量生态环境实例

环境（environment）既包括以空气、水、土地、植物、动物等为内容的物质因素，也包括以观念、制度、行为准则等为内容的非物质因素；既包括自然因素，也包括社会因素；既包括非生命体形式，也包括生命体形式。环境是相对于某个主体而言的，主体不同，环境的大小、内容等也就不同。通常所说的环境是指围绕着人类的外部世界，环境是人类赖以生存和发展的物质条件的综合体。其特点是无好坏优劣之分。生态环境是围绕生物有机体的生态条件的总体，由许多生态因子综合而成。生态因子包括生物性因子（如植物、微生物、动物等）和非生物性因子（如水、大气、土壤等），在综合条件下发挥各自作用。其特点是：更倾向于正向的、良好的、互利的等。质量生态环境是指围绕质量从过程、方法、人员、设备等相关生态因子的综合体。围绕质量生态因子，设置约束性指标（基本要求）和预期性指标（期望发展目标），涵盖系统完整、均衡发展、健康水平、数智网联、低碳精益五个方面，在车间、工段、班组、工位不同层次间凸显不同的作用，期望为质量生态文明体系建设打造一个低碳健康的质量生态环境。

以数智网联和低碳精益为发展目标，以系统完整为基石、均衡发展和健康水平为抓手，并依托车间、工段、班组、工位四个层次，不同层次间凸显不同的作用，系统开展，重点突出，努力建设低碳健康的质量生态环境。其运行过程如图7-6所示。

某公司质量生态环境实际运行时对约束性指标和预期性指标进行配分即进行质量生态环境总体规划，如表7-1所示。系统完整，过程控制：质量体系过程识别完整，且符合要求；结果导向：文件（流程&操作指导类）完整性，过程符合率；配分50分，考核车间和工段。

健康水平，过程控制：人员/设备/稳定性；物料/工具一致性；标准化一致性；结果控制：健康水平得分率；配分50分，考核车间、工段、班组、工位。

均衡发展，过程控制：工段与工段，班组与班组、工位与工位差异化减少；结果导向：差异化≤1%；配分50分，考核车间、工段、班组。

数智网联，过程控制：车间数字化、智能化的应用（质量类）；结果导向：项目数，执行一致性；配分25分，考核车间、工段。

低碳精益，过程控制：流程电子化实现（质量类）；结果导向：流程电子化实现项目数，执行一致性；配分50分，考核工段、班组、工位。

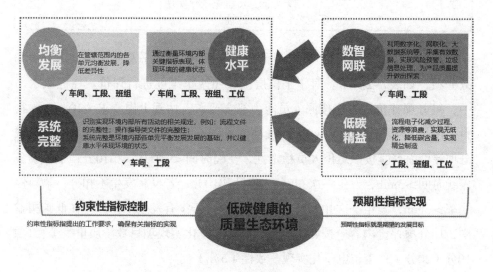

图7-6　质量生态环境运行过程图

表7-1　质量生态环境总体规划

单位：分

序号	项目	方面	评价内容	配分	车间	工段	班组	工位
1	约束性指标	系统完整	过程控制：质量体系过程识别完整，且符合要求； 结果导向：文件（流程&操作指导类）完整性，过程符合率	50	√	√		
2		健康水平	过程控制： ①人员/设备/稳定性； ②物料/工具一致性； ③标准化一致性； 结果控制：健康水平得分率	50	√	√	√	√

序号	项目	方面	评价内容	配分	车间	工段	班组	工位
3	约束性指标	均衡发展	过程控制：工段与工段，班组与班组、工位与工位差异化减少； 结果导向：差异化≤1%	50	√	√	√	
4	预期性指标	数智网联	过程控制：车间数字化、智能化的应用（质量类）； 结果导向：项目数，执行一致性	25	√	√		
5		低碳精益	过程控制：流程电子化实现（质量类）； 结果导向：流程电子化实现项目数，执行一致性	5		√	√	√

某公司质量生态环境实际运行时对工位的健康水平和低碳精益得分项和减分项，如表7-2所示。对于工位层次按照两个维度进行评价。在健康水平中，得分项评价内容应按照人员能力符合要求，达到上岗要求（10分）；物料、作业文件、工具正确（30分）；员工标准化执行符合率100%（10分）。减分项评价内容应按照工位人员稳定性，在岗时间＜1个月，扣10分；工位设备停线时间＞3min，发生一次扣5分，累计扣10分，若没有发生不扣分；物料停线率＞3min，发生一次扣5分，累计扣10分，若没有发生不扣分。在低碳精益中，加分项评价内容应按照工位涉及流程电子化实现项目数（质量类），1项10分（20分）；工位电子化实现一致性（5分）。

某公司质量生态环境实际运行时对班组的健康水平、均衡发展、低碳精益得分项和减分项，如表7-3所示。对于班组层次按照三个维度进行评价。在健康水平中，得分项评价内容应按照班组人员稳定性：班组成员人员流失率≤1人/月（10分）；班组成员轮岗按计划执行100%（10分）；分层审计完成率100%（10分）；班组物料/工具使用有台账管理，执行一致性100%（20分）。减分项评价内容应按照班组人员稳定性：班组成员人员流失率＞2人/月（-10分）；班组业务未按要求执行发现1处扣5分（-10分）。在均衡发展中，得分项评价内容应按照班组所有工位的健康水平差异化＜1%，［计算方法：班组内，（最高工位得分-最低工位得分）/平均得分］（50分）。减分项评价内容应按照班组所有工位的健康水平差异化＞10%（扣10分）。在低碳精益中，加分项评价内容应按照班组涉及流程电子化实现项目数（质量类），1项10分（20分）；班组电子化实现一致性（5分）。

表7-2 质量生态环境工位评价

单位：分

层级	维度	类别	评价内容	配分
工位	健康水平	得分项	人员能力符合要求，达到上岗要求	10
			物料、作业文件、工具正确	30
			员工标准化执行符合率100%	10
		减分项	工位人员稳定性，在岗时间<1个月	-10
			工位设备停线时间>3min，发生一次扣5分，累计扣10分，若没有发生不扣分	-10
			物料停线率>3min，发生一次扣5分，累计扣10分，若没有发生不扣分	-10
	低碳精益	加分项	工位涉及流程电子化实现项目数（质量类），1项10分；	20
			工位电子化实现一致性	5

表7-3 质量生态环境班组评价

单位：分

层级	维度	类别	评价内容	配分
班组	健康水平	得分项	班组人员稳定性：班组成员人员流失率≤1人/月	10
			班组成员轮岗按计划执行100%	10
			分层审计完成率100%	10
			班组物料/工具使用有台账管理，执行一致性100%	20
		减分项	班组人员稳定性：班组成员人员流失率>2人/月	-10
			班组业务未按要求执行发现1处扣5分	-10
	均衡发展	得分项	班组所有工位的健康水平差异化<1%，［计算方法：班组内，（最高工位得分-最低工位得分）/平均得分］	50
		减分项	班组所有工位的健康水平差异化>10%	-10
	低碳精益	加分项	班组涉及流程电子化实现项目数（质量类），1项10分	20
			班组电子化实现一致性	5

某公司质量生态环境实际运行时对工段的系统完整、数智网联、健康水平、均衡发展、低碳精益得分项和减分项，如表7-4所示。对于工段层次按照五个维度进行评价。

在系统完整中，得分项评价内容应按照工段适用过程识别完整，并有相应过程所有者负责推进（10分）；程序文件、操作类文件识别、质量记录类表单完整，现场使用正确并能实现追溯（20分）；工段质量生态符合率≥95%（20分）。减分项评价内容应按照过程识别、程序文件、操作类文件、质量记录类表单现场抽查发现一处错误扣1分，未发现不扣分（扣10分）；工段质量生态符合率<80%（扣10分）。

在健康水平中，得分项评价内容应按照工段人员稳定性：人员流失率≤1人/月（10分）；班组长顶岗时间<11h，工段长顶岗时间<1h（10分）；分层审计完成率100%（10分）；班组物料/工具使用有台账管理，执行一致性100%（10分）；工段培训按计划执行完成率100%，培训效果100%（10分）。减分项评价内容应按照工段人员稳定性：人员流失率>3人/月（扣10分）；工段业务未按要求执行发现1处-5分（扣10分）。

在均衡发展中，得分项评价内容应按照工段内所有班组之间健康水平得分差异化<1%［计算方法：（最高班组得分-最低班组得分）/平均得分］（25分）；工段内所有工位的健康水平差异化<1%［计算方法：工段内，（最高工位得分-最低工位得分）/平均得分］（25分）。减分项评价内容应按照工段所有班组的健康水平差异化>10%（扣10分），班组所有工位的健康水平差异化>10%（扣10分）。

在数智网联中，加分项评价内容应按照工段开发的数字化应用项目数（质量类），1项10分（20分）；现场执行一致性，且能实现风险预警（5分）。

在低碳精益中，加分项评价内容应按照工段内流程电子化实现项目数（质量类），1项10分（20分）；电子化项目在现场执行的一致性，产生的经济效益（工时降低，人员优化、成本降低等）（5分）。

表7-4 质量生态环境工段评价

单位：分

层级	维度	类别	评价内容	配分
工段	系统完整	得分项	工段适用过程识别完整，并有相应过程所有者负责推进	10
			程序文件、操作类文件识别、质量记录类表单完整，现场使用正确并能实现追溯	20
			工段质量生态符合率≥95%	20
		减分项	过程识别、程序文件、操作类文件、质量记录类表单现场抽查发现一处错误扣1分，未发现不扣分	-10
			工段质量生态符合率<80%	-10

续表

层级	维度	类别	评价内容	配分
工段	健康水平	得分项	工段人员稳定性：人员流失率≤1人/月	10
			班组长顶岗时间<11h，工段长顶岗时间<1h	10
			分层审计完成率100%	10
			班组物料/工具使用有台账管理，执行一致性100%	10
			工段培训按计划执行完成率100%，培训效果100%	10
		减分项	工段人员稳定性：人员流失率>3人/月	−10
			工段业务未按要求执行发现1处扣5分	−10
	均衡发展	得分项	工段内所有班组之间健康水平得分差异化<1%［计算方法：（最高班组得分−最低班组得分）/平均得分］	25
			工段内所有工位的健康水平差异化<1%，［计算方法：工段内，（最高工位得分−最低工位得分）/平均得分］	25
		减分项	工段所有班组的健康水平差异化>10%	−10
			班组所有工位的健康水平差异化>10%	−10
	数智网联	加分项	工段开发的数字化应用项目数（质量类），1项10分	20
			现场执行一致性，且能实现风险预警	5
	低碳精益	加分项	工段内流程电子化实现项目数（质量类），1项10分	20
			电子化项目在现场执行的一致性，产生的经济效益（工时降低，人员优化、成本降低等）	5

某公司质量生态环境实际运行时对车间的系统完整、数智网联、健康水平、均衡发展得分项和减分项，如表7-5所示。对于车间层次按照四个维度进行评价。

在系统完整中，得分项评价内容应按照车间对质量体系工作的策划（过程审核、产品审核、内审、管理评审），抽查执行一致性（20分）；程序文件、操作类文件识别、质量记录类表单完整（20分）；车间质量生态符合率≥95%（10分）。减分项评价内容应按照过程识别、程序文件、操作类文件、质量记录类表单现场抽查发现一处错误扣1分，未发现不扣分（10分）；车间质量生态符合率<80%（10分）。

在健康水平中，得分项评价内容应按照车间工艺纪律检查完成率100%，过程审核完成率100%（20分）；车间内物料/工具使用有台账管理，执行一致性100%（10分）；车间二级培训按计划完成率100%（10分）；分层审计完成率100%（10分）。减分项评价内容应按照班组长顶岗时间＞2天，工段长顶岗时间＞0.5天（10分）；车间内人员稳定性：技能类人员流失率＞1%/月，技术类人员流失率＞1人/半年（10分）。

在均衡发展中，得分项评价内容应按照车间范围内所有工段之间的健康水平差异＜1%［计算方法：车间内，（最高工段得分－最低工段得分）/平均得分］（25分）；车间范围内所有班组之间健康水平得分差异化＜1%［计算方法：（最高班组得分－最低班组得分）/平均得分］（25分）。减分项评价内容应按照车间内所有工段的健康水平差异化＞10%（10分），工段内所有班组的健康水平差异化＞10%（10分）。

在数智网联中，加分项评价内容应按照车间数字化应用项目数（质量类），1项10分（20分）；抽查项目执行一致性，且能实现数据信息处理，风险预警，为产品质量改进提供线索（5分）。

表7-5 质量生态环境车间评价

单位：分

层级	维度	类别	评价内容	配分
车间	系统完整	得分项	车间对质量体系工作的策划（过程审核、产品审核、内审、管理评审），抽查执行一致性	20
			程序文件、操作类文件识别、质量记录类表单完整	20
			车间质量生态符合率≥95%	10
		减分项	过程识别、程序文件、操作类文件、质量记录类表单现场抽查发现一处错误扣1分，未发现不扣分	-10
			车间质量生态符合率＜80%	-10
	健康水平	得分项	车间工艺纪律检查完成率100%，过程审核完成率100%	20
			车间内物料/工具使用有台账管理，执行一致性100%	10
			车间二级培训按计划完成率100%	10
			分层审计完成率100%	10
		减分项	班组长顶岗时间＞2天，工段长顶岗时间＞0.5天	-10
			车间内人员稳定性：技能类人员流失率＞1%/月，技术类人员流失率＞1人/半年	-10
	均衡发展	得分项	车间范围内所有工段之间的健康水平差异＜1%［计算方法：车间内，（最高工段得分－最低工段得分）/平均得分］	25
			车间范围内所有班组之间健康水平得分差异化＜1%［计算方法：(最高班组得分－最低班组得分)/平均得分］	25

续表

层级	维度	类别	评价内容	配分
车间	均衡发展	减分项	车间内所有工段的健康水平差异化＞10%	-10
			工段内所有班组的健康水平差异化＞10%	-10
	数智网联	加分项	车间数字化应用项目数（质量类），1项10分	20
			抽查项目执行一致性，且能实现数据信息处理，风险预警，为产品质量改进提供线索	5

　　某公司质量生态环境实际运行时计算方法，质量生态文明体系理念在质量生态环境模块对工位、班组、工段、车间层次和低碳健康的质量生态环境进行评价，如表7-6所示。对于工位层次，目标为总得分≥50分，其计算方法为健康水平+低碳精益。对于班组层次，目标为总得分≥90分，其计算方法为健康水平+均衡发展+低碳精益。对于工段层次，目标为总得分≥135分，其计算方法为系统完整+健康水平+均衡发展+数智网联+低碳精益。对于车间层次，目标为总得分≥120分，其计算方法为系统完整+健康水平+均衡发展+数智网联。对于低碳健康的质量生态环境，目标为①约束性指标得分率≥90%，②期望性指标得分率≥70%，其计算方法为各项指标的总和。

表7-6　质量生态环境计算方法

序号	项目	模块	评价内容	目标	计算方法
1	某公司质量生态文明体系理念	质量生态环境	工位	总得分≥50分	健康水平+低碳精益
2			班组	总得分≥90分	健康水平+均衡发展+低碳精益
3			工段	总得分≥135分	系统完整+健康水平+均衡发展+数智网联+低碳精益
4			车间	总得分≥120分	系统完整+健康水平+均衡发展+数智网联
5			低碳健康的质量生态环境	①约束性指标得分率≥90%；②期望性指标得分率≥70%	各项指标的总和

2. 质量生态意识实例

质量生态意识是一个企业从领导决策层到每一个员工对质量和质量工作

的认识和理解的程度。质量生态意识强调在个体的质量意识基础上，增强对群体质量氛围的营造，组织开展质量工具应用的有益实践、促进个体及群体质量意识持续优化更新。质量生态意识是质量意识的升华要求，突出强调质量元素的组织性和集群效应。由质量知识、质量认知、质量信念、质量行为4个子维度构成，重点关注全员质量知识积累、质量认知测评、质量信念达成、质量行为实践等，以推动形成良好的质量氛围。质量氛围是质量生态意识的外在表现，良好的质量氛围反映出组织在实现质量结果的过程状态。质量生态意识旨在打造形成一个良好的质量氛围。以夯实质量知识为前提，以测试质量认知为手段，以筑牢质量信念为重点，同时跟踪质量行为。量化评价系统各构成要素，输出质量氛围，探索质量意识建设新模式。如图7-7 质量生态意识建设所示。

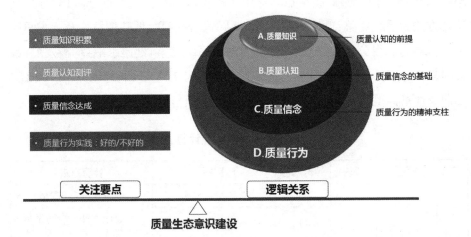

图7-7　质量生态意识建设

　　某公司质量生态意识建设实际运行时实施方案，对于工位层次按照四个维度进行评价，如表7-7所示。在质量知识（10%）中，评价内容应按照1.工位员工接受质量类培训，2分/次；2.工位员工主动学习质量知识并提供学习证据，2分/次；3.因本工位质量问题接受的专题培训不做评分。

　　在质量认知（20%）中，评价内容应按照1.工位员工质量应知月度测试成绩：不及格（得分率小于60%）0分；一般（得分率60%~70%）2分；中等（得分率70%~80%）5分；良好（得分率80%~90%）8分；优秀（得分率90%~100%）10分；未按照要求参加测试，扣5分；累计未按要求参加测试大于2次（含2次），取消相关评优资格。2.员工编制输出质量类教材，+3分/次；参与工段级以上质量类竞赛获奖，+2分/次；质量工具应用，输出成果报告，+5分/次；发表质量类文论或申请获批质量类专利成果等，+5分/次；累计加分上限10分。

在质量信念（22%）中，评价内容应按照1.岗位职责（8%）：抽查员工岗位质量职责熟练程度，回答错误或者遗漏，扣2分/次；查看相关质量类岗位职责要求工作交付物，不符合，扣2分/项。2.员工识别质量改进点，+2分/项；识别并且提出质量改进建议，+4分/项，共占比8%。3.积极参与所在区域组织的质量活动，+2分/次；发表质量类稿件，+4分/篇，共占比6%。

在质量行为（48%）中，评价内容应按照质量三不原则：好的行为，+3分/项；不好的行为，–3分/项；标准化操作：好的行为，+3分/项；不好的行为，–3分/项；报警升级：好的行为，3分/项；不好的行为，–3分/项；日常设备点检：好的行为，+3分/项；不好的行为，–3分/项；自检互检执行：好的行为，+3分/项；不好的行为，–3分/项。

表7-7　质量生态意识工位实施

层级	维度	评价内容	配分
工位	质量知识	1.工位员工接受质量类培训，2分/次； 2.工位员工主动学习质量知识并提供学习证据，2分/次； 3.因本工位质量问题接受的专题培训不做评分	10
	质量认知	1.工位员工质量应知月度测试成绩： 不及格（得分率小于60%）0分； 一般（得分率60%~70%）2分； 中等（得分率70%~80%）5分； 良好（得分率80%~90%）8分； 优秀（得分率90%~100%）10分； 未按照要求参加测试，扣5分；累计未按照要求参加测试大于2次（含2次），取消相关评优资格； 2.员工编制输出质量类教材，+3分/次；参与工段级以上质量类竞赛获奖，+2分/次；质量工具应用，输出成果报告，+5分/次；发表质量类文论或申请获批质量类专利成果等，+5分/次；累计加分上限10分	20
	质量信念	1.岗位职责： 抽查员工岗位质量职责熟练程度，回答错误或者遗漏，扣2分/次；查看相关质量类岗位职责要求工作交付物，不符合，扣2分/项	8
		2.员工识别质量改进点，2分/项；识别并且提出质量改进建议，4分/项	8

层级	维度	评价内容	配分
工位	质量信念	3.积极参与所在区域组织的质量活动，2分/次； 发表质量类稿件，4分/篇	6
	质量行为	质量三不原则：好的行为，+3分/项；不好的行为，−3分/项	48
		标准化操作：好的行为，3分/项；不好的行为，−3分/项	
		报警升级：好的行为，3分/项；不好的行为，−3分/项	
		日常设备点检：好的行为，3分/项；不好的行为，−3分/项	
		自检互检执行：好的行为，3分/项；不好的行为，−3分/项	

某公司质量生态意识实际运行时实施方案，对于班组层次按照四个维度进行评价，如表7-8所示。在质量知识（12%）中，评价内容应按照1.班组长接受质量类培训，3分/次。2.班组长工主动学习质量知识并提供学习证据，3分/次；因本班组质量问题接受的专题培训不做评分。

表7-8 质量生态意识班组实施

层级	维度	评价内容	配分
班组	质量知识	1.班组长接受质量类培训，3分/次； 2.班组长工主动学习质量知识并提供学习证据，3分/次；因本班组质量问题接受的专题培训不做评分	12
	质量认知	1.班组长质量应知月度测试成绩： 不及格（得分率小于60%）0分； 一般（得分率60%~70%）2分； 中等（得分率70%~80%）4分； 良好（得分率80%~90%）6分； 优秀（得分率90%~100%）8分； 未按照要求参加测试，−5分；累计未按要求参加测试大于2次（含2次），取消相关评优资格 2.班组长编制输出质量类教材，+3分/次；班组长参与工段级以上质量类竞赛获奖，+2分/次；质量工具应用，输出成果报告，+5分/次；发表质量类文论或申请获批质量类专利成果等，+5分/次；累计加分上限10分	18
	质量信念	1.岗位职责： 抽查班组长岗位质量职责熟练程度，回答错误或者遗漏，−2分/次； 查看相关质量类岗位职责要求工作交付物，不符合，−2分/项	10
		2.班组长主动识别质量改进点，3分/项；识别并且提出质量改进建议，5分/项	8
		3.积极参与所在区域组织的质量活动，2分/次； 班组长发表质量类稿件，5分/篇	7

层级	维度	评价内容	配分
班组	质量行为	质量三不原则：好的行为，3分/项；不好的行为，–3分/项	45
		分层审计：好的行为，3分/项；不好的行为，–3分/项	
		报警升级：好的行为，3分/项；不好的行为，–3分/项	
		问题响应、解决落实：好的行为，3分/项；不好的行为，–3分/项	

在质量认知（18%）中，评价内容应按照1.班组长质量应知月度测试成绩：不及格（得分率小于60%）0分；一般（得分率60%~70%）2分；中等（得分率70%~80%）4分；良好（得分率80%~90%）6分；优秀（得分率90%~100%）8分；未按照要求参加测试，–5分；累计未按要求参加测试大于2次（含2次），取消相关评优资格。2.班组长编制输出质量类教材，+3分/次；班组长参与工段级以上质量类竞赛获奖，+2分/次；质量工具应用，输出成果报告，+5分/次；发表质量类文论或申请获批质量类专利成果等，+5分/次；累计加分上限10分。

在质量信念（25%）中，评价内容应按照1.岗位职责（10%）：抽查班组长岗位质量职责熟练程度，回答错误或者遗漏，–2分/次；查看相关质量类岗位职责要求工作交付物，不符合，–2分/项。2.班组长主动识别质量改进点，3分/项；识别并且提出质量改进建议，5分/项，共占比8%。3.积极参与所在区域组织的质量活动，2分/次；班组长发表质量类稿件，5分/篇，共占比6%。

在质量行为（45%）中，评价内容应按照质量三不原则：好的行为，3分/项；不好的行为，–3分/项；分层审计：好的行为，3分/项；不好的行为，–3分/项；报警升级：好的行为，3分/项；不好的行为，–3分/项；问题响应、解决落实：好的行为，3分/项；不好的行为，–3分/项。

某公司质量生态意识实际运行时实施方案，对于工段层次按照四个维度进行评价，如表7-9所示。在质量知识（15%）中，评价内容应按照1.工段长接受量类培训，3分/次。2.工段长作为质量类培训组织者，3分/次。3.工段长主动学习质量知识并提供学习证据，3分/次。4.工段长担任质量类培训讲师，3分/次；因本工段质量问题接受的专题培训不做评分。在质量认知（16%）中，评价内容应按照1.工段长质量认知月度测试成绩：不及格（得分率小于60%），0分；一般（得分率60%~70%），1分；中等（得分率70%~80%），3分；良好（得分率80%~90%），5分；优秀（得分率90%~100%），6分；未按照要求参加测试，-5分；工段所在员工、班组长、工段长累计未按要求参加测试大于2次（含2次），取消相关评优资格。工段长参与公司级以上质量类竞赛获奖，5分/次；应用质量工具，输出成果报告，5分/次；发表质量类文论或申请获批质量类专利成果等，5分/次；累计加分上限10分。

在质量信念（30%）中，评价内容应按照1.岗位职责（10%）：抽查工段长岗位质量职责熟练程度，回答错误或者遗漏，-2分/次；查看工段长相关质量类岗位职责要求工作交付物，不符合，-2分/项。2.工段长主动识别质量改进点，2分/项；识别并且提出质量改进建议，5分/项，共占比10%。3.积极参与所在区域组织的质量活动，2分/次；工段长工发表质量类稿件，5分/篇，共占比10%。

在质量行为（39%）中，评价内容应按照质量三不原则：好的行为，3分/项；不好的行为，-3分/项；分层审计：好的行为，3分/项；不好的行为，-3分/项；质量管控：好的行为，3分/项；不好的行为，-3分/项；问题响应、解决落实：好的行为，3分/项；不好的行为，-3分/项；员工关怀：好的行为，3分/项；不好的行为，-3分/项。

表7-9　质量生态意识工段实施

层级	维度	评价内容	配分
工段	质量知识	1.工段长接受量类培训，3分/次； 2.工段长作为质量类培训组织者，3分/次； 3.工段长主动学习质量知识并提供学习证据，3分/次； 4.工段长担任质量类培训讲师，3分/次； 因本工段质量问题接受的专题培训不做评分	5
	质量认知	工段长质量认知月度测试成绩： 不及格（得分率小于60%），0分； 一般（得分率60%~70%），1分； 中等（得分率70%~80%），3分； 良好（得分率80%~90%），5分； 优秀（得分率90%~100%），6分； 未按照要求参加测试，-5分；工段所在员工、班组长、工段长累计未按要求参加测试大于2次（含2次），取消相关评优资格。 工段长参与公司级以上质量类竞赛获奖，5分/次；应用质量工具，输出成果报告，5分/次；发表质量类文论或申请获批质量类专利成果等，5分/次；累计加分上限10分	6

层级	维度	评价内容	配分
工段	质量信念	1.岗位职责： 抽查工段长岗位质量职责熟练程度，回答错误或者遗漏，–2分/次； 查看工段长相关质量类岗位职责要求工作交付物，不符合，–2分/项	0
		2.工段长主动识别质量改进点，2分/项；识别并且提出质量改进建议，5分/项	0
		3.积极参与所在区域组织的质量活动，2分/次； 工段长工发表质量类稿件，5分/篇	0
	质量行为	质量三不原则：好的行为，3分/项；不好的行为，–3分/项	9
		分层审计：好的行为，3分/项；不好的行为，–3分/项	
		质量管控：好的行为，3分/项；不好的行为，–3分/项	
		问题响应、解决落实：好的行为，3分/项；不好的行为，–3分/项	
		员工关怀：好的行为，3分/项；不好的行为，–3分/项	

某公司质量生态意识实际运行时实施方案，对于车间层次按照四个维度进行评价，如表7-10所示。在质量知识（9%）中，评价内容应按照车间管理层担任质量类培训的组织者或者培训师，3分/次；累计≥3次，9分。

在质量认知（16%）中，评价内容应按照车间管理层质量认知月度测试成绩：不及格（得分率小于60%），0分；一般（得分率60%～70%），4分；中等（得分率70%～80%），8分；良好（得分率80%～90%），12分；优秀（得分率90%～100%），16分；未按照要求参加测试，–5分/次。

在质量信念（42%）中，评价内容应按照1.岗位职责（10%）：车间管理层相关质量类岗位职责要求工作交付物，不符合，2分/项。2.车间管理层主动识别质量改进点，2分/项；识别并且提出质量改进建议，5分/项，共占比10%。3. 积极组织开展质量活动，2分/次；车间管理层发表质量类稿件或署名车间的文章上稿，5分/篇，共占比10%。4.车间组织各类质量氛围营造的竞赛或活动，4分/次；上限12分，占比12%。

在质量行为（33%）中，评价内容应按照质量响应、攻关、资源协调：好的行为，3分/项；不好的行为，–3分/项；质量工作重点：好的行为，3分/项；不好的行为，–3分/项；CPIP会议：好的行为3分/项，不好的行为，–3分/项。质量问题奖惩制度：好的行为，3分/项；不好的行为，–3分/项；员工关怀：好的行为，3分/项；不好的行为，–3分/项。

表7-10　质量生态意识车间实施

层级	维度	评价内容	配分
车间	质量知识	车间管理层担任质量类培训的组织者或者培训师，3分/次；累计≥3次，9分	9
	质量认知	车间管理层质量认知月度测试成绩： 不及格（得分率小于60%），0分； 一般（得分率60%~70%），4分； 中等（得分率70%~80%），8分； 良好（得分率80%~90%），12分； 优秀（得分率90%~100%），16分； 未按照要求参加测试，-5分/次	16
	质量信念	1.岗位职责： 车间管理层相关质量类岗位职责要求工作交付物，不符合，-2/项	10
		2.车间管理层主动识别质量改进点，2分/项；识别并且提出质量改进建议，5分/项	10
		3.积极组织开展质量活动，2分/次； 车间管理层发表质量类稿件或署名车间的文章上稿，5分/篇	10
		4.车间组织各类质量氛围营造的竞赛或活动，4分/次；上限12分	12
	质量行为	质量响应、攻关、资源协调：好的行为，3分/项；不好的行为，-3分/项	33
		质量工作重点：好的行为，3分/项；不好的行为，-3分/项	
		CPIP会议：好的行为，3分/项；不好的行为，-3分/项	
		质量问题奖惩制度：好的行为，3分/项；不好的行为，-3分/项	
		员工关怀：好的行为，3分/项；不好的行为，-3分/项	

　　某公司质量生态意识实际运行时实施方案，各层级应知、应会月度测试实施流程。对于工位、班组、工段、车间层次，分别对应工位员工、班组长、工段长、车间级管理者，进行质量认知测试，实施流程包括：1. 题库收集（过程监测、技术质量团总支等、制造车间体系协调员）；2. 题库整理（生态文明工作者）；3. 任务发布（过程监测）；4.考题编辑发布（生态文明工作者）；5. 数据成绩收集（生态文明工作者）；6. 数据统计（过程监测、IT）。如表7-11所示。

表7-11　质量生态意识月度测试实施流程

层级	对象	考试内容	实施流程
工位	工位员工	质量认知测试	·题库收集（过程监测、技术质量团总支等、制造车间体系协调员）
班组	班组长	质量认知测试	·题库整理（生态文明工作者）
工段	工段长	质量认知测试	·任务发布（过程监测） ·考题编辑发布（生态文明工作者）
车间	车间级管理者	质量认知测试	·数据成绩收集（生态文明工作者） ·数据统计（过程监测、IT）

3. 质量生态责任实例

　　质量生态责任作为质量生态文明体系的质量安全担当，在缺陷拦截已顺利推进后，质量生态文明建设第2阶段扩展建设范围，增加安全保障和质量防御两个子维度，致力于提升工位、班组、工段和车间四个层级的缺陷拦截能力、质量安全保障能力和质量防御能力。缺陷拦截以缺陷不逃离工位为目标，提升各层级缺陷拦截能力，做好产品质量的防护墙。安全保障旨在保障外部环境安全，促进各层级主动坚守质量安全，提升安全保障能力。质量防御旨在提升各层级质量防御能力，不制造缺陷，拒绝缺陷逃逸，做好产品质量安全担当。质量生态责任从缺陷拦截、安全保障和质量防御三个子维度开展，旨在打造一个质量安全担当系统。系统从过程到结果，从问题发生到质量预防，从内部到外部全方位跟踪，以缺陷不逃离工位为目标，依托内外部发生质量问题对工位、班组、工段和区域做出评价，同时通过监督问题整改落实情况，进而不断提升缺陷拦截能力、安全保障能力和质量防御能力。如图7-8质量生态责任工作流程所示。

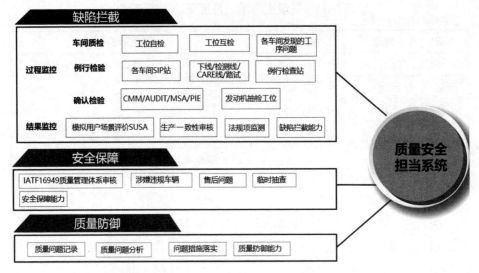

图7-8 质量生态责任工作流程

质量生态责任建设横向建设包含缺陷拦截、安全保障和质量防御三个子维度；纵向建设包含工位、班组、工段以及车间，三个维度在不同层级的建设中根据工作重点各有侧重，形成一个鲜明的矩阵，指导各层级的质量生态责任建设。根据三个子维度制定评价内容和积分标准，最终输出工位、班组、工段和区域质量生态责任评价结果。评价细则如表7-12、表7-13所示。在缺陷拦截中，评价内容应按照1. PPSR系统管理问题，积分标准为A类-5分/例；B类-3分/例；C类-2分/例（针对工位、班组、工段、车间评价①A类淘汰；②B/C类，结合质量生态环境和质量生态意识判断）。2. 重复发生的问题，积分标准为A类-6分/例；B类-4分/例；C类-3分/例（针对工位、班组、工段、车间评价①A类淘汰；②B/C类，结合质量生态环境和质量生态意识判断）。3. 生产一致性问题管理，积分标准为A类-5分/例；B类-3分/例（针对工段、车间）。4. 法规问题管理，积分标准为A类-8分/例；B类-5分/例（针对工段、车间）。5. 缺陷拦截能力，积分标准为高：10分；中：5分；低：2分（针对工位、班组、工段、车间）。

在安全保障中，评价内容应按照1. 售后反馈质量问题，积分标准为A类-15分/例；B类-10分/例；C类-8分/例（针对工段、车间）。2. 涉嫌违规车辆问题管理，积分标准为5分/例（针对工段、车间）。3. 外部抽查问题管理，积分标准为主要不符合：10分/例；次要不符合：8分/例；观察项：3分/例（针对工段、车间层次）4. 安全保障能力，积分标准为高：10分；中：5分；低：2分（针对工段、车间层次）。

在质量防御中，评价内容应按照1. 工位互检发现问题，积分标准为加分项：A类：3分/例，B类：2分/例；C类：1分/例（针对工位、班组、工段、区域层次）。2. 各车间发现的工序问题，积分标准为加分项：A类：3分/例，B类：2分/例；C类：1分/例（针对工段、车间层次）。3. 售后问题整改措施落实情况，积分标准为措施未落实，扣1~5分（针对工位、班组、工段、车间层次）。4. 区域发生问题汇总分析，积分标准为未按时完成；扣1～5分（针对工段、车间层次）。5. 质量问题记录、跟踪和落实情况，积分标准为配分20分（针对工位、班组、工段、车间层次）。6. 质量防御能力，积分标准为高：10分；中：5分；低：2分（针对工位、班组、工段、车间层次）。

表7-12　质量生态责任建设矩阵质

质量生态责任建设矩阵			
层级	缺陷拦截	安全保障	质量防御
工位			
班组			
工段			
车间			

表7-13　质量生态责任实施过程

维度	条款	评价内容	积分标准	工位	班组	工段	车间	备注
缺陷拦截	1	PPSR系统管理问题	A类-5分/例；B类-3分/例；C类-2分/例	√	√	√	√	工位评价①A类淘汰，②B/C类，结合质量生态环境和质量生态意识判断
	2	重复发生的问题	A类-6分/例；B类-4分/例；C类-3分/例	√	√	√	√	
	3	生产一致性问题管理	A类-5分/例；B类-3分/例			√	√	
	4	法规问题管理	A类-8分/例；B类-5分/例			√	√	

维度	条款	评价内容	积分标准	工位	班组	工段	车间	备注
缺陷拦截	5	缺陷拦截能力	高：10分；中：5分；低：2分	√	√	√	√	定义后续补充发布
安全保障	1	售后反馈质量问题	A类–15分/例；B类–10分/例；C类–8分/例			√	√	
	2	涉嫌违规车辆问题管理	5分/例			√	√	
	3	外部抽查问题管理	主要不符合：10分/例；次要不符合：8分/例；观察项：3分/例				√	
	4	安全保障能力	高：10分；中：5分；低：2分			√	√	定义后续补充发布
质量防御	1	工位互检发现问题	加分项：A类：3分/例，B类：2分/例；C类：1分/例	√	√	√	√	
	2	各车间发现的工序问题	加分项：A类：3分/例，B类：2分/例；C类：1分/例			√	√	
	3	售后问题整改措施落实情况	措施未落实，扣1~5分	√	√	√	√	
	4	区域发生问题汇总分析	未按时完成，扣1~5分			√	√	
	5	质量问题记录、跟踪和落实情况	配分20分	√	√	√		
	6	质量防御能力	高：10分；中：5分；低：2分	√	√	√	√	定义后续补充发布

质量生态责任实施目标如表7–14所示，根据质量生态文明体系理念项目，对工位、班组、工段、区域层次中质量生态责任进行评价，其中工位拦截问题发生率≤5%，班组中质量防御措施落实率≥95%，工段中质量防御措施落实率≥95%；缺陷拦截能力达到中等占比率≥75%，车间中质量安全表现良好率≥60%；质量防御能力达到中等占比率≥75%。

表7-14　质量生态责任实施目标

序号	项目	模块	评价内容	目标
1		质量生态责任	工位	工位拦截问题发生率≤5%
2		质量生态责任	班组	质量防御措施落实率≥95%
3	质量生态文明体系理念	质量生态责任	工段	质量防御措施落实率≥95%；缺陷拦截能力达到中等占比率≥75%
4		质量生态责任	车间	质量安全表现良好率≥60%；质量防御能力达到中等占比率≥75%

4. 质量生态持续实例

公司战略是探索新质量建设，助力以用户体验为核心的新质量协同管理模式，实现量化质量状态。分公司内部：质量生态文明建设（四层次+四维度推进），需突出各维度自身特点和侧重点。迭代创新：质量生态持续需探索质量资源浪费状态和质量输出状态二者之间的相关性，根据实物质量表现的差异化，合理分配质量资源，降低浪费。质量生态持续组成如图7-9所示。

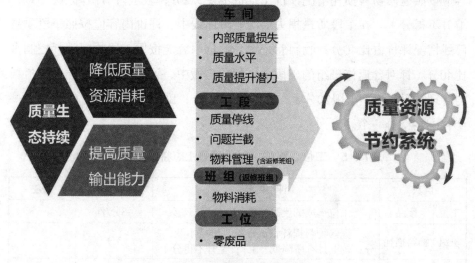

图7-9　质量生态持续组成

围绕质量资源损耗、质量提升潜力和质量输出能力三个方面开展工作，通过质量资源损失状态、质量生态持续、针对四层次和质量提升空间（度）等综合评价输出制造区域的质量生态持续等级。质量生态持续实施方案如图7-10所示。

图7-10 质量生态持续实施方案

质量生态持续从源头控制资源的消耗，针对工位与班组强调执行，工位以零缺陷为目标，以零报废为基础推进。班组（返修班组）需合理规划物料的利用，避免浪费。工段需做到质量资源的系统性管理，工位、班组、工段质量生态持续实施细则如表7-15所示。在工位和废品层次中，评价内容应按照工位造成的废品损失，没一件扣3分。在班组和物料损耗的层次中，评价内容应按照返修物料损耗情况评价（维持不变，2分；较上月有所降低，3分；上升不得分）。在工段质量损失层次质量停线中，评价内容应按照工段质量停线情况评价占比40分；物料管理中，评价内容应按照工段物料消耗控制占比40分（针对含返修班组的工段）；问题拦截中，评价内容应按照问题拦截与管理情况评价（上限20分），A类：5分一个；B类：4分一个；C类：3分一个；D类：2分一个。

表7-15 工位、班组、工段质量生态持续实施细则

层次		评价内容	配分	备注
工位	废品	工位造成的废品损失	-3分/件	
班组	物料损耗	返修物料损耗情况评价（维持不变，2分；较上月有所降低，3分；上升不得分）	3分	
工段质量损失	质量停线	工段质量停线情况评价	40分	
	物料管理	工段物料消耗控制	40分	针对含返修班组的工段
	问题拦截	问题拦截与管理情况评价（上限20分）	A类：5分/个 B类：4分/个 批量：3分/次 C类：2分/个	加分项

质量生态持续以车间为推进重点，其他三个层次为辅助开展模块工作。车间质量生态持续实施细则如表7-16所示。在车间质量生态持续层次，在质量资源损失（30%）中，评价内容按照结果导向：引用质量部下发的评价细则占60分，过程一致性：质量数据一致性评价占40分；在质量输出能力（50%）中，评价内容按照体验质量：满意度调查占50分，实物质量：评价确认检验输出的实物质量状态占50分；在质量提升潜力（20%）中，评价内容按照区域质量能力自我策划占60分，策划方案评价占20分，质量损失与质量水平的状态综合评价占20分。

表7-16　车间质量生态持续实施细则

层次		评价内容	配分（分）	备注
车间质量生态持续	质量资源损失（30%）	结果导向：引用质量部下发的评价细则	60	质量水平
		过程一致性：质量数据一致性评价	40	
	质量输出能力（50%）	体验质量：满意度调查	50	
		实物质量：评价确认检验输出的实物质量状态	50	
	质量提升潜力（20%）	区域质量能力自我策划	60	
		策划方案评价	20	
		质量损失与质量水平的状态综合评价	20	

注释：①整个模块配分100分，按各方面所占比例计算模块总得分，输出质量生态持续等级；②质量提升潜力评价入围条件模块得分等于80分。

质量生态持续目标如表7-17所示。质量生态文明体系理念过程中，评价内容应按照质量生态持续工作推进，目标为按计划完成率100%，按照评价数据精准性，被挑战数<98%；在质量生态文明体系理念结果中，评价内容应按照车间级：质量生态持续等级，目标为全年上升率。

表7-17　质量生态持续目标

序号	项目		评价内容	目标
1	质量生态文明体系理念	过程	质量生态持续工作推进	按计划完成率100%
2			评价数据精准性	被挑战数<98%
3		结果	车间级：质量生态持续等级	全年上升率

（二）汽车企业质量生态文明体系数字化实例

质量生态文明体系在某公司已经运行多年，在运行基础之上进行了优化，并结合大量应用实例进行了数字化开发，开发出适应现代企业质量管理的软件系统，此系统在某公司运作，取得了较好的质量管理效果。质量生态文明体系运行情况数据如图7-11所示。

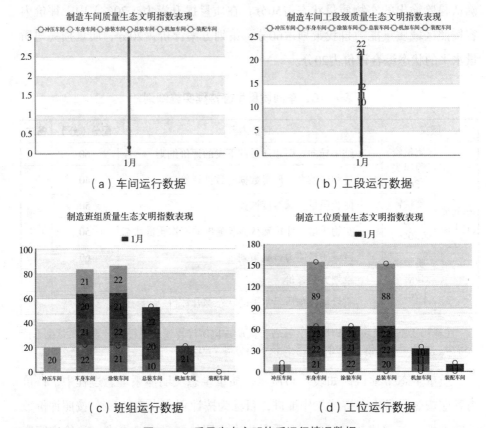

（a）车间运行数据　　　　　　　　（b）工段运行数据

（c）班组运行数据　　　　　　　　（d）工位运行数据

图7-11　质量生态文明体系运行情况数据

1. 生态文明体系质量生态环境数字化实例

质量生态文明环境软件设计由六个模块组成，分别为总览、系统完整、健康水平、均衡发展、数智网联、低碳精益；其中数据源模块用于收集基础数据，其他模块则是按照计算方法显示环境维度得分情况。参考系统登入；选取"质量生态环境"即可看到全部模块；如图7-12所示。依次点击各组成模块可查看不同模块、各层次得分情况。如图7-13所示。

质量生态文明环境模块的全部基础数据采用Excel导入的方式，各协调

员根据导入的数据选取对应的基础数据区域；数据源界面显示全部已经导入
的基础数据包括工位基础数据、班组基础数据、工段基础数据、区域基础数
据。如图7-14所示。

图7-12　质量生态文明环境设计

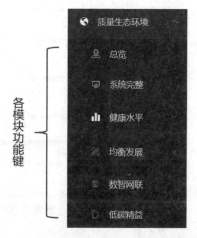

图7-13　质量生态文明环境模块

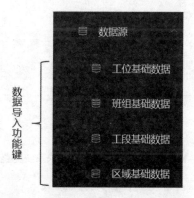

图7-14　质量生态文明环境模块数据输入

　　质量生态文明环境模块数据总览，如图7-15所示。质量生态文明环境模
块系统完整数据如图7-16所示。质量生态文明环境模块健康水平数据如图
7-17所示。质量生态文明环境模块均衡发展数据如图7-18所示。质量生态文
明环境模块数智网联数据如图7-19所示。质量生态文明环境模块低碳精益数
据如图7-20所示。

质量生态环境01月度总览

评价内容	目标	实际得分	计算方法
工位	总得分 ≥ 50	0	健康水平X1+低碳精益X2
班组	总得分 ≥ 90	0	健康水平+均衡发展+低碳精益
工段	总得分 ≥ 135	0	系统完整+健康水平+均衡发展+数智网联+低碳精益
车间	总得分 ≥ 120	0	系统完整+健康水平+均衡发展+数智网联
约束性指标得分率	约束性指标得分率 ≥ 90%	0%	#
期望性指标得分率	期望性指标得分率 ≥ 70%	0%	#

图7-15　质量生态文明环境模块数据总览

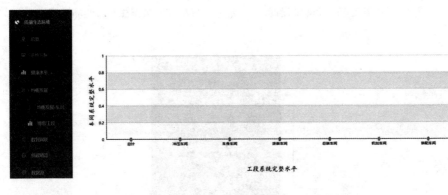

图7-16　质量生态文明环境模块系统完整数据

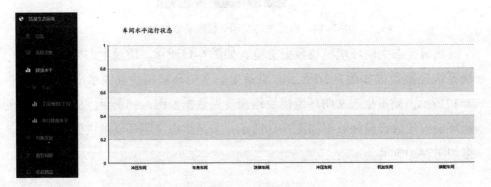

图7-17　质量生态文明环境模块健康水平数据

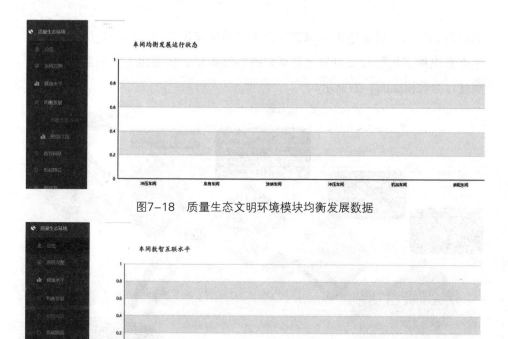

图7-18　质量生态文明环境模块均衡发展数据

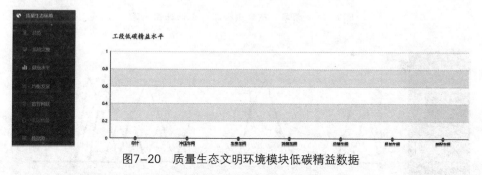

图7-19　质量生态文明环境模块数智网联数据

图7-20　质量生态文明环境模块低碳精益数据

2. 生态文明体系质量生态意识数字化实例

生态文明体系质量生态意识由质量知识、质量认知、质量信念、质量行为、质量氛围、意识数据源组成。质量生态意识数字化平台建设方案采取PDCA循环的工作方式如图7-21所示。生态文明体系质量生态意识数字化平台由质量知识、质量认知、质量信念、质量行为、质量氛围、意识数据源模块组成，如图7-22所示；其数据的输入通过调入Excel文件实现，如图7-23所示。某公司质量生态意识数字化平台运行数据包括质量知识、质量认知、质量信念、质量行为、质量氛围、意识数据源数据的呈现。质量氛围数据呈现

如图7-24所示；质量生态意识数字化平台质量知识数据如图7-25所示；质量
生态意识数字化平台质量理念数据如图7-26所示；质量生态意识数字化平台
质量行为数据如图7-27所示。

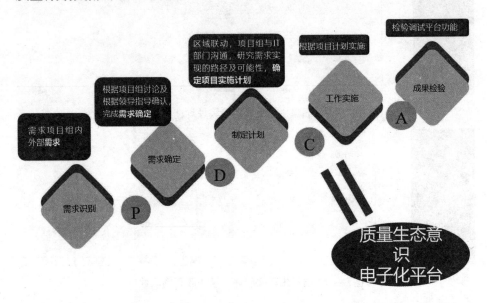

图7-21 质量生态意识数字化平台建设方案

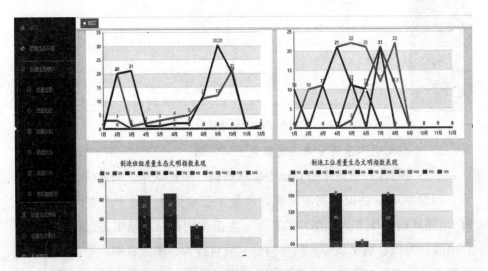

图7-22 质量生态意识数字化模块组成

图7-23 质量生态意识数字化平台数据输入

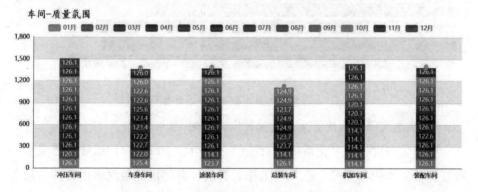

图7-24 质量生态意识数字化平台质量氛围数据

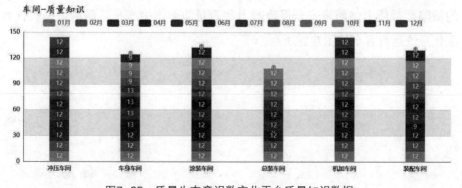

图7-25 质量生态意识数字化平台质量知识数据

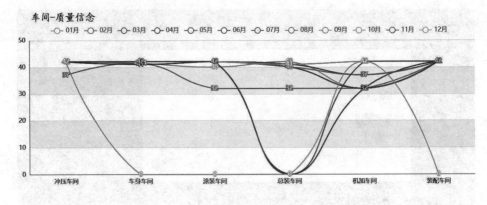

图7-26 质量生态意识数字化平台质量理念数据

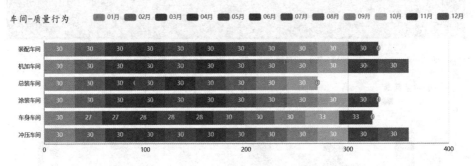

图7-27 质量生态意识数字化平台质量行为数据

3. 生态文明体系质量生态责任数字化实例

质量生态责任数字化系统针对工位、班组、工段和车间组成；质量生态责任评价工作依托质量生态文明工作者开展，各层次的数据将由各评价项负责人通过数字化平台数据源输入端口按照标准模板上传数据，数字化系统按照评分规则，进行数据处理，最终将展现工位、班组、工段和车间四个层级的缺陷拦截能力、质量安全保障能力和质量防御能力水平。质量生态责任数字化系统运行方案如图7-28所示。

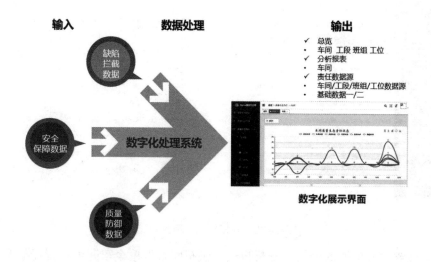

图7-28　质量生态责任数字化系统运行方案

　　总览可查看车间、工段、班组和工位各层次生态责任表现总趋势及三个能力的具体表现，快速了解分公司各区域质量表现。质量生态责任数字化系统总体界面如图7-29所示。通过Excel表格输入数据，数据输入界面如图7-30所示。

图7-29　质量生态责任数字化系统总体界面

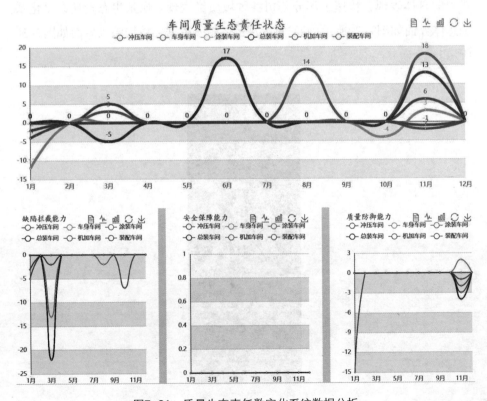

图7-30 数据输入界面

通过对输入数据的分析，分析报表可供车间查看单个车间生态责任年度总趋势及三个能力细分评价项表现，快速了解本区域质量表现。数据分析如图7-31所示。

图7-31 质量生态责任数字化系统数据分析

4. 生态文明体系质量生态持续数字化实例

生态文明体系质量生态持续数字化系统界面包括某公司质量生态持续运行状态、某公司质量生态持续运行状态–各车间数据。基础数据依靠Excel表格导入，并对数据进行分析，得到某公司质量生态持续运行状态如图7-32所示；某公司质量生态持续运行状态–各车间数据分析，如图7-33所示。准确反映公司生态文明体系质量生态持续状态。

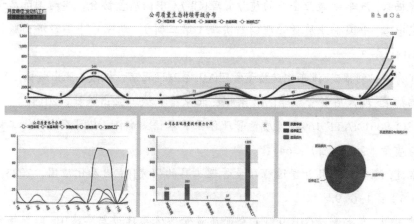

图7-32　某公司质量生态持续运行状态图

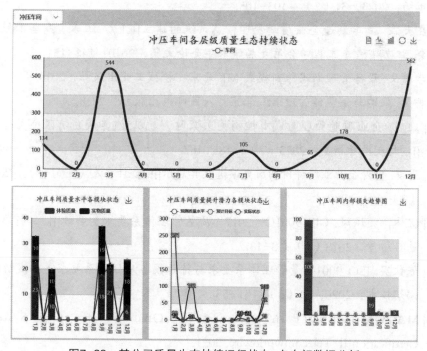

图7-33　某公司质量生态持续运行状态–各车间数据分析

参考文献

[1] 贾福兴. 汽车制造业企业的质量管理[C] // 中国质量协会，卓越国际质量研究中心. 中国企业质量管理创新实践（第三辑）. 北京：中国经济出版社，2014：6-7.

[2] 陈秀华，刘福尚. 汽车制造质量管理[M]. 第2版. 北京：机械工业出版社，2014.

[3] 韩福荣. 现代质量管理学[M]. 第4版. 北京：机械工业出版社，2018.

[4] ISO 9001/IATF 16949《质量管理体系》术语更新[J]. 中国石油和化工标准与质量，2006（2）：64.

[5] 常建. 汽车新产品开发过程质量管理工具的研究[J]. 自动化应用，2023，64（6）：4-6+9.

[6] 曾文勇. 船舶制造GJB 9001C全面质量管理体系建设与实践[J]. 船舶物资与市场，2023，31（2）：103-105.

[7] 庄天霖. 汽车制造企业质量管理信息系统的建立[C] // 江苏省汽车工程学会. 江苏省汽车工程学会第九届学术年会论文集，2010：141-151.

[8] 李葆文. 设备管理新思维新模式[M]. 北京：机械工业出版社，2010.

[9] 柳荣. 采购与供应链管理[M]. 北京：人民邮电出版社，2018.

[10] 姚静. 企业质量管理与成本控制关系探讨——以S汽车股份有限公司为例[J]. 大众投资指南，2023（7）：185-187.

[11] 张蕊. 中外企业业绩评价的历史演进及其启示[J]. 会计之友（下旬刊），2008（3）：44-47.

[12] 宓林，吴凤凤. GJB 9001C—2017《质量管理体系要求》解读[J]. 核标准计量与质量，2018（1）：8-13.

[13] 陈秋实. ISO 9001质量管理体系要求与特种设备质保体系要求差异浅析[J]. 锅炉技术，2020，51（5）：51-55.

[14] MACOM Get IATF 16949 Automotive Quality Management System Certification[J]. Telecomworldwire, 2021.

[15] 冯兴元. 汽车质量管理创新及现实意义研究[J]. 科技视界, 2018 (14): 232-233.

[16] 杨维建. 运用PFMEA提升新能源汽车制造过程的质量管理[J]. 汽车实用技术, 2022, 47 (20): 14-18.

[17] 黄伟. 汽车质量管理应用讨论[J]. 中小企业管理与科技 (上旬刊), 2016 (1): 46.

[18] 刘玲, 鲍彪. 丰田汽车质量管理体系的构建与实施[J]. 时代汽车, 2018 (5): 9-10.

[19] 赵雪林, 姜志明, 陆兵, 王嘉定. 上海通用汽车质量管理体系的创新建设 [J]. 中国质量, 2005 (9): 20-22.

[20] 姜凯丽, 吴文. 汽车制造业企业质量管理的优化对策研究[J]. 时代汽车, 2022 (11): 21-22.

[21] 李刚, 陈伍金. 浅谈汽车零部件生产启动的系统性质量管理[J]. 产业科技创新, 2022, 4 (2): 81-82.

[22] 陈科, 李天博, 刘金松, 等. 汽车行业质量管理大数据理论与趋势研究[J]. 中国汽车, 2020 (11): 33-37.

[23] 李红兵. 项目质量管理在汽车零部件产品开发项目中的应用研究[J]. 内燃机与配件, 2020 (10): 209-210.

[24] 王智博. 汽车制造企业制造过程质量管理体系的作用和方法探究[J]. 时代汽车, 2021 (2): 28-29.

[25] 黄威, 李鑫, 史广宝. 汽车零部件企业基于ISO/TS 16949质量管理体系的优化和实施[J]. 汽车实用技术, 2020, 45 (21): 231-234.

[26] 卢娘招. 汽车企业ISO/TS 16949标准体系应用存在的问题与改进[J]. 广西质量监督导报, 2020 (10): 158-159.

[27] 耿丽红. SPC在汽车零部件生产企业质量管理中的应用[J]. 天津科技, 2020, 47 (9): 49-52.

[28] 王莉. 汽车零部件制造企业供应链管理与供应链质量管理研究[J]. 现代商业, 2020 (25): 31-32.

[29] 刘琳, 任长征. 基于SPC控制图的汽车制造企业过程质量监控与改进系统设计[J]. 电子元器件与信息技术, 2020, 4 (6): 81-83.

[30] 王成龙. 基于供应链协同的A公司供应商质量管理研究[D]. 长春: 吉林大学, 2019.